白佛言閱讀與寫作教室 上冊

Be-tween 這樣幸福

白佛言 著

序文

喜愛紀錄教室小說，這個教室生態，
滿溢小學教師和孩子們，生活在一起的
實在感。人類依靠一些現實事件，
意義自我。想念孩子們的時候，翻閱這一些意象，
時時刻刻為序。

——白佛言

為身體年後的小學教師、小學教室，
這樣幸福。

晨語。千萬顆晨露，千萬個晨陽；
千萬朵街景垂世的晨風。安靜的鮮麗，
水汪汪的眼神，一串串鵝黃稚嫩顏色的六月之晨。
一聲聲綠繡眼鳥的光鏡，這樣幸福。

陳諺元常在黃老師的導師室走動，放學時段他靠近老師臉頰旁，輕聲地說著：「老師！剛才第二節你填完了『教師意願調查表，請陳雲愷送到研究室後，蕭育台就偷偷的哭了，你有沒有發現？』」

「喔！知道。我有看見！」黃老師回著，眼眶裡灰著，像塵。

他們兩人關了導師室，關了教室門窗，走在教室前的長廊，他們倆一起照顧的班級花圃，白薔薇正盛開、黃玫瑰正含苞，欲吐欲露、白六角茶花的小花苞，還在努力表達未來的生活是馬齒莧粉紅的、白潔的、鮮紅脆弱的花瓣盛開在六月的陽光裡。

這個半圓弧度造型的女兒牆角落，有個小孩子的秘密世界。其實黃老師小時候，也有個一樣的秘密童年，故事都是發生在小學高年級的兩性吸引。他們彼此分享著內心底的小世界，一個大人，一個小孩，世間的模樣變成人文色彩繽紛的有情。

「老師！還有轉緩的餘地嗎？」陳諺元跟在老師的旁邊，側頭問著。

「當你知道為什麼要這麼做時，你堅持著一個人生觀念，走完全程，那叫『堅持』。如果你不明所以的拗著個性不妥協，那叫做『叛逆』。」陳諺元邊走邊聽著老師的話。

他只想求老師留在高年級，繼續帶著他們直到畢業典禮的那一天，唱「今年的夏天」、唱「老師，我愛你！」、唱「永遠的畫面」。

「生命在學習『做決定』，我希望你們可以在老師與你們的學習分開時，學會習慣『做決定的思考』、學會習慣『做決定的代價』」黃老師的腳步緩慢地下沉，低音調的話裡有傷感。

他倆人的身影走下博愛樓三樓的階梯、二樓的階梯，踢踏的相伴到車棚。

有一次，他倆依是這樣的路線，整理完教室地板，邊走邊聊那一朵花的形態最有活力？情感的表達方式那一種最美？他背著書包，坐在老師的紅色小摩托車前，像親情聊著。摩托車停在校門口後，媽媽早已在外頭，微笑地等著孩子。

「老師，再見。明天見！」陳諺元回首向老師說著。

那一幕都還在記憶中。

這一天的車棚場景一樣，不同的心情成了背景的氛圍。他們師生倆人站在車棚閒聊。

「『永恆』的形狀和形成是因為『記得』！老師和你的內心已有許多的永恆，這是彼此送給對方的禮物。所以我們會幸福！」老師也略帶傷感的眼睛，低頭說著，像日本柴犬低下眼神的雙眼皮一樣，露出無辜的神情。

第二天導師時間，黃老師收著孩子傳回 E-mail 信箱的作文補交作品，他喚著：「蕭育台！到老師這邊來。」

蕭育台走到老師面前，隨著老師的手勢，他坐在老師的大腿上，讓老師雙手環抱著。

　　「『永恆』是因為我們都『記得』對方！」黃老師像一位媽媽，抱著自己的小孩，低頭在蕭育台的頸間說著話，很私密的小聲說話。

　　蕭育台的淚珠瞬間啪噠下來，黃老師的手臂上留著他心碎的淚水，二顆、三顆、四顆的淚珠從眼眶中掉落，整個心情在沒有語言傳說的時刻，掉落，掉落。

　　「耶！感動也不能把淚珠滴在我的手臂上啊！」黃老師選用一種撒嬌的動作和聲音說著話。他抱著蕭育台輕輕搖擺，像搖籃。

　　蕭育台笑了。

　　「老師的愛一直都在，那會存檔在心田裡！」黃老師摸著蕭育台的心坎說著。

　　他們倆人的眼裡恢復著晶光。

〈從那一堂課回來〉

從那一堂課回來三月已是驚蟄。

我從三月的東海岸綠見藍色的波浪，
那一家飲食手工小店舞起原住民想像的韻律風情，
外頭的台11線公路暗夜只能以燈摸黑，
簡樸的柴火悶燒一壺冬季，聽歌山語。
一對對男女、一家家出遊的城市，蜿蜒起海岸的年紀。

一場輕飲食，一場呼吸聲響著海風，一場秀姑巒溪流動。
一場場世界為之靜止下來的意念角落，雪白散落。
我想停腳在你走過的小腳印裡婆娑耳語。
序曲大自然樂章，幾回醉語顛倒。

磯碕的浪花、美麗東海岸海灣，民宿林立
就像我綿延展出的後山晨陽。

這是山，那是海。這是浪花，那是船。
隻隻清覺的梵音與你心靈之中的手感溫度。
我從海的聽覺聲聞你的眼神陽光地
停落，大冠鳩御風而行、翱翔山林。

從那一堂課回來，白薔薇花群已是四季。
從那一堂課回來，白六角茶花已是牡丹。

從那一堂課回來──
晨曦雀鳴、木棉花街語，
是誰走在路途遙遠的天際海藍。

這是山，那是海。這是浪花，那是船。

2012 年白佛言作序於台東茶語工房

目次

第一章　愛搞笑老師

「離人群很遠，離神祇很近」的佛教聖地，地圖上找不到，但它確實存在——。

——馬修・李卡德

1.

　　他是五年五班的級任導師。孩子們早已在暑假期間打聽了這一位老師的往日教學行蹤。有人叫他「哈利波特老師」、「阿華田老師」、「巧克力老師」、「愛搞笑老師」、「附小低成就教師」、「你慘了老師」、「謝謝再連絡，永遠的好朋友教師」、「祝福你老師」。

　　開學的第一天是探索時期的關鍵時刻，孩子們好是乖巧地看著這一位高瘦的老師，沒有一個靠近他，大家保持在一定的人際互動距離，以示尊重。

　　黃老師簡單的分好小組，由孩子們自由選定要好的友伴坐在一起，選定一位組長。黃老師做了幾個手勢動作，「起立」、「坐下」、「行進」、「安靜」、「出去」和全班一起練習，這下子教室開始有趣味了，出現了一些笑聲。

　　坐在第三組的吳冠志，看著武俠小說倚天屠龍記，正出神。黃老師走到他跟前翻看，說著：「啊！金庸的武俠小說倚天屠龍記，『無忌哥哥』我太佩服你了，你是我心目中的偶像！」吳冠志有點兒緊張，黃老師說：「別緊張，我叫『芷若妹妹』安慰你。」

　　「又不是她。是——」吳冠志說著拉里拉雜的一堆。第四組的郭丞宏直發笑，張大的嘴巴和笑聲的作怪，讓黃老師不知怎麼辦地走向他。

　　黃老師輕撫他的背脊，說著：「小矮人！不要笑成這個樣子啦！很恐怖呢！那個白雪公主會嚇呆了，幼小的心靈會受到傷害！」他邊說邊走向第一組的王蕾玫臉前，看著她，繼續說：「白雪公主您辛苦了！」王蕾玫很高興老師這樣叫她。坐在郭丞宏旁邊的陳貴舜笑聲更加離譜，他模仿著巫婆的駝背動作和笑聲，整個人不小心地笑翻倒地。班上同學見到他笑得跌在地上，幸災樂禍的慶祝加上拍手聲對著陳貴舜鬧，整個開學的氣氛沸騰著笑聲滾開一般的擠兌。

　　黃老師分配好打掃區域的工作，下午第一、二節課全班動員分工合作，第三節課黃老師站在黑板前說著：「沒想到這個班級的孩子都長大了。打掃工作的細節都注意到了，乾乾淨淨。真謝謝大家！」他誇著每一處他看到的角落優點和用具放整齊的收工態度，他向全班一鞠躬，說聲：「謝謝大家！」他說：「今天有回家功課。」

　　小矮人郭丞宏說：「又沒上課本，怎麼會派功課？」他很樂地對著老師插話。

　　「白雪公主，我們不要理他。反正小矮人有七個，這一個丟到資源回收桶。」他看著王蕾玫說話。王蕾玫直點頭，這時大家更樂活了。黃老師請小朋友拿出家庭聯絡簿，抄上回家功課：「快樂。」

　　「老師，你明天怎麼收作業？」李奕智挑釁地哈拉說出。黃老師說：「你是不是在放學前，一定要引起我注意到你啦！」李奕智被說出心情，低下頭點了幾下。劉傳藤碰了他幾下，說他愛表現。黃老師說：「我也愛表現啊！誰不愛呢？讓別人注意到很爽哪！人類的正常行為表達。」他招手請李奕智走到前面找老師，李奕智有點兒不好意思，黃老師再次邀請他，說：「來！老師抱抱。」班長蔣亞涓笑得合不攏嘴唇，她很少見到教室中有這麼好笑的畫面。黃老師還來真的，抱著李奕智像輕撫孩子一樣，唱著：「寶寶睡，寶寶快快睡！」李奕智滿足地笑著被注意的一幕。班上同學好像回到小嬰兒一般的回憶，笑得出奇。

「我能派這樣的功課，一定能收這樣的作業！哈！哈！下課，放學。」

2.

第二天，幾個孩子早到教室。她們看見老師就直笑，黃老師說：「有秘密喔！傻笑！」他開了導師室的門，進到自己佈置的世界，開始一天的開場白：打磨烘焙三天後褪去火氣的肯亞 AA 咖啡豆、日本手沖咖啡古銅壺、Timo 咖啡刷、日製 HARIO Micr0p 手沖不銹鋼網。他先在咖啡粉上用咖啡刷的木柄攝一圈小凹洞，把煮開停個一分鐘的水倒進凹洞，水剛好滿溢咖啡粉面。他等著開水完全浸漬咖啡粉時，才慢慢地注入小水流，慢慢聽到咖啡汁液釋放下來的顏色、香味和聲響，滴滴溜溜地像沙漏計算，美好的視覺時刻。

孩子在教室中聊自己的世界，黃老師在導師室中享受自己一天的開始。地板上舖著自己選購的二大塊藺草塌塌米，藺草的草香味覺在空間裡轉著，淡淡清黃的視覺接近穩定的木質色調。長針編織的細膩，處處讓地面浮上立體的襯托，老舊的高藤椅，正巧把上一代的手工織造，呈現在這個科技時代。他常在這處走動思索，或坐、或臥、或躺、或冥想視覺的靜謐；筆記型電腦保持著文字輸入功能，長方形的木質紋路工作桌，簡單的印表機和正在閱讀的幾本最近閱讀的課外書，「如何閱讀一首詞」、「文心」、「丈六金身，草一莖」、「佛陀──喬達摩的人生旅程」、「納棺夫日記──電影『送行者』禮儀師的樂章」、「沒有神的國度」。這兒多了文字工作者的內心對話。工作桌前的白板一片亮白，第五組的孩子影像投射在上頭晃動，一些孩子的談話聲會打破沉寂的獨處，有他們在一起工作，世界變得天真了。白板上一張深黃色宣紙，印製著金色描金的雲紋、蒼松、仙鶴，他在色萱上詩詞著一夜晚風吹拂的爽涼。他在上頭書

記一九九零年八月之末，閒記一夜晚涼於茶語工房夏蒂之餘韻、餘味，時觀張大千先生敦煌臨摹佛像影集，無意入眠而為記：

　　茶語無非亦如是，夏蟬自鳴自有意。山水如此非關情，平日無事茶水煎。春來春去本無思，熱帶雨林一身輕。

　　伊人獨坐几窗前，筆筒樹綠漾晚風。君自禪坐金絲淡，一季杜鵑秋紫藤。映襯星辰月光白，一席涼風歌夜露。

　　我說啊！秋水伊人散文，日記縣道，一九七小徑，有人走過。溪水流唱千百年來的文化藝術。卑南族群的歌喉，樹蛙的吟夏詠唱，無非是說當我獨行妳的窩心，我想有一片縱情平原的牧歌。

　　山上的生活讓開，梅樹林自留於青山綠水的山靈之間，等待冬季的第一朵雪白節奏。臥躺梅林樹下靜語山嵐，都蘭山的文殊菩薩、普賢菩薩，一間茅草竹屋，為觀為自為在。

　　蓋上紅印泥的佛像閒章數枚，把它浮貼在抬頭的眼睛視線前徜徉一番風景。冰箱上面置放兩個玻璃長罐，裡頭大葉常春藤一個巴掌大的綠意伸出外頭，它的嫩芽正攀爬，光線自然引導著它的生命觸動。黃老師取來膠帶黏貼起枝莖，時而轉頭見見綠色的姿態舖陳。窗簾是薄紗布對折而成的迷濛視野，印上的大花圖案設計有別於一般的厚窗簾布，像看印象派畫家的光線幻變。一幅釋迦牟尼佛的唐卡圖掛在身後的牆上，沉香裊繞之時，這裡多了一種城市中的隱居之寺，淨土宗懺雲老和尚的法像貼在色萱上空。他依著色萱紙下的日課表進出導師休息室。

　　八點晨光時間，黃老師準備收回家功課「快樂」。他邀請陳明群站起來，說著：「請告訴大家，昨天你做了那一些快樂的功課？」

　　「我有看卡通電視。有做玩具模型。」陳明群回答著。

　　黃老師一聽到玩具模型興奮地說：「我的姪子有兩個大書櫃的玩具組合模型。有大陸製造的，有日本製造的，他做的捏陶特別細

膩，我很佩服他。」他向全班說完後，又問那孩子：「你為什麼要做玩具模型？」

「那是我的理想！」這孩子愉悅地說著。

「喔！做玩具模型是你的理想！所以你一摸到玩具模型就會非常地快樂？」黃老師因為聽到「理想」二個字，對他的個人生活探索更禮敬了，「那，從這裡我們可不可以說：『人只要從事他自己最喜愛的工作，他就會在工作中得到無比的快樂。如果這工作同時又是你的理想，你的生活就有了一個方向感繼續探索著。』老師會認為這是最有福氣的人。」他看看陳明群，「明群！你認為呢？」

「是的。」簡單的探索者，說了簡單的答案。

黃老師站回講台說著：「我以陳明群為例子，收了『快樂』的作業。我收到了一份美麗的作業、美麗的禮物。我很快樂。我還點醒了他，『理想是一個生命課題的人生方向。』」他有點兒得意地問全班同學：「我有辦法收取我派的功課嘛？」

他逗著吳冠志說：「無忌哥哥，這是聖火教教主的『乾坤大挪移』功夫！」

吳冠志說：「乾坤大挪移有六層。小昭幫他翻譯波斯文的。」

「下課。」他知道打鐘時刻，要按照劇本演出，才不會胡白演（台語）。沒準時下課叫做不禮貌，他收收課本跑回導師室，小矮人跟在他身後惹起了大笑。

黃老師突地轉頭說：「欺侮老人家——」

「不會得到好結果。」班上孩子群眾心理地接腔黃老師的口頭禪。笑聲中大家各自離開自己的座位，找下課去。

3.

一、二節自然科科任課。第三節課孩子早已在桌上擺好數學課本、習作、筆和擦子。

　　一開場，黃老師就提問著：「那位高手，可以把一至四年級學過的數學內容，為我們說上一遍的？也就是說：『背出學過的數學內容。』這可以讓各位同學互相討論、互相補充。」

　　陳明群因為上一堂的成就，他先說著：「＋、－、×、÷。」

　　「真強棒呢！二壘安打。」黃老師負責在黑板上記錄著＋、－、×、÷符號。

　　坐在第五組的陳雲愷即口回憶，說出：「面積、體積。」

　　「一壘安打。目前一、二壘有人，投手黃連從先生正在猶豫當中。」黃老師自己當起投手來啦！

　　陳明群追著說：「容積、圖形。」

　　「盜壘，盜壘，盜壘成功！陳明群站上三壘，嘴角露出一絲絲邪惡的笑容，像怪醫黑傑克一樣。」廣播員透過麥克風播報著，這時他又成了體育記者，嘶聲喊著。蕭育台在第四組對這位老師搖頭。

　　「更正，更正。剛才站上三壘的打擊手嘴角是露出一絲絲得意的笑容，像小甜甜一樣。因為距離太遠，他的姿勢太漂亮了，體育記者無法看清他帥呆了的模樣。」黃老師的神經過著癮頭。

　　他還想說時，李奕智就已站起來，說著：「三角形、正方形、長方形、菱形、平行四邊形、梯形。」第三組的李奕智隔空喊話著，他舅舅是黃老師的學弟。

　　「界外球、界外球。高飛界外球！體育記者還沒說完，打擊者即出棒，害我嚇一跳。『欺侮老人家，不會得到好結果。』」他開始想自己玩了，他說起。

　　「老師，你今年幾歲？」白雪公主王蕾玫突然問起。

　　「這位美麗的公主發表內容與主題無關，叫做偏離主題。我們現在的上課主題是數學科統整教材，不是探討一位優秀青年的年齡問題。而事實上我今年八歲，一年級生，可以耍脾氣。」他的說話速度極快，連珠似地表達，不讓人插上一回話。

「嗯！請給這位同學拍拍手！他的意思是說：『黃老師的上課方式很立體、很低調、很謙虛、很有內涵。』」

第三組的吳冠志聽得有點兒吐血一般，黃老師關心著他，說：「無忌哥哥！你怎麼了？」

「練九陽神功，走火入魔。」身旁的劉傅藤插著話。

黃老師衝下講台，搭著吳冠志肩膀，說著：「放心，我用九陰真經的九陰白骨爪救你！」話一說閉，張無忌的身上像被雞爪抓過幾處一般，笑得坐在地板上，還留著被搔癢的感覺笑著，張無忌說：「老師！上課好嗎？」

「哈！哈！以前都是老師拜託小朋友上課。現在是小朋友拜託老師上課？待我先回少林寺——」他又自言著。

「停！老師，吃藥了！」張偲玫說著，並拿上一杯冰鎮普洱綠茶，這教室才又恢復常態。

「體育課上到那裡了？」黃老師一本正經地說。

「阿伯啊！（台語）現在是數學課。」第四組的小矮人郭丞宏提醒著。

「啊！老年癡呆症！」黃老師自言自語著。班上同學早已人仰馬翻地拍桌子、摔課本，推來推去的一片笑聲。

「眼睛、耳朵——」一個口令。

「看老師！」一個動作。

黃老師指向劉傅藤，他在旁邊說話，「立體圖形。」班上同學立即回到上課原點。

「整數、分數、小數。」班長蔣亞涓身邊的陳雲愷舉高手說著。

黃老師思考著要把這內容安插在那兒？黑板上排列著許多數學主題，好像是分類著排放，孩子們還看不出雛型，等到黃老師加上表格之後，寫上「（數學科橫向、縱向知識結構）資料儲備表」時，許多孩子驚呼著，數學科是這樣子被黃老師記在腦子裡的，

難怪他說：「一至六年級的數學科，老師都可以背得出來！」大家開始相信，這一位老師不是大家說的愛搞笑而已。

黃老師說著：「數學科基本的縱向結構大分類是『數』、『量』、『形』三大類。『數』的小分類是『整數』、『分數』、『小數』；配合數學計算方式的『＋、－、×、÷』，把它們分配在你一至六年級的數學學習課程中。我們把這一些回憶出來，就可以知道編輯教科書的數學家，是如何安排課程的？我們更可以由這一張總表，預估五、六年級上、下學期的課程學習。老師把年級用標號①②③④⑤⑥來代表，上、下學期小朋友再對一下過去的數學課本，這樣你的數學學習開始統整了。」

因為五年級第一單元是「數線」，所以黃老師先陪全班同學完成「數」的架構表。並且說明第一單元的七種類型題目，是如何從整數的＋、－、×、÷和四則混合計算設計出題型來的？

會做分析閱讀的小朋友，先掌握了知識的細微連貫，並且可以監控性的當上數學出題小老師。

這是一種讀書方法的類型，使用高層次心智結構的學習方法，就是掌握人類知識累積的學習者。

縱向／橫向		（數學科）知識結構資料儲備表				
數	符號	＋	－	×	÷	＋－×÷混合
	整數	①②	①②	②下	③上	⑤上
	分數	③下	③下	⑤	⑥	⑥下
	小數	④	④	⑤	⑤	⑥上

4.

　　黃老師把一至六年級的數學總架構表，順勢地發給孩子們貼在數學課本第一頁，提醒孩子把每一年級上、下學期學過的單元，標示入儲備表中，成立自己的數學學習知識庫。

（數學科）知識結構資料儲備表						
分類／單元計算	數學計算符號（單元名稱）	＋	－	×	÷	四則混合計算
數	整數　公因數　⑤					
	整數　公倍數　⑤					
	分數　比和比值　⑥					
	小數　④					
量	長度　容量⑤　速率⑥					
	重量					
	時間　②					
形	平面圖形　三角形					
	四邊形　正方形					
	四邊形　長方形					
	四邊形　平行四邊形					
	四邊形　菱形					
	圓形　⑤					
	對稱圖形　⑥					
	統計圖表　④					
	比例尺　⑥					
	立體圖形　柱體　⑥					
	立體圖形　錐體　⑥					
怎樣解題　⑥						
（　）＋ － × ÷ （　）＝（　）						

　　這一天，他們都跟著老師回憶「整數的學習」，他說著：「一年級時我們學整數的數數，1 個 1 數；5 個 1 數；10 個 1 數。」黃老師還故意在黑板上畫圈圈圖形，裝著一年級生的天真、活潑、又可愛的聲音回憶著，「各位小朋友！來，跟著老師數一數，這裡到底有多少個？」

　　剛開始時孩子都深覺有趣，折騰三分鐘下來，沒有人要跟他玩 5、10、15、20、25——的幼稚遊戲了，更沒有人要和他玩 8＋6＝（　）。請問你是用什麼方法計算的？

　　許維恩說：「8＋6＝（14）。我先把 8 個和 2 個圈起來是 10 個，不能圈的還有 4 個，所以答案是 14 個。」他一說完，全班同學異口同聲地轉向他說：「幼稚。」

　　黃老師也說：「還真幼稚的一百分呢！」他這麼說，同學們卻不以為然。

　　「ㄟ！別傷害人家幼小的心靈！」賴奕軒說著。

　　「他的苗壯傷了我的幼小。」黃老師說罷，前腳在後門，說著：「下──下課。」

5.

　　一上課，黃老師在黑板上寫著：「800÷20＝40 各位小朋友都會計算，答案也是正確的。誰可以告訴我『800÷20＝80÷2＝40』為什麼可以在被除數和除數的地方，個別刪除一個 0，變成第二個計算式子 80÷2，請你說出一個道理來和老師分享？」

　　「因為各劃掉一個 0，答案是一樣的。」陳雲愷說。

　　「為什麼可以呢？是大家從計算過程中，歸納出各劃掉一個 0，答案是一樣的，所以類似的題目這樣計算都是正確的，從此就學會一個有用的技巧來計算？可不可以說：『這規則我背起來了。我做對了，可以了。那如果是 85÷5＝17÷1＝17 呢？該如何說？』」

「因為被除數和除數可以同時除以一個數，它的答案不變。」從新竹市轉學來的郭嘉柔說。

「這樣的數學式子是『數學語言』表達，可以轉譯為『中文語言』表達嗎？」黃老師想進一步探究孩子的中文理解而問著。孩子們討論不出一個好的說法，沉默地看著大家。

習慣的養成與工作目標的快速達成，讓人忘了花一些時間來思索「數學理解」。黃老師想起四十年前的小學教育現場，他的數學成績很好，但他不能完全理解數學計算題的解題道理。只要老師直接教給的訣竅或是他歸納後的方法，他背起來之後，按照這方式類推，他的數學能力在班級中的社會地位是王者之尊。十幾年過了，他是一位小學老師，他開始追根究底。他在黑板上寫著：

$800 \div 20$　　　　　$85 \div 5$

$= 80 \div 2$　　　　　$= 17 \div 1$

$= 40$　　　　　　　$= 17$

這個式子從 $800 \div 20$ 轉譯成 $80 \div 2$，就像我們換錢幣的經驗一樣，把 800 元換成 80 個 10 元。把 20 換成 2 個 10 元。都換成一樣的「10 元 1 個」單位量「個」，就可以理解了。而把 2 個 10 元裝成一袋，被除數有 40 袋，除數有 1 袋（2 個 10 元），這是被除數和除數同時除以一個數（2 個），它的商不變（40 倍（堆））。因此把中文語言加入數學式子中，就是：

$800 元 \div 20 元$　　　$85 元 \div 5 元$

$= 80 個 \div 2 個$　　　$= 17 個（5 元 1 個）\div 1 個（5 元 1 個）$

$= 40 袋 \div 1 袋$　　　$= 17 倍（堆）$

$= 40 倍（堆）$

「這就是郭嘉柔說的：『被除數和除數可以同時除以一個數，它的商不變。』同時除以一個數就是換錢幣的道理，換成同一個數 10 元，換成同一個數 5 元。再繼續把 2 個 10 元裝成 1 袋，80 個

10 元裝成 40 袋，同時除以一個數（2）的道理。」黃老師把同學的發表，連結上他的數學表徵講述著。

「老師！你上課中為什麼有那麼多的『為什麼』要問我們呢？為什麼會這樣呢？」郭丞宏常對著老師逗笑地說。以他是小矮人的身分，在教室中突然發言是得到許可的。重要的是他臉上的笑容和稚嫩的聲音，就是可愛。老師常在適當的時刻，由他帶給全班一片歡樂。

「第一，有一個作家寫過一首詩『為什麼是一個很美的詞』。第二，我也很想知道為什麼我會很喜歡問為什麼到底是為什麼？第三，當你問我為什麼的時候我就在想為什麼這個小朋友會對這個為什麼有興趣呢？」黃老師連珠似地回答，中間不加標點符號。

「真的有這一首詩？你騙人！」賴奕軒伸出他的食指指著老師說。

「在這裡！」黃老師從一本詩集中翻到這一首詩題。

許維恩服氣地說：「咦！真的耶！作者是『白目先生』。」全班跟著大笑黃老師。

6.

「謝謝大家的玩笑話！請再一次給我一個數學思考：『小一到小六數學科的應用問題，有沒有一個共同的數學列式可以表達的？』」他追問數學科課程的基本核心，同學們沒被問過類似的問題，呆住了。孩子從課本中嘗試歸納、討論、爭執，還是得不到可以自圓其說的表達式子。他們知道又會被問及「為什麼？」，所以孩子們的小組不斷傳來「為什麼你這麼說？請幫忙給個道理。」黃老師見大家沒什麼反應，他開始說著他的分析結果：

（　　）	＋	（　　）	＝	（　　）
	－			
	×			
	÷			

　　他說：「這是數學應用問題的基本類型：（　）＋－×÷（　）
＝（　）。數學課程設計專家把「一位數」＋－×÷「一位數」的
題型安排在低年級。把「三位數」＋－×÷「二位數」的題型安排
在中年級。把「多位數」＋－×÷「多位數」的題型安排在高年級。
其實應用問題的題意，幾乎沒有做太大的更動，只是更改一些「數
字」即可分配到低、中、高年段。「數字」改為分數就是分數單元。
「數字」改為小數就是小數單元。剛開始的學習都是從整數單元
的學習開始的。例如：有一個長方形，長是 6 公分，寬是 3 公分，
它的面積是多少平方公分？我們解成：「（6）×（3）＝（？）」這
是低年級題目。如果是中、高年級的設計呢？

　　①有一個長方形，長是（6）公分，寬是（3）公分，它的面積
是多少平方公分？（低年級）（6）×（3）＝（？）

　　②有一個長方形，面積是（18）平方公分，它的長是（6）公
分，那麼寬是多少公分？（低年級）（6）×（？）＝（18）

　　③有一個長方形，面積是（18）平方公分，它的寬是（3）公
分，那麼長是多少公分？（低年級）（？）×（3）＝（18）

　　④有一個長方形，長是（62）公分，寬是（35）公分，它的面
積是多少平方公分？（中年級）

　　⑤有一個長方形，長是（678）公分，寬是（390）公分，它的
面積是多少平方公分？（高年級）

　　從這①、②、③的題型（　）中，你會發現課程設計的其中一
種手法。

從這①、④、⑤的題型數字更動中，你會發現課程設計的年段加深手法。

「我們的學習可以透過分析、歸納的方法，去找出一些知識結構的軌跡，這樣我們的學習會變得更簡易了。」他做了總結。

「請在小組中，針對數學課本第二章『簡記式』的應用問題做分析。並對照一下題目類型，檢驗老師說的（　　）＋－×÷（　　）＝（　　）適用嗎？」黃老師希望孩子自己親證今天的數學學習，這一節課很特別，孩子像尋到知識的根源一般喜樂。有的小組玩著出數學題型比賽，他們想當個小老師，做一些簡單的課程設計。

班長蔣亞涓和陳雲愷從第五組傳來回饋，他們說：「真的一樣。我們這一組對了四頁的應用問題，題型設計都是一樣的。」

「那我們回到數學知識結構表來對照一下，題型如果要加廣的話，應該會把『數、量、形』的細分單元選為題型，配合整數多位數的數學學習來命題，未出現的細分單元，則可能被安排在五下或六年級課程。我們根據總表，來知道數學科學習單元的教材位置，是放在那裡的？」黃老師和孩子們回到數學資料儲備表，一一對照課本每一頁題型的連結而說著。

孩子們喜歡他的事很多。他處理孩子們的生活事件，會把事件區分為原因、經過情形、結果，讓孩子清楚事件發展的是是非非，按照事件的進行負責起自己該負的不同責任。他對生活語詞的詮釋、搞笑特別有意思，有一種特別的體會讓大家品嘗一番，又可以令人發笑，不知不覺的教室生活中，大家都喜愛重新思索、定義生活語詞庫，好像來學校多了一份新體會和新成長。他在課堂上的上課表演既有趣又有學科單元整合的知識，把知識學習嵌入搞笑的學習情境裡玩耍。他說的話都有自己的思想信念支持著，所以有時他讓孩子生氣、讓孩子佩服、讓孩子很無奈地照章辦事寫作業、每一天都很好笑，很神氣地能和這個「老人家老師」相處在一起。

7.

有一天，他心血來潮地問著孩子：「相處到現在，你認為我是一個怎樣的老師？請寫下你自己觀察後的看法。」

「我覺得老師很好笑，上課方式跟別人不同，愛跟同學開玩笑。常用英文講罵人的話（笨蛋）哈哈！你打人真的很痛，還好有彈到你的脖子，還有敲到你的頭，真好玩！」（陳明群）。

「我覺得老師是個愛搞笑的人，上課時也會用搞笑來提醒同學和傷人，但有時候上課很嚴肅，讓人意想不到，而且做事非常認真，他是我的老師，真是太幸運了！」（鄭慧珮）。

「我覺得你是一個很搞笑又很認真的老師，雖然你上課有一點嚴肅，但是上到一半時，你就會停下來搞笑，讓我們放鬆一下。有時候連上體育課，也會說到國語課的內容。上國語課時你還會一邊表演，一邊說明、解釋，而且你還會印一些課外學習資料給我們看，有時你出的功課是課外的，讓我們感到很驚訝！」（王妍可）。

「第一次看到高挑削瘦，年紀稍大的黃老師，心裡總覺得是個十足的老古板，上課一定像個碎碎唸的歐吉桑，無趣又死板。後來，我徹徹底底的說錯了！我太幸運啦！我經常發癲似地大吼！畢竟，碰到這種老師，要幾個世紀才碰得到？我的老師是我見過最搞笑，教法最棒的老師！哪個老師可以上了把年紀還發瘋似的搞笑？哪個老師教學會分析？做延伸題？資料儲備表？用表演讓不會的題目更加清楚？所以，我太佩服我的水果老師了！」（郭嘉柔）。

「我覺得老師很會搞笑，上課會問『為什麼？』所以我喜歡搞笑的黃老師。」（鄭小晴）。

「我開學看到老師時，感覺老師很嚴厲、兇猛，但是相處時感覺老師很搞笑、幽默，我喜歡搞笑的黃老師。」（蔡育泓）。

「老師在上課時，看到我們坐不住，老師就會搞笑，讓我們很輕鬆，我最喜歡黃老師，我也很開心給這種老師教到。」（郭靖婷）。

「我認為老師是幽默又搞笑的老師，因為上課時你都會搞笑。但我希望以後上綜合課時，不要拿來上國語和數學，可以上綜合課。開學到現在我覺得你是一位很好的老師，把我們班教得很好，希望我們班可以這樣維持下去！」（周彤嵐）。

「黃老師是一個幽默、搞笑、活潑、愛表演的一個好老師，就因為這樣，所以我就喜歡上學喔！也因為這樣，所以我爸爸、媽媽看到我這學期，換了老師每天都快快樂樂的上學和放學，甚至星期六、星期日都希望星期一趕快到來。」（邱柔珊）。

「我認為黃老師是一個認真教學又搞笑，但邊搞笑也邊讓我們得到知識。我觀察到黃老師是一個幽默的老師，我有忘記帶東西，我錯了老師都會體諒，老師的心情讓我的心情感到快樂，我喜歡黃老師這種上課的方式，也喜歡黃老師的學習態度，讓人上課有不自覺的快樂。」（林怡苓）。

「我覺得老師上課很愛搞笑，可是老師都是想要讓我們開心，而且昨天老師為了讓我們知道紀曉嵐寫的詩的意思，所以就表演紀曉嵐的詩給我們看，還差點跌倒，所以我覺得黃老師是一個很好的老師。」（洪詠俞）。

「我覺得老師是一位很有知識又很認真的老師。不過我覺得老師不要經常開玩笑，我知道老師想藉著笑話，把我們引入學習當中，但我認為有點本末倒置，以上是我希望老師能改進的地方。謝謝老師！」（陳雲愷）。

「老師是一個和氣又可笑的老師，不顧面子一心只想讓我們快樂又專心，雖然一把老骨頭了依然像小孩子一樣天真，真搞不懂他啊！連路過的小朋友也被耍的團團轉，哈！哈！哈！我的老師真好笑！」（劉傳藤）。

「我覺得老師是一個說話總是暗地傷人，上課有時嚴肅、有時搞笑，且做事很專心的一個很特別的老師，連科任老師都說這個老師很不錯，能被這種老師教到真是太幸運了！」（吳冠志）。

「我認為黃老師是一個認真教學又搞笑的老師。我觀察到黃老師上課會先搞笑一下，讓我們注意他，再讓我們用快樂的心情，聽他講重點。我認為這種上課方式很有趣，也可以認真的學習。」（蔣亞涓）。

「我覺得黃老師是全校最棒的老師，很會表演，很愛搞笑，我很幸運能給這麼好的一位老師教到，我非常高興，所以我以後都要用功讀書，才能拿到好成績。其實老師每天都很辛苦的在幫我們做資料，也很辛苦的想引起我們的注意，讓我們專心上課，不受外來物品的影響。」（王蕾玟）。

「我覺得你是一個很不錯的老師，可是為什麼你比較喜歡上數學呢？老師！以後我喜歡上體育，因為我以前就很喜歡跑步。我喜歡老師上課的教法，可是我感覺我們班的綜合怎麼都沒又在上？老師！你是不是覺得我們這一班很團結？希望老師一直把我們帶到畢業」（張偲玫）。

「老師是個以開朗又有點嚴格的心態來教我們，是一位與眾不同的老師，也是我見過最棒的老師。」（陳中佑）。

「我覺得老師上課很搞笑，每天都讓我們很開心，每天在家想到老師在課室上搞笑，我就會一直笑。家人還以為我是神經病呢！」（徐敬敏）。

「我很恨老師，因為昨天老師拉我的頭髮。」（郭丞宏）。

「我覺得老師又酷又好，而且每天快樂的上課，有時我錯了或是忘了帶東西老師也會原諒我，在上課時還會搞笑逗同學們開心也讓同學輕鬆，老師就像孔子和紀曉嵐不但會教書也會搞笑和寫作文，老師可說是本領多，雖然老師有的時候會很嚴肅或是有時候會發飆，可是他還是我心目中最會搞笑、最會教書、最帥、本領最多，也是我的超級無敵的超人或是超級厲害的超級老師。」（謝楓其）。

「我覺得老師他是一個很好笑的人，有時候上課都跟我們開玩笑，引起我們的注意，然後再開始上課，而且有時候還會講英語。」（蕭育台）。

「我認為老師非常有趣，我觀察後老師是一個愛搞笑又很帥氣的老師。」（洪皓銘）。

「我覺得老師是個很好笑的老師，因為每次上課的時候，老師都會一直開我們玩笑，而且老師你的教學方法和其他老師不太一樣，所以常常讓大家覺得很奇怪，不過我覺得老師你的方法是對的。」（黃韻恩）。

「我說：『老師很好笑又很好玩又可惡的人，老師常常開玩笑像惡魔國王的億萬妖術。』」（許維恩）。

「我們的老師是個非常厲害的恐怖魔王，他約有億萬怪招可以對付我們。但他也是一位十分幽默的魔鬼，一天到晚讓我們笑到肚子痛，不過他卻是個可以讓我們每天笑到爆，保持好心情的奇幻天使，我覺得被他教到，真是不知道怎麼形容才好！」（賴奕軒）。

「黃老師我覺得你的優點是：1.教書認真，跟別人都不一樣。2.很愛搞笑帶給我們很多歡樂。3.上體育課的時候都教我們跑步的技巧，讓我們有機會第一名。4.你的肌肉那麼硬，帥喔！XD。缺點：無。p.s 希望你可以給我們更多的資料，讓我們更聰明。Thank you.」（陳諺元）。

第三週結束前，黃老師再次從孩子的眼中看看自己，他感謝孩子們給他的感覺。

相處的生活實務經驗是進入小學課堂的第一門功課。

他在建立一個教學世界。

第二章　三角形老師

如果別人能看見我所見的，我的夢將不再是夢想，而是理想。

──普西沃・古德曼（美國知名建築師）

1.

　　這是第三週的星期五早上。一進教室黑板上有黃老師的留字：「早上到校考試：數學作業簿第 2 回」。昨天的回家功課是第 1 回，這 1、2 回都是數學第一單元「數線」的自我評量、複習考。班上正進入數學第三單元「因數、倍數」，大家玩得起勁極了。孩子們進行著測驗。

　　晨間打掃時間，黃老師先到學校對面的縣黨部圍牆邊，這下課的秘密基地。他五分鐘就已回到打掃區，看著許維恩拿著竹掃把掃著落葉，李奕智在旁邊拿著大垃圾桶和塑膠掃把，把一小堆垃圾拿起。他們兩位同學的知識學習，在班級中的社會地位，明顯的低落。賴奕軒沒到場。班長蔣亞涓和兩位女同學利用這時間，拿著教具趴在水泥地上，認真地進行自然科測量太陽的變化，沒打掃。知識學習成就高的陳雲愷在剩下的三分鐘前來到打掃區，他手上沒拿打掃用具，晃著、看著來回。黃老師請許維恩和李奕智合作把小枝條掃起來再收工，他們倆位做到了。黃老師跟他倆說：「謝謝！」

　　第一、二節課是國語課。黃老師唸著吳冠志的名字說：「請問你的打掃區域在哪裡？請你對你的工作自我評量，你給今天的這個工作打幾分？為什麼？」

　　「四十分。因為我沒把玻璃擦乾淨。」吳冠志低下頭說著。

　　「自評得很實在。」黃老師說：「那全班評量給幾分？」

「二十分。」郭丞宏代替全班起個頭，「因為他窗框的溝溝都沒有打掃。」

「班評得很真實，因為有說出看得見的證據。」黃老師看著全班，「所以他這次的打掃工作平均是（20＋40）÷2＝30分。」

「0分，因為我沒去。」賴奕軒隨著老師的手勢起立，不好意思地說著。

「5分因為我只有下去掃地區域，沒有掃。」班長說著。

「那你的工作是打掃。班級職務是班長。兩份工作，妳自己想想。」黃老師準備放她一馬，說著。班長看著聽老師說話，輕扭著軀幹顯得不自在。

黃老師清楚那是一位有自我要求的孩子，這樣輕輕一點就足以令她受夠的。

他對全班說著：「第一週，我們知道造句子有句子的結構，來判斷句子的正確、句子的通順。在自我評量時，這樣就可以給出100分，面對習作、試卷的造句子你是O.K的。但是有些同學的生命探索並非如此滿足，他知道造句子還有句子的生動、句子的優美、句子描寫的具體、句子的重複情緒表現，他想著成為一個創作者、成為一個藝術，他還要萃煉自己滿足於自己的一次生命。所以生命的方向充滿著多種可能的發展性，他為自己留下『豐富』。記得開學第一天的作業嗎？『快樂』。記得我如何收到你的作業嗎？記得第二次的課外作業嗎？『做一件讓自己的爸爸、媽媽感動的事！』，有『感』覺的心靈會觸『動』心田。這都是你自己想的功課，沒有人可以代替你來完成。」

郭嘉柔心神專注地聆聽著。這會心的孩子在這樣的話語中更加沉默。下課時，她拿著筆記簿抄著記得的一些筆記。

「有一個孩子，他家中沒有書桌。他的書桌是洗衣粉的瓦愣紙紙箱，用大透明膠帶封起來，上面一塊建築工地丟棄的三分木心板舖上的桌面。他完成作業的時間是招呼完弟弟、妹妹洗澡、完成功

課後才進行的。家裡有爸、媽的客人來喝酒，他要走走停停，幫忙跑跑腿後才進行寫功課。他的家有一個破洞，是廢棄的薄鐵片用鐵絲絞緊的。這樣的孩子在黃老師的生命中存活著二十一年，刻骨銘心。他在我心中的社會地位『無可取代』。為什麼？因為上帝給他的『生活條件』如此，他反倒是給老師的人生功課如此。」黃老師停下來。

　　「各位同學！你的生活條件是什麼？令人佩服。房子、車子、冷氣，學習各項才藝，要什麼有什麼。只要成績高分，你就是幸福的人。哈！哈！真是好笑。」黃老師故意對比著不一樣的世界，說的也是事實，孩子有點兒不好意思了。他說：「這個孩子就是許願魚書中『風的孩子』這一篇教室小說的真實主角。他國中畢業那個暑假就死了。班上同學都還會相邀去公墓看他，點上幾柱香。」

　　「老師！他怎麼死的？」班上孩子驚奇的問。

　　「我現在不想說。這樣的人生故事只說給『對生活有感受的人聽』。你們目前還不夠資格，像『牧夢』那一本書的主角米久，耐心的等候吧！」黃老師特意挪揄著這個班級。有些孩子聽了不服氣、不順耳、反叛性地說：「瞧不起我們。」

　　「還真的瞧不起呢！這是我心裡的話。」黃老師拉高著姿態說著：「一個二年級小朋友的作業，你看了就會覺得無地自容的丟臉。這是一份機密課外資料。」他說得愈神秘，孩子愈想知道這作業單到底是什麼？

　　他說：「我知道你們不認輸，我先給你一份資料當禮物『說葡萄酸的狐狸』全課大意書寫單。你研究清楚了我們再來、再談。其實我還擔心你們真看不懂，看得懂還包括找到他腦中的思考，他用什麼結構、技巧來判斷段落大意、意義段落綱要、全課大意的？這是走向高層心智的方法第一步，學術訓練頭腦清晰思考型訓練。老師希望你們有一些讀書方法成為你可以帶著走的能力。祝福你──永遠快樂！」

他說著說著，總沒忘了在語句結尾處唱出：祝福你——永遠快樂！這時令人好氣、好笑、好無聊，孩子想聽他說，他卻賣關子搖擺了起來。

孩子不想聽，他卻又想盡辦法地引起注意、裝可愛、甚至苦苦哀求，要孩子給個面子，原諒他的老年癡呆症，說自己早上出門：「忘了吃藥！」孩子們這時倒也樂得又和黃老師玩在一起了，一起研究、討論。像在國語第二課馬景賢先生寫的「秋江獨釣」課文深究中，推論乾隆皇帝和紀曉嵐的君臣互動題目，詩句中的第四句「一人獨占一江秋。」如果這詩句除了表現紀曉嵐的機智外，有沒有另一種可能是紀曉嵐對皇上的嘲諷，而皇上聽不出來，這該如何解題？

孩子們無法進一步推論或聯想，他又戲謔全班，說：「附小的小朋友不是要這樣的思考題。你們的程度是可以的，例如：1.『一人（　　）一江秋。』獨占。2.『一人獨占（　　）。』一江秋。3.『一人指的是誰？（　　）。』漁夫。全班都是一百分。例如：請背出『秋江獨釣』這首詩？」

　　一篙一櫓一漁舟，
　　一丈長竿一寸鉤。
　　一拍一呼復一笑，
　　一人獨占一江秋。

全班孩子背得熟透了。他高興地說：「太強了。國字字音也沒問題！詩句也能背出！又會說出大意。又會寫習作。又會考試。這樣就可以了啦！」

幾個敏感的孩子知道老師在挖苦她們，在取笑她們，知識的學習難道就這樣嗎？

黃老師繼續回憶上一堂課，「我們分析了馬景賢先生的語詞使用技巧、取景角度。我們分析了紀曉嵐的取景剪裁，作者是站在什

麼位置，開始安排他的寫作視點移動？這空間安排由上到下，由外到內，最後的由內到外的全部視野。時間順序的安排，是按照時間行進的。老師還站在窗台模擬著視點的移動呢！」

這倒是說出郭嘉柔的心聲了，她曾寫著：「那個老師教學會分析？做延伸題？資料儲備表？用表演讓不會的題目更加清楚？」她想要一些不一樣的思考角度，每次的深究題都會令她眼睛發亮，因為深究課文她才能體察作者的生命思考，惟有如此她才能想像作家在文學中的藝術表現，一種再度活化生命的表達方式。

2.

　　一拍一呼復一笑，
　　一人獨占一江秋。

如果場景是皇宮的金鑾殿上，那誰可以「一拍一呼復一笑」？想當然是乾隆皇帝。那「一人獨占一江秋」改成「一人獨占一江山」也說得過去。而上次我們拿補充教材「紀曉嵐傳」裡頭的一篇「太監」文章，推論紀曉嵐的文才和幽默個性裡，有個嘴裡不饒人的不認輸特性。在這裡也是一樣的要和皇上比個高下，畢竟是皇上先出難題的，因此他有必要藉助文學暗示象徵的手法來難為皇上。暗示當上皇上也無法像個漁夫，一樣的自得其樂。我紀曉嵐在文學剪裁歷程根本是忽略皇上，忽視江邊的他人（陪伴皇上的人），整個秋天的江面美景就只有漁夫的生活寫照。沒想到皇上點頭稱許這是一幅「秋江獨釣圖」，這是一解。

另外一解則是紀曉嵐把自己想成是那一條魚，而乾隆皇帝是漁夫，紀曉嵐在詩中表達了自己的委屈，任由皇上忽左忽右，而皇上的自得其樂是：我皇上的秋江獨釣圖，在江邊獨釣紀曉嵐。這是黃老師讀文章時的推論，我有這樣的想法，我便在文章中尋找可以支

持我想法的蛛絲馬跡和證據，我藉助文學豐富我的生活，我藉助文學分享作者的生命世界和生命價值。

話鋒持續著，不知黃老師是要做教學示範，還是要更深地挖苦孩子們？他說著：「第一至三課都是在說名人的生活事件，那請問邱吉爾、蓋達爾、艾森豪、紀曉嵐、晏子，他們的職位都不一樣，那名人的共同特質是什麼？名人內心的共同想法可能是什麼？如果我日後要成為一個名人，我會怎麼努力？這是閱讀思考中的另一種心智成長，附小的孩子們：『書要廣泛大量閱讀，你做到了！而書要精讀，要深入閱讀，你做到了嗎？』回家想想：『文學不止是寫寫生字、查查字典，還有句子、段落、整篇的文學思想。更有作者在文學中的個人情感隱藏著和作者對待人世間的另一種人世關懷。』」

前面所說的都是知識學習的部分。在一個班級中，黃老師要的是什麼？

3.

> 蔣揚說：「所謂『智慧』，是心裡明白一切你看到、你感覺到的，都是瞬間會消失的，像夢，像幻覺，像露珠，像夜晚的閃電，像溪流表面的泡沫；所謂『方法』，是對一切眾生充滿慈悲；簡而言之，就是心地善良。沒有智慧，你對一切事物的觀察會不正確；沒有慈悲，你的智慧就無甚價值。」
>
> ——馬修・李卡德

他在黑板上畫著一個大三角形，左下角寫著「知識學習」，右下角寫著「處事學習」，最上端寫著「做人學習」。三角形的中間畫了一個圓圈，圓圈裡寫著「方法」。也就是說一個孩子到學校來學習，要學得做人處事的方法，要學得各科知識，應用在生活當中。

孩子在探索、在決定自己要「成為一個怎樣的人？」因此黃老師在做人的頂角多畫了一個括號，「做（　　　）人」。

　　他對孩子說：「你可以自由決定自己的括號內容。歷史上的名人，也都是在生命中為自己的括號內容，填入幾個字詞。黃老師填上做一個（好）人，做一個（會教書的好）人，做一個（會教書的善良的好）人，做一個（會教書、會教人的善良的好）人，做一個（孩子心目中的好老師）這樣的人，我從這裡看見自己的人生經驗成長，我滿意我自己的人生追求，我的成就也在這個區塊，『我做了一個小學老師，我以此工作為榮耀』。孩子！你呢？」

　　他在三角形下面寫了四個字「工作態度」，在工作態度下又寫了四個字「我的條件」。黃老師開始敘說：「工作態度是你的工作習慣和工作程序，自己和他人都在觀察你的工作態度，在工作中為什麼你把這個看成是重要的？老師認為工作態度會成為信念和文化。日本人的工作態度已成為在全球被敬重的民族，因為他們堅持一件事情從頭到尾做好、做完，他們的國家文化認定各行各業的專業素養，所以每一個行業都被『敬重』。他們也以自己的工作為榮。只有如此，人才能走得長遠，通向永恆。」

　　他看著孩子專心地聆聽著，他繼續說：「那『我的條件』是你現在擁有的資源和才能，你們的資源條件都夠滿足你的生命探索，和鄉下資源不足的地區不同。鄉下孩子是需要在極少資源的情況之下，發展出生命的意志力，他們和孔子的資源一樣，學著做許多『鄙事』，懂著許多做事的方法和維持良好的人際關係，因次早先發展處事能力。如果那個孩子能由學科學習中找到的方法，應用在做人和處事的學習上，這孩子便是聰慧的人。但是離『智慧』還有一段大距離。」

　　他停了下來，說著今天的回家功課是這個「三角形」，基本上你有把這三角形抄寫在連絡簿上，就可以說是寫完作業了。

郭丞宏說：「真的。星期六、星期日兩天的作業就是這樣而已，沒騙我？」

黃老師看著許多孩子都已抄寫在聯絡簿上了，他問著：「已寫完作業的請舉手？」

許維恩和十多位孩子舉著手。黃老師問著郭嘉柔、陳諺元和鄭慧珮，說：「你們寫完了嗎？」

「還沒。」孩子們說。

「我到現在四十八歲了還在寫這個功課，寫完的同學真令黃老師佩服！」他說完話就下課、放學了。

4.

第四週第一節國語課。黃老師請郭嘉柔站起來敘說，他問：「老師要收三角形作業！」

郭嘉柔說著：「『知識學習』上，我問了爸爸數學因數和倍數的道理，爸爸為我解說一次，讓我更了解因數和倍數了。這讓我了解遇到困難要請教能力比較高的人。」「從他那兒學到能力和思考的角度。」黃老師插嘴整合著。她繼續說：「『處事學習』上，我問奶奶要如何挑選青菜、如何洗菜、如何炒菜才能炒出一盤好菜。奶奶拿著青菜一一示範，炒菜時要我在旁邊觀察，奶奶告訴我要注意火候、時間，觀察菜葉變化和菜梗的顏色，通常慢熟的菜梗先下鍋，菜葉要觀察要起鍋前的一、二分鐘慢下鍋，不同的青菜判斷不一樣，從菜莖、菜梗的硬度粗細了解。」

「我學到老人家的經驗技能，是生活中慢慢累積起來的，有效的生活實用智慧，堪稱為一位生活師傅。誰身邊擁有生活師傅，誰就擁有最大的資產，因為她有一些語庫也是從生活中萃煉出來的生活大師。」黃老師把奶奶師傅統整得有聲有色。他還講演了「少年小樹之歌」的故事，奶奶為小樹做了一雙鹿皮的靴子，這是小樹這

一輩子穿過的最舒服的靴子。小樹的爺爺教他如何在溪裡捉魚，心裡要如何保持平靜，當魚的身體通過掌心時快速一握，輕易地捉起一條魚烤著吃。小樹太心急捉不上一條魚，爺爺說這要練習，爺爺也教他練習的方法，最後小樹自己捉上一條大魚和爺爺分享。

　　郭嘉柔說：「『做人學習』上，我想先做一個（會關懷別人）的人。」

　　黃老師用了四十分鐘收了這一項作業，他說：「只收了一個，老師就很滿足了。因為作業要收得細膩，就需要對話。他對全班同學說：『做人學習的最高目標是做一個具有（慈悲、智慧）的人。』老師還沒達到目標，還在學習，所以這一項作業我還在努力，還沒寫完。現在你可以叫我『三角形老師』。」

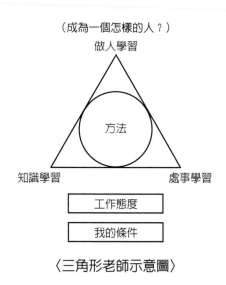

〈三角形老師示意圖〉

第三章　湖濱散記

我對所謂的『烏托邦』，一直懷抱著迷惑般的好奇，心底想著為何會有人要去想像這樣不可能被實踐的事情呢？以及，這樣如標槍般射入無垠蒼空的揣想與動作，究竟意義又何在呢？」

——阮慶岳

1.

這是一場文學盛會。星期五早上黃老師興奮地在導師室中準備華爾騰湖，一張水藍色的海報紙。

他對孩子們說：「第一、二節課要上國語第四課湖濱散記。一百六十七年前的一個自然寫作者梭羅，自己一個人在湖畔的森林裡蓋了一間木屋，一個人在那兒生活，享受完全的自我。像日本清貧思想的極簡生活中，享受個人的精神生命。老師要在地上上課，請同學們幫忙。」

許維恩、陳中佑和賴奕軒拿著拖把拖地，昨天老師說著：「台東市最美的一條街道是聖母醫院和東商中間，一排高樹開著夏季的花朵，火焰之美。有一個作家曾躺在那兒，寫作紀錄這一條街景的下午，那一天下午車來車往，這作者獨享這一片夏季的幻變。」黃老師說著就直接躺在教室的地板上，孩子們驚奇的眼神望著他，直條條的一個老師躺在地上敘說。所以孩子們知道等一下真的是在地板上上課。

一上課，他移動郭嘉柔的座位，把教室空出幾坪空間，鋪上水藍色的紋彩紙，打開的課本和一隻拖鞋，黃老師說這拖鞋是梭羅的船，一個紅筆蓋子是潛鳥，惹得大家好笑。陳雲愷趕快摺了一艘

紙船、一隻潛鳥放入華爾騰湖，他們的模擬教學現場即將開端。孩子們圍了過來，有的蹲下、有的站立、有的在後排、有的坐在桌上，正聚精會神的時刻。黃老師把小船移到湖岸停靠，拖鞋移入森林當做小木屋。

陳諺元好奇地問：「他自己蓋房子嗎？」

說到這兒黃老師的興頭來了，他說：「從森林中砍下的杉木蓋成小木屋。這裡頭有許多實務上的經驗傳承，杉木和杉木合併的中間有空隙，晚上的夜風很涼，美國的冬天下雪得凍人，因此要把上頭的杉木底部刨出一條長溝，溝中塞滿寄生在樹皮上，柔軟的苔蘚植物，最後契合著下頭的杉木，如此密不通風的外牆就漸漸成型。」孩子們佩服他的眼神令他陶醉，或許年紀漸大，還能被一群孩子晶亮的眼神專注地盯著，是一種對後半生命的鼓舞。他乾脆坐了下來，繼續說：「自己一個人完成的生命過程。」他指著課文第一段唸起，「我喜歡華爾騰湖，也喜歡湖畔的森林和山崗。」他讓靠近紋彩紙站立的同學，當成圍繞在這湖的森林，一個人是一棵大樹，孩子們覺得好笑，有些孩子不好意思的移動，他笑指孩子說：「樹會走動？那是妖怪──聊齋。」他唸下一句，「華爾騰湖的景色很美，蜿蜒的湖岸，成了森林最柔美的界線。」他說著：「形容詞『蜿蜒的』；形容詞『柔美的』請感受一下！你的眼睛要跟著老師的手，走在華爾騰湖的湖畔。」李奕智和陳貴舜正把感受表現在動作上，輕微扭動臀部，黃老師笑說：「ㄟ！蜿蜒的形容詞被演成蚯蚓，我快吐血身亡了。」他一說就倒了下來，陳諺元快地說：「老師掉到湖裡去了。」陳明群笑得拉起他。班上同學正為這一幕放聲大笑。只要是老師吃虧，一定是個大放異彩的笑話。黃老師的教鞭指著第三句，「周遭的樹，因為有足夠的空間，紛紛向湖邊伸展粗壯的手臂──它們也喜歡華爾騰湖。」他快速地拉出孩子的手，伸向湖邊，他還笑著孩子，「這叫粗壯的手臂嗎？」孩子們把手縮回去，他說：「森林們！請伸出粗壯的手臂來，請『紛紛』『伸展』！」孩子的

動作太快，他再請孩子慢一點兒，「紛紛喔！」孩子們的笑聲和作怪的動作像森林一模一樣，深不可測地爭取光線來的地方生長。黃老師也一樣。

「這裡人煙稀少，湖水輕拍著湖岸，好像千百年來都是這樣。」他跟著課文唸了一遍，整個手掌在湖裡，緩緩地做出波動，一波一波像魚兒的尾鰭動態起湖面，文章說：「輕拍著」，這在作者的用詞是簡單的兩個字，但是在我們生活經驗的視覺裡是暫留著連續動作，讀者需要進入想像語詞的生活經驗中體驗。「輕拍著湖岸」你在台東市琵琶湖的岸邊等候，一定可以見到這影像，一定可以聽到這聲音咕嚕──咕嚕，像中音樂器發出的音樂。老師有一年在日月潭湖岸邊住宿，整個晚上都是這樣的音樂，催眠著我這外鄉的遊客，我的身體好似輕輕被安撫的母親懷抱一樣恬靜，我和作者一樣的感受：「最美好的時光。」陳諺元聽著看著老師的動作和解說，他的腦海裡清楚的記下這一些話。他斜著身體坐在老師的對面，以左手支撐著身體，眼睛跟著老師在湖面上移動。

「『時間』、『時刻』、『時光』有什麼不一樣的感受？作者為什麼選擇『這是我一生中最美好的時光。』做為第一段的結果句。」大家經黃老師這麼一問，不知該如何回應？很少老師對這語詞，會在文章中特別挑出來提問的。他不一樣，他認為是重要的語詞。邱柔珊坐在老師的左側支頤著下巴想著，她經老師一提起，直覺上真的不一樣，但她無法用明確的區分法說清楚，她看著感冒帶著草綠色口罩的郭嘉柔。郭嘉柔左手曲肱，右手手掌撫著右臉頰，相視無言地看著有感受的郭嘉柔。

「雖然都是表達時間的語詞，但是『時光』二字令人的感受是時間範圍無限延伸的感受。『時間』的感受可以是一天、一年。『時刻』的感受更是短暫。」黃老師說著他的看法。林怡岑贊同地亮起雙眼，他知道老師說的話語。

　　第二段開始，黃老師請蕭育台操作教具，黃老師唸著文章「在一個靜謐的午後，我划著小船沿湖岸前行。」蕭育台拿著小船沿湖岸邊前進。賴奕軒指稱蕭育台開遊湖商船。黃老師笑著，說：「先生，作者沒有裝馬達，請慢慢划，速度慢，表情是悠閒的，還會看看四周的景物。」

　　接著由賴奕軒操作潛鳥。黃老師唸著：「就在前方，我瞥見一隻潛鳥從岸邊游向湖心，發出粗獷的『笑聲』，我連忙向牠划去，牠也隨即潛下水去。」賴奕軒拿起潛鳥直接放在湖中央。蕭育台笑他說：「你的潛鳥裝馬達。」

　　「難怪墊部搖得那麼厲害。」黃老師說。

　　「老師！墊部是什麼？」郭靖婷單純的問著。

　　「屁股。老師不好意思說，所以才用另一個詞代替。」他回著。

　　洪詠俞和周彤嵐抱在一起笑著說：「屁股叫墊部？」

　　黃老師請蔡育泓重新操作，動作慢了下來，好似少了生動的演出。黃老師接手，船從岸邊慢慢前行，吹著口哨，他斜眼慢地停住眼神瞥著潛鳥，怕驚擾潛鳥，所以他滑行的速度更慢，眼神沒離開過潛鳥。他又拿起潛鳥，伸高喉頭像天空抖了幾下，叫出「嘎──嘎──嘎──嘎──嘎──嘎──嘎」的叫聲，黃老師的配音音效，迴盪在教室四周後，潛鳥由湖心潛入水中。班上正為這叫聲笑得撞在一塊兒，看老師表演比看文章有趣，這一些歡樂是在上課中，彼此引人注意的行頭。

　　「可是，一會兒，牠卻在離我更近的地方浮上來，一看見我，立刻又沒入水中。當牠再度浮起時，彼此的距離約有一百公尺遠，牠又在那邊大聲的「笑」了起來。每次浮出水面，牠都先轉頭看看前後左右，似乎還在選擇下次潛行的方向，好躲開我的視線，我也動腦猜牠會怎麼走。有一次，牠把我引誘到湖中央，自己卻從遠遠的地方浮上來，這似乎讓牠很得意，狂野的笑聲不時迴盪在湖的四周，我才知道自己又上當了。」黃老師操作著這遊戲，每次的叫聲

都不一樣，他的聲調也隨著不同，到「狂野的笑聲」時，他演成了「嘎嘎──哈哈──笨蛋。嘎嘎嘎──笨蛋──哈哈嘎嘎。嘎嘎──哈哈──豬頭──嘎嘎嘎嘎嘎嘎。」班上孩子既狂笑又搖頭，適巧救護車從校門口經過，「喔咿！喔咿！喔咿！喔咿！喔咿！」搭配著這堂課。孩子們說：「老師！你的時間到了！」她們的意思是說，老師該上玉里療養院了。有人附和著：「套房！」

「這是表演藝術，請拍手。下課！」黃老師臉上的汗水直淌而下，他回到導師休息室。

2.

第二節課，黃老師唸起：「每當暖和的夜晚，月亮倒映在湖心，我常常坐在船裡吹笛。夜晚的湖，是一首溫柔的詩歌，我用笛聲來伴奏。」他拿著一張白紙對摺做著一個月亮，是橢圓形像飛碟的月亮。大家噗吃笑出聲來，說：「這是月亮新產品。」他又重做，嘴裡唸著：「人老了，做出來的月亮也老化了。還真奇怪。哈哈！」他做出圓形的月亮丟入湖心，說著：「倒映。湖裡有一個月亮，嘻嘻！真美的夜景啊！」他划出小船，他請幾個孩子拿出直笛吹奏慢曲子，好一幅詩情畫意的個人式享受。他故意在岸邊停留，讓空間安排在這角落靜止。等一下作者的空間安排要移向湖心，由近而遠到更遠，由外向內的作者視點移動，他唸起課文：「有時候，我在午夜划著小船去釣魚，樹林裡，除了夜鷹和狐狸的淺唱，還有許多鳥兒在附近發出細微的啁啾。」他把船離開岸邊，邊划邊模仿「夜鷹」、「狐狸」、「鳥兒」的多種叫聲，這下多重豐富的聲音，疊合在教室的空氣中撞擊著。他在這兒停了五分鐘，叫聲有輕、有低、有重、有淺、有沉，作者坐在小船上賞月、傾聽大自然的樂音。

他慢慢划船向湖心，唸著：「把船停在四十多公尺深的湖心，幾千條游魚環繞著我，月光下，魚兒在水面激起的波紋，清晰的浮

現眼前。」他用了許多小碎片灑著湖面，幾千條游魚跳著、躍著、碰撞著，月光灑在魚鱗身上，閃爍著夜之景象。他要小朋友想像升旗時，三倍多的全校一千四百多個孩子蹲著，突然躍起、蹲下，穿插地躍起、蹲下，這動態的豐富畫面再回到文章想像、體會。

孩子們說：「像流星雨。」

「不夠。距離太遠了。要環繞在身旁的、環繞在眼睛前面的，伸手就可以抓到幾條魚的感受實景。否則不會讓一個一百六十七年前的人，情有獨鍾地在森林的湖畔生活幾年。樂此不疲的離群索居。」黃老師愈說愈激情，他這時像紅杉軍一樣的熱情，突地站起來說著：「為什麼我這麼激動？我曾經一個人騎著摩托車，在黑夜的山上渡過一個夜晚，滿天的銀河在我眼前看著我，我說不出話來。最近我又發現一個大的秘密基地，在那兒生活會是我一生中，最美好的時光。」

「在那裡？」、「沒有騙人？」、「你有去過？」孩子爭相問著。

「我有拍照為證。還有竹屋。」黃老師說著。

「你和梭羅一樣，自己蓋的？」陳貴舜問著。

「別人家蓋的。山中傳奇啊！」黃老師羨慕這般生活說起，「那裡還有八種樹蛙。你想樹蛙一叫時，就是中音十足的樂音，人在那兒只能學習『美』的生活課題。」

「到底在哪裡啦？」郭丞宏問起。

「我在你的心裡。」他說著。郭丞宏回著：「噁心！」

同學們不知道，這一次的校外教學地點，就是老師的心靈之地。

他繼續著：「我用一條長長的魚線，探索潛在四十多公尺深的魚兒。偶爾，魚線那端傳來輕微的顫動，顯示釣餌附近有許多魚兒徘徊。」他感覺著「輕微的顫動」和來來回回的啃食魚餌，「徘徊」的動作，良久時刻。他繼續，「不久，我慢慢的收線，再慢慢的提起，一條鯰魚就被釣上來了。」他說作者沒有把拉魚兒的動作和魚兒掙扎出水面時「啪搭──啪搭」激起水花的聲音寫出來，真可惜

啊！他開始玩起台東海邊海釣的姿勢。被魚拖著跑的動作、跌倒、爬起、不放棄、玩上一個夜晚的海釣客，他說他聽朋友說的。

「去！去！到旁邊玩。」孩子們聽他說的不是親身經驗，真後悔剛才這麼認真地當一回事，看著老師在玩耍、在表演而說著。

「當我優游於無邊無際的幻想時，忽然被手邊傳來的顫動，重新拉回湖面，在黑夜裡，那種感受的確非常奇妙。」他唸完這一句，說著：「剛才我的感覺和作者一樣。下課。」

「老師！你很壞。」陳諺元說。

「彼此！彼此！玩耍教學法。」黃老師說完，請孩子閉上眼睛把第二段作者在華爾騰湖的白天生活回想一遍；閉上眼睛把第三段作者在華爾騰湖的夜晚生活回想一遍。他唸著最後一段：「我在湖濱散步、沉思、寫作。魚、鳥兒和森林裡的小動物，都跟我一樣喜歡這個湖，我一點兒也不寂寞。湖濱永遠那麼寧靜，湖水永遠那麼清澈。華爾騰湖不會老，圈圈的漣漪，不曾留下一絲皺紋。」

3.

星期五上午第一、二節課，黃老師說要示範分析作者的寫作技巧。他做兩段示範，三、四段留作回家功課。今天的回家功課還有一項，到台東市琵琶湖散步，我們要寫一篇遊記的文章，所以請小朋友先畫出「簡易寫作計畫圖」。說完他便一句一句的唸，一句一句的填入作者的摹寫寫作技巧：

〈第四課　湖濱散記〉

　　我喜歡華爾騰湖（作者，感），也喜歡湖畔的森林和山崗（作者，感）。華爾騰湖的景色很美，蜿蜒的湖岸，成了森林最柔美的界線（作者，看）。周遭的樹，因為有足夠的空間，紛紛向湖邊伸展粗壯的手臂（作者，看）（配角『樹』，

做動作）──它們也喜歡華爾騰湖（作者，想、感）。這裡人煙稀少（作者，看），湖水輕拍著湖岸（作者，看）（配角『湖水』，做動作），好像千百年來都是這樣（作者，想）。一八四五年，我在湖畔搭了一棟小木屋，住了下來（作者，做動作）。這是我一生中最美好的時光（作者，感）。

　　在一個靜謐的午後，我划著小船沿湖岸前行（作者，做動作）。就在前方，我瞥見一隻潛鳥從岸邊游向湖心（作者，看）（配角『潛鳥』，做動作），發出粗獷的「笑聲」（作者，聽）（配角『潛鳥』，做動作），我連忙向牠划去（作者，做動作），牠也隨即潛下水去（作者，看）（配角『潛鳥』，做動作）。可是，一會兒，牠卻在離我更近的地方浮上來（作者，看）（配角『潛鳥』，做動作），一看見我（配角『潛鳥』，看），立刻又沒入水中（作者，看）（配角『潛鳥』，做動作）。當牠再度浮起時，彼此的距離約有一百公尺遠（作者，看）（配角『潛鳥』，做動作），牠又在那邊大聲的「笑」了起來（作者，看）（配角『潛鳥』，做動作）。每次浮出水面，牠都先轉頭看看前後左右（作者，看）（配角『潛鳥』，做動作），似乎還在選擇下次潛行的方向（作者，想）（配角『潛鳥』，做動作），好躲開我的視線，我也動腦猜牠會怎麼走（作者，想）（配角『潛鳥』，做動作）。有一次，牠把我引誘到湖中央（作者，做動作），自己卻從遠遠的地方浮上來（配角『潛鳥』，做動作），這似乎讓牠很得意（作者，想）（配角『潛鳥』，感），狂野的笑聲不時迴盪在湖的四周（作者，聽）（配角『潛鳥』，做動作），我才知道自己又上當了（作者，感）。就這樣，我在水上（作者，做動作），牠在水裡（配角『潛鳥』，做動作），一個人和一隻鳥（作者，看），在湖上玩著這種遊戲（作者，做動作）（配角『潛鳥』，做動作），實在很有趣（作者，感）。

黃老師要孩子們自己閱讀、研究，在作者的八感作文「看、聽、做、感（內在描寫）、想（內在描寫）、觸、嗅、味等五官的外在描寫技巧裡，你發現了什麼？」、「作者（主角，第一人稱：我）和配角的寫作轉換，你發現了什麼技巧？」

「這樣花時間的思考題，留給愛寫作的孩子，利用寫完作業的時段，一句一句地去對照自己的發現。當一個『徒弟』要有良好的工作態度和不斷地做技能練習。最重要的是要有『經過自己思考的想法產生』，這是一種生命思想由依賴到獨立的訓練課程。」黃老師說完這一段話，完成本週的最後一堂課。下課。

4.

星期一早上，黃老師檢查課本上的作者寫作技巧作業。看了幾個孩子的簡易寫作計畫圖，這天他說著要破解作者寫作時的「空間安排技巧」。

他先表演著掌握拍攝鏡頭的攝影師，他把左手手掌撐著右手手肘，右手手掌張開靠近右肩膀，把身體當成一個軸心，慢慢的移動身體，前進、後退、左右移動。他身體後退、後退、後退，嘴裡唸著：「廣角鏡頭」我看見「華爾騰湖」的整個全貌、全景。他的身體前進、前進、前進，嘴裡唸著：「特寫鏡頭（分鏡一）」我看見「蜻蜓的湖岸」。我掌鏡向旁邊移動「特寫鏡頭（分鏡二）」，看見「周遭的樹」。再向旁邊移動，「特寫鏡頭（分鏡三）」，看見「一棟小木屋」。

黃老師說：「寫作的空間安排技巧，像拍攝電影的技巧一樣。」他要孩子舉高右手，五指做成一個圓圈當成鏡頭。

他要孩子跟著把鏡頭往前伸，成了「特寫鏡頭」，這可以看見細膩的景物特寫。

　　他要孩子跟著把鏡頭往後縮，成了「廣角鏡頭」，這可以看見景物的全貌。

　　他要孩子跟著把鏡頭往左、往右移動，成了「移動鏡頭」，這可以看見另一個視點景物。

　　孩子們靠著窗外，練習著這種變化。他帶著孩子在操場邊，練習這「掌鏡技巧」。他給出一個主角，並立即請孩子說出：「主角在做什麼表情動作？」

　　「三角梅爬上花架快樂地向我們招手。」一個孩子說出這句子。

　　「主角的連續動作又怎麼樣？連續動作、連續動作、連續動作？」黃老師在旁邊引導著。

　　「三角梅爬上花架快樂地向我們招手，它跳起優美的舞蹈，擺動它的綠裙。」

　　「真美。」他應和孩子的口頭作文。

　　在校園中庭的茄苳樹下，黃老師躺在水泥地上，示範著日本電影導演大師黑澤明的「低鏡頭」攝鏡技巧。說這導演影響了全世界的電影拍攝藝術。黃老師要孩子仰頭實際做現場練習。

　　孩子對他說：「看見的世界真的不一樣了。」

　　「一個藝術家的發展都是從靜默開始的。因為必須專注地看著大自然的一切變化，尤其是任何一個主角的連續動作變化。一不專心，動作就再也追不回來了。藝術家注意著瞬間。」黃老師補充起這一段話。

　　一個教學表徵讓孩子們玩耍著「作者的寫作視點」。因為有這具體化的遊戲操作，再回到文章內容體驗、想像時，閱讀作者的寫作技巧便不是一件難事。

　　他在這一天的回家功課上，請孩子在聯絡簿空白處，紀錄下今天「現場寫作句子擴展」的三個句子。

　　回到教室，黃老師把第一段條列出五個句子：

1-① 我喜歡華爾騰湖，也喜歡湖畔的森林和山崗。

1-② 華爾騰湖的景色很美，蜿蜒的湖岸，成了森林最柔美的界線。

1-③ 周遭的樹，因為有足夠的空間，紛紛向湖邊伸展粗壯的手臂——它們也喜歡華爾騰湖。

1-④ 這裡人煙稀少，湖水輕拍著湖岸，好像千百年來都是這樣。

1-⑤ 一八四五年，我在湖畔搭了一棟小木屋，住了下來。這是我一生中最美好的時光。

他從第一句開始畫圖，第1-①句是廣角鏡頭拍攝的全景圖，安排著下（華爾騰湖）、中（森林）、上（山崗）的空間安排。他畫起簡要的全景圖形，一個湖、樹木、山排列著。

第1-②句是特寫鏡頭拍攝的分鏡圖一，安排著近（湖岸）到遠（界線）的空間，他在華爾騰湖簡易圖旁邊，畫出一條由近到遠到更遠的湖岸界線。

第1-③句是特寫鏡頭拍攝的分鏡圖二，安排著由外（森林的樹）向內（向湖邊伸展）的空間安排。他在湖岸旁邊再畫出一排密密麻麻的簡易森林。

第1-④句是特寫鏡頭拍攝的分鏡圖三，安排著由內（湖水）向外（輕拍著湖岸）的空間安排。他在湖內先畫出一些波紋，波紋慢慢向外移動，慢慢輕拍著岸邊。

第1-⑤句是特寫鏡頭拍攝的分鏡圖四，安排著湖畔旁邊的森林的木屋（小木屋），再由這外景進入作者內心世界的心景感受（由外而內）。他在森林中畫了一間小屋子。

黃老師開始統整著第一段的作者寫作圖，1-①到 1-⑤句全在一個橢圓形的華爾騰湖旁邊勾勒出來，成了一幅鳥瞰圖。他對孩子說：「像一隻飛鳥一樣，俯瞰著底下的景物，這叫鳥瞰圖的讀書

方法。我們也由這樣一句一句的分析中，掌握著作者的寫作視點。」

　　他請孩子閉上雙眼，意象第一段的空間安排，意象作者對景物描寫的用詞，注意自己看見這內心想像圖畫的內心感受是如何的？讓自己在文學中徜徉，讓自己在文學中成為一個有感的閱讀者，讓自己在文學中破解作者的腦中思考（作者寫作思考）。

5.

　　第二段的「特寫鏡頭」更加清晰地看到潛鳥和作者的特寫連續動作。

> 2-① 在一個靜謐的午後，我划著小船沿湖岸前行。
>
> 2-② 就在前方，我瞥見一隻潛鳥從岸邊游向湖心，發出粗獷的「笑聲」，我連忙向牠划去，牠也隨即潛下水去。
>
> 2-③ 可是，一會兒，牠卻在離我更近的地方浮上來，一看見我，立刻又沒入水中。
>
> 2-④ 當牠再度浮起時，彼此的距離約有一百公尺遠，牠又在那邊大聲的「笑」了起來。
>
> 2-⑤ 每次浮出水面，牠都先轉頭看看前後左右，似乎還在選擇下次潛行的方向，好躲開我的視線，我也動腦猜牠會怎麼走。
>
> 2-⑥ 有一次，牠把我引誘到湖中央，自己卻從遠遠的地方浮上來，這似乎讓牠很得意，狂野的笑聲不時迴盪在湖的四周，我才知道自己又上當了。
>
> 2-⑦ 就這樣，我在水上，牠在水裡，一個人和一隻鳥，在湖上玩著這種遊戲，實在很有趣。

第2-①句開始「特寫鏡頭作者」，空間安排由近到遠到更遠的湖岸，他在湖岸畫了一個小半圓圈，一艘小船，裡頭做著一個小人物。

第2-②句「特寫鏡頭潛鳥」，空間安排由外到內「岸邊游向湖心」。空間安排又由外到內的作者「我連忙向牠划去」。

第2-③、2-④、2-⑤、2-⑥句的「特寫鏡頭」由近（離我更近）到遠（約有一百公尺遠）到更遠（選擇下次潛行的方向）的安排與上（浮上來）、下（又沒入水中）、上（再度浮起）、下（下次潛行）的空間安排，並且在2-⑤句安排前後左右（先轉頭看看前後左右）的空間安排。黃老師在黑板上畫著小鴨子1、小鴨子2、小鴨子3、小鴨子4的特寫鏡頭移動，用虛線連接著小鴨子的連續動作圖，最後引到一個小視點湖中央的內部空間（引誘到湖中央）到外部空間（迴盪在湖的四周）。他依照這個湖的形狀，統整著這一段的空間安排是近、遠、更遠；上、下、上、下；內、外。

第2-⑦句的「特寫鏡頭」空間安排由上（一個人）、下（一隻鳥）做為結束。和由外景摹寫後，進入作者的內心空間。

6.

第三段的「特寫鏡頭」看到作者的連續動作。

3-① 每當暖和的夜晚，月亮倒映在湖心，我常常坐在船裡吹笛。

3-② 夜晚的湖，是一首溫柔的詩歌，我用笛聲來伴奏。

3-③ 有時候，我在午夜划著小船去釣魚，樹林裡，除了夜鷹和狐狸的淺唱，還有許多鳥兒在附近發出細微的啁啾。

3-④ 把船停在四十多公尺深的湖心，幾千條游魚環繞著我，月光下，魚兒在水面激起的波紋，清晰的浮現眼前。

3-⑤ 我用一條長長的魚線，探索潛在四十多公尺深的魚兒。

3-⑥ 偶爾，魚線那端傳來輕微的顫動，顯示釣餌附近有許多魚兒徘徊。

3-⑦ 不久，我慢慢的收線，再慢慢的提起，一條鯰魚就被釣上來了。

3-⑧ 當我優游於無邊無際的幻想時，忽然被手邊傳來的顫動，重新拉回湖面，在黑夜裡，那種感受的確非常奇妙。

第三段全班對於作者的空間安排更熟練了。黃老師要孩子們自己在小組中討論，找出每一句的空間安排。

第3-①句內在空間（湖心）。

第3-②句廣角鏡頭全景（夜晚的湖）。

第3-③句內在空間（划著小船）、外在空間（樹林裡）。

第3-④句內在空間（湖心）、外在空間（游魚環繞著我）、更外空間（水面激起的波紋）。

第3-⑤句上空間（長長的魚線）、下空間（四十多公尺深的魚兒）。

第3-⑥句上空間（魚線那端的顫動）、下空間（釣餌附近有許多魚兒徘徊）。

第3-⑦句下空間（收線）、上空間（提起、釣上來了）。

第3-⑧句外部空間（無邊無際的幻想時）、內部空間（手邊傳來的顫動）、外部空間（拉回湖面）。

最後的統整圖，黃老師在第二段統整圖，白天的華爾騰湖旁邊，又多畫了一個夜晚的華爾騰湖，以區別、比較兩段的空間安排。同學們也發現類似的安排技巧是「內、外；上、下；外景、作者內心。」

第四段是作者感受的外景和作者內心世界的心景寫作：

4-① 我在湖濱散步、沉思、寫作。作者本身的外景（散步、沉思、寫作）。

4-② 魚、鳥兒和森林裡的小動物，都跟我一樣喜歡這個湖，我一點兒也不寂寞。外景（魚、鳥兒和森林裡的小動物）、作者心景（不寂寞）。

4-③ 湖濱永遠那麼寧靜，湖水永遠那麼清澈。外景（湖濱、湖水）。

4-④ 華爾騰湖不會老，圈圈的漣漪，不曾留下一絲皺紋。外景（華爾騰湖漣漪）、作者心景（不會老，不曾留下一絲皺紋）。

　　第二至四段，他們也是這樣，一句一句分析，一句一句畫著圖。第二段的「特寫鏡頭」更加清晰地看到潛鳥的特寫連續動作；第三段的「特寫鏡頭」夜晚的作者在華爾騰湖的連續動作。第四段回到作者整合二、三段的感受、感想。

　　最末他們全班在黑板上畫了一張全圖，共同感受作者的形容詞語詞如何優美：「蜿蜒的」、「最柔美的」、「周遭的」、「足夠的」、「粗壯的」、「最美好的」——共同感受作者的副詞、動詞語詞如何生動：「喜歡」、「紛紛」、「輕拍」——

　　經歷這樣的感受，好像每一個語詞都和自己的內心發生效用，孩子們的感受力更加深化了。

　　他們再把課文默讀一遍，幾個孩子讀得更慢，享受著閱讀美學一般，讀書真的可以讀出美感的。

　　〈第四課　湖濱散記〉五上康軒版　馮輝岳改寫

　　我喜歡華爾騰湖，也喜歡湖畔的森林和山崗。華爾騰湖的景色很美，蜿蜒的湖岸，成了森林最柔美的界線。周遭的樹，因為有足夠的空間，紛紛向湖邊伸展粗壯的手臂——它

們也喜歡華爾騰湖。這裡人煙稀少，湖水輕拍著湖岸，好像千百年來都是這樣。一八四五年，我在湖畔搭了一棟小木屋，住了下來。這是我一生中最美好的時光。

在一個靜謐的午後，我划著小船沿湖岸前行。就在前方，我瞥見一隻潛鳥從岸邊游向湖心，發出粗獷的「笑聲」，我連忙向牠划去，牠也隨即潛下水去。可是，一會兒，牠卻在離我更近的地方浮上來，一看見我，立刻又沒入水中。當牠再度浮起時，彼此的距離約有一百公尺遠，牠又在那邊大聲的「笑」了起來。每次浮出水面，牠都先轉頭看看前後左右，似乎還在選擇下次潛行的方向，好躲開我的視線，我也動腦猜牠會怎麼走。有一次，牠把我引誘到湖中央，自己卻從遠遠的地方浮上來，這似乎讓牠很得意，狂野的笑聲不時迴盪在湖的四周，我才知道自己又上當了。就這樣，我在水上，牠在水裡，一個人和一隻鳥，在湖上玩著這種遊戲，實在很有趣。

每當暖和的夜晚，月亮倒映在湖心，我常常坐在船裡吹笛。夜晚的湖，是一首溫柔的詩歌，我用笛聲來伴奏。有時候，我在午夜划著小船去釣魚，樹林裡，除了夜鷹和狐狸的淺唱，還有許多鳥兒在附近發出細微的啁啾。把船停在四十多公尺深的湖心，幾千條游魚環繞著我，月光下，魚兒在水面激起的波紋，清晰的浮現眼前。我用一條長長的魚線，探索潛在四十多公尺深的魚兒。偶爾，魚線那端傳來輕微的顫動，顯示釣餌附近有許多魚兒徘徊。不久，我慢慢的收線，再慢慢的提起，一條鯰魚就被釣上來了。當我優游於無邊無際的幻想時，忽然被手邊傳來的顫動，重新拉回湖面，在黑夜裡，那種感受的確非常奇妙。

我在湖濱散步、沉思、寫作。魚、鳥兒和森林裡的小動物，都跟我一樣喜歡這個湖，我一點兒也不寂寞。湖濱永遠

那麼寧靜，湖水永遠那麼清澈。華爾騰湖不會老，圈圈的漣漪，不曾留下一絲皺紋。

7.

隔天，他在孩子們的聯絡簿空白處紀錄，見到昨天忙了一些時段的具體教學成果「現場寫作句子擴展」：

郭嘉柔的作業：

1、樹葉，被風輕輕的吹掃下來，漫天飛舞。地上，有著各種顏色的葉子所鋪成的地毯，有滲透著淺黃害羞的紅葉，有散發著青春活力的鮮綠嫩葉，還有乾枯衰老黃葉片，都拼成了多彩多姿的薄地毯，讓人讚美的薄地毯。

2、操場上，小朋友跑跑跳跳，每一個小角落，都彌漫著令人精神大振的活力感覺。花架下，桃紅的三角梅，正輕鬆的仰著頭，看著湛藍的天，呼吸著新鮮的空氣，想著：「今天會有什麼心情？」這時，風來到她的身旁，輕輕觸碰她的髮髻，並和她談天說地，使得三角梅小巧的身軀強烈的搖擺，好像隨時會斷大家才知道，有一天，風這樣過。

3、我仰著頭，讓散漫的頭髮隨風飄逸，茂密的樹葉在我的臉上化為葉影，清晰的印在全身上下。一陣風，輕輕的吹來，柔柔的撫著我的背脊，葉子「沙沙」的伴奏，樹枝的尖頭在我旁邊的位子上方垂下，好像想要把我層層的包裹住，我也很想抱住樹枝在它身上吸吸量少的芬多精，在那兒沉睡一小時。

蔣亞涓的造句：

1、大樹喜歡長在有陽光的地方看著人們有趣的動作，和聽著清晰、可愛的聲音，這時他就會被風吹著搖搖晃晃的露出可愛的笑容。森林裡也充滿笑容。

2、小朋友喜歡在操場上快樂的上體育課，和在操場上快速的跑著，像甜甜圈上的彩色巧克力，他們的臉上都有著愉快的表情。

3、落葉從大樹上輕飄飄的落在地上，看著每一個人輕快的腳步，和聽每個人有趣的談話，這會讓大樹的臉上多一條快樂的記號。

　　郭嘉柔和蔣亞涓都想在這兒，認真的表現自己對語文的興趣。她們倆在上課中常是眼神交會，一個坐在第三組，一個坐在第五組，因為一份互相了解的友情，讓他倆人聊著課堂中的一些教學事件，黃老師早已注意到這樣的發展。

　　這天，他唸了幾個孩子的句子，他滿意孩子注意觀察的自己「視界」。黃老師也把此次上課的主題定為「作者寫作的摹寫技巧」、「作者寫作的空間安排技巧」，希望孩子們類化這樣的學習經驗在「記景」的文章裡頭，把所選擇的視點鏡頭摹寫下來。他也把自己在茄苳樹下的文稿，和班上同學分享著不一樣的現場寫作方式，他說：「畫家的速寫充滿著在現場中的熱情，所以畫作具有感染力。我們一起朝這個方向前進！」

〈黃昏散文〉　　作者：白佛言

　　　　秋風坐在玻璃屋的台階前，枯黃的葉落在對面教室邊緣集合著秋天的顏色。午後的校園出奇地靜默，靜默得你曾在這兒的聲音都清晰地聽得明白。水泥地無聲無息，籃球鏧鏧的球落鑲嵌在這空間裡，使得這處有些活動者的活動生氣。我們這一群小小寫作者，不久也會鑲嵌在這畫圖人生中的

一個小角隅寄居。

四棵茄苳樹長年累月地在校園中庭做深呼吸，它們的歲月隨著陽光來的方向漸次地固定下來，枝莖婆婆的穿走，遊盪、抒情於不被限制的空間。空間是最無思的，任憑你的念頭四起，憑空似地填充任何鋪張，而秋風不定期地走入這裡。這裡一處風景，默默無語。

秋風隨時會走入這裡，告訴我這是秋風。涼爽的濕潤氣息，在後頸的肌膚間被知道，好似一個輕聲喚我的孩子一樣，輕輕地觸摸著。這黃昏的色調慢慢調整著，如歲月褪色的時代質感，漸層的暗了下來。烏頭翁回家的時刻也在此時此地開會、討論，分享茄苳樹上一串串褐色果子的回憶，那春末的果實到現在已失去芳香甜美的視覺，所以牠們回到這裡只是看看，只是想想共同的記憶。

一隻綠繡眼鳥的翠綠色聲音，隱藏在綠色的葉子之間躲藏，把黃昏貼上沒有距離的想像。一個小小的躍跳和咭咻歌鳴，竟會引來幸福的笑容，我不可思議地走向前去，徘徊靜謐世界的究竟是什麼？

地上的黃顏色落葉，秋風在它們身上浮動、圍攏、散開、集合，這是最終的靜默嗎？老樹樹皮上的蝴蝶蘭長伸著觸根，淺綠色的生長之根，尋找起空氣中和潤的氣氛，眾根之地的氣氛。當我靠近眾根之綠的眼前，原來生命是奔放的流動與追尋，沒有思想。放鬆自我意識地隨自然行走，走向那兒都是一幅自然美學，用時間湊合一處的線條之平靜。

很少在黃昏坐下來靜觀一個處所，二個小時和自己的內在對話。我平躺下來看那綠葉類疊的空間，空間之間還有空間，光線是從那空間飛走的。我看著時間在樹皮蝕刻的細膩痕紋，一秒一秒地陰雕著季節的印象，我可以想像拓印下來的紋路，像永恆的沙漏之書。

　　二週後的中秋，一連幾天的雨落。教室窗外的遠方迷迷濛濛的，不見卑南山、都蘭山、中央山脈，全在曖昧的雨濛籠罩下，失去起伏的稜線線條。黃老師要孩子注意窗外的雨景，別失去這大好時光，專情地看、聽、做、感、想、觸、嗅、味。不停地問著自己的八感作文，內心會出現一群一群的語句，這便是基本的現場寫作文章草稿。

　　下午老茄苳樹下，積了一小潭子的水漥池，樹上的雨珠滴落，圈圈漣漪、圈圈波紋彼此交疊巧遇這景象，黃老師帶著孩子在這兒靜觀二十分鐘。

　　這一場雨成了孩子們的第一篇寫作稿：

　　林怡苓一個星期的觀察後，把作業傳回班級的電子信箱：mothermother1212@yahoo.com.tw

　　　　現在是秋末，清晨我看到美麗的天空，突然一片烏雲飄了過來，讓清晨美麗的天空陷入了沉重的氣氛，早上學校聽老師說看看外面的雨，問我們會想到什麼雨的表情動作？老師叫我們寫出現在雨的變化，把現在的雨描寫出來。

　　　　雨一陣又一陣，不停的聽到雨打到物體的聲音，我想像雨一樣一滴又一滴的落下來，我覺得雨很自由，雨很快樂；雨水很興奮，到處遊玩，像一個小小冒險家。經過了一段又一段的雨水戰後，現在換成天空的小舞者，雨水在天空上跳著一首又一首的舞曲，看起來活潑又巧妙，使我非常陶醉其中，我的身軀也不停的隨著音樂的拍子搖擺著。大地水汪汪的大眼正在看著我，大地美麗的嘴唇正在呼喚我，這時我的耳朵正在仔細聆聽窗外美妙的聲音。

　　　　第二節下課老師帶著我們到茄苳樹下，看著從樹上掉到水裡的水滴，圈圈的漣漪二個、三個漣漪交接在一起真是有趣，樹下葉子有不同的顏色，漣漪也有不同的大小，大自然真是一個謎。到了下午雨還是不停的下著，到了第一節一陣

清涼的微風過來，可能是冬天的氣息慢慢的到來了！天氣的變化讓我覺得時間過得比較快，秋天的天裡添加了一點點的溫暖，我的身上有一股永無止境的力量，也讓我覺得世界好不一樣！

　　黃老師看著這文句還不通順，分句子、分段落的能力還要加強的孩子，總想對她說些什麼？畢竟這確是一篇有感受的稿子。因此他在散文稿子中挑選出一些語句，把這稿子以一首新詩的樣式呈現出來。他拿給林怡苓時，看到這孩子滿意的笑容。

　　黃老師說著：「你先研究這一些過程。要主動地問自己：『為什麼？』為什麼老師是這樣揀選的？還有這是老師處理的文稿，要當成班級教學教材的。你的新詩稿要自己處理出一篇，自己來。散文稿再度修稿，這會是一篇好文章。」

　　說完，林怡苓還專注地看著老師示範的新詩稿件：

〈時間添加了一點點的溫暖〉

秋末，清晨
美麗的天空，
突然一片烏雲飄了過來，
美麗的天空陷入了沉重的氣氛。
看外面的雨，會想到什麼？

雨一滴又一滴的落下來，
雨很自由，雨很快樂；
雨水很興奮，到處遊玩，像一個小小冒險家。

天空的小舞者，
雨水在天空跳著一首又一首的舞曲，
活潑又巧妙地陶醉其中。
我的身軀隨著音樂的拍子搖擺。

大地水汪汪的大眼正在看著我，
大地美麗的嘴唇正在呼喚我，
我的聆聽窗外美妙的聲音。

時間添加了一點點的溫暖，
一股永無止境的世界好不一樣！

8.

　　一個星期的寫作時間，配合著其它的課堂作業。孩子們私下注意著茄苳樹下的一切景象，在腦海中回憶那一天下雨的視野鏡頭，慢慢的把這意象摹寫下來。

　　郭嘉柔交了修定稿〈細雨綿綿，是今天的天氣〉：

　　　　早自修，大家都安靜的做自己該做的事，好像正在往人生的夢想邁進。雨下得很大，如同豪雨，所以，窗外的景色就像一張未乾的油畫，很美！但是，卻被打翻的牛奶渲染，不但變得乳白，還顯得更加的朦朧，這是另一種美！我側著頭，呆呆的望著被雲霧繚繞的中央山脈。看著雨打到物體，然後又化成的水蓮花；水蓮花是雨絲所造成的，當它打到物體，水蓮花就綻放，一秒後，又化為水，附著在物體上，這是最美的特寫照！玩著自由落體的雨點，從天國筆直的落下，渴望撞擊到任何東西，之後化為水滴，和同伴結合在一起，形成一窪又一窪的小水窪，就像明鏡；好像想讓做壞事的人看清自己的心，改過向善；好像想讓淚流滿面的小孩，看看自己被淚濕潤的小臉，告訴他：

　　　　「你微笑的臉兒更好看！」

　　　　雨，悄悄的停下來，四周變得寧靜，空氣變得清新，大地顯得很寂寞。

　　我帶著沉沉的心，走向校園裡茄苳樹的旁下雨後所積成的水窪。探出頭，水窪裡除了墨綠清晰的樹影，冰冷灰暗的天空，只有我。我伸出一隻腳，輕輕的在水面上做了一個又一個的漣漪，漣漪互相撞在一起，構成了藝術的圖片，然後慢慢擴大。頭上的茄苳樹，每一片葉子都把水露鑲在葉尖，這是它最美麗的飾品，以及綠髮上所鑲的褐色果子，一串串的幸福。溼潤的風，不斷的輕吹著我，不只吹在我身上，也直直的吹入我的心。那是一種涼涼的、滿溢溫暖的感覺，那種感覺，是會讓人心情大好的感覺！葉子上的水露，一滴一滴的往下掉，掉到水窪裡「咚」的聲音，是最妙，最靜的聲音，是那種可以讓人的心平靜下來的聲音。

　　一顆冰涼的水露，從葉子上偷偷的滑下來，撞到了輕輕微笑，裡面裝滿昔日歡笑的褐色果子，然後，又掉到了我的頭皮上，那種感覺，真的好涼，好涼。眼睛，緊緊的跟著葉子上的水露，水露往下掉，眼珠子也跟著往下跑，之後，露珠掉進水裡，和朋友們結合在一起，他就不再那麼寂寞。

　　向樹上的朋友們招招手，他的朋友也依依往下掉，大家快樂的玩在一起，一起欣賞他們鏡子裡的藍天，一同細看著鑲在藍天上的白雲，那還是他們的家呢！一陣風，一陣濕潤涼爽的風，一陣清新的風，這是秋末的風。這種風，感覺就像輕撫，就像媽媽細膩溫柔的手，關愛的摸著我們的臉頰，摸著我們的皮膚，充滿了愛。

　　天上掛的太陽，慢慢的烤暖大地，水窪裡的水，也慢慢的被他帶上天，水窪的水，應該是這樣想的：這美麗的地方，下次我還要再度光臨！

鄭慧珮交了修定稿〈午后的雨世界〉：

　　一大早望著灰濛濛的天空，滴滴答答的下著綿綿的雨，好像老天爺不開心的在哭泣。爸爸開車帶著我和弟弟一起去

上學，我看著車窗外趕著上學的小朋友，他們的爸媽在雨中忙著幫自己的孩子撐傘，濕滑的路途，真是難為了這些辛苦的父母！

到了學校，一口氣衝到校門口躲雨，一路往上的衝到三樓教室去，我發現走廊空無一人，還真以為放了國慶假了。正開心的我，突然聽到教室傳來的吵鬧聲，才回神明白，我又在做無聊的白日夢，只好認份的上課了。

時間一下子已到下午，做完視力檢查之後，老師帶著我們一群吱吱喳喳的麻雀們，走到玻璃屋前，經過一窪窪水池。這些因為雨後積水造成似水鏡的小水塘，有大、有小。老師要我們觀看茄苳樹上一顆顆正由上往下落的一串串水珠，它們彈落在如鏡面的水塘上，會有什麼變化？

我試著欣賞一顆顆從天而降的水珠，晶瑩剔透，像極了無數的玻璃珠。帶著溫暖的秋風微微的吹過，水珠輕輕的搖動，落在小水塘上，竟成了令人驚喜的美麗漣漪！這朵朵的漣漪彷彿一個個舞台上的芭蕾舞者，輕盈的揮動他們身體，變成優美的一幅圖畫。

雨忽大忽小，忽停忽落，樹上的落葉也跟著飄落。水珠有時也成滂沱大雨、有時成了滴答小雨，變化萬千的雨落，也形成了千變萬化的世界。

雨後的水世界，竟是那麼多采多姿以及繽紛亮麗，用心去品嚐想像，就能發現生命的奧妙。大大小小的水滴、一棵棵高大的樹、一片片五彩繽紛的落葉、一個個的可愛的小生命，都是一篇篇的詩歌。

我沉醉在下雨天奇幻的世界裡，幻想著莫札特就在雨中彈著「命運交響曲」，啊！此時的我真的變成了水中的小精靈，翩翩的起舞。

　　謝楓其這小男生的感受和小女生是不同的，他交出男孩子的寫作基調稿〈**快跑！雨**〉：

　　　我一早起床，腦袋一片空白，當我聽到那清澈的雨聲，我就像被響亮的鬧鐘吵醒了。我坐在車上時，一滴一滴的雨滴急速的打在光滑的窗戶上，又一滴一滴的從玻璃上滑到黑白的馬路上，好像雨滴在空中舉辦馬拉松，當我把頭伸出去為它們加油時，媽媽使出獅吼功把我叫進來，不然我的頭就消失了。

　　　我到教室坐下來時就感覺到了一股興奮的感覺從我體內爆發出來。開始上課了，老師說要專注的看雨，後來又要看中央山脈，老師也一起專注看，突然間安靜了起來，每一個人都變成了一個專業的攝影師。當我也一起看外面時，那和藹的綠巨人害羞的把那用雨滴編織出來的窗簾拉上，使得我們看不到他那綠色的臉蛋，使得我們看不到那一絲一絲的皺紋；使得我們看不到那深綠色的身體，真想在這美麗時刻把時間暫停。我融入了這美麗的景色，我被這美麗的景色給擊垮了。

　　　一下課，大家一溜煙就衝出門外，只有我呆在座位上，痴痴的坐著，回想著剛剛所看到的景色，腦袋只出現剛剛所看到的景色。我幻想著，如果時間停留在那美麗的時刻會怎樣呢？我一直在想一直在想，到底會怎樣？上課鈴聲響，當我回過神來大家已經在座位上準備好東西開始上課了，我才急急忙忙的拿出東西開始上課。

　　　一轉眼就到了下午，我們班在健康中心檢察眼睛視力時，老師發給我們一張他自己所寫的散文的叫〈散文黃昏〉，我看到第一句時就覺得，為什麼要寫這樣？我繼續看下去，越看越覺得好看，直到看完；但我還是一直看、一直看，就

像一個被鐵吸住的磁鐵。檢查完視力以後，老師帶我們到茄苳樹底下，我看見雨滴所形成的池塘，樹上的綠籃子所掉下來的雨滴掉到水裡，一滴一滴的掉下來，漣漪接二連三的出現，漣漪與漣漪交接在一起真是有趣。當我從側面看時，雨滴掉下來打入水中瞬間爆發，好像砲彈從天而下打到地面所爆發出來的驚人威力，我被這種力量給愣住了；當我站起來，看到一隻悠閒的鴿子大搖大擺的走路，我用特寫鏡頭拍攝牠，牠瞄了我一下就飛了起來，我一直想辦法跟上牠，牠也拼死拼活想離開我的視線，到最後牠贏了，牠還是離開了我的視線。

突然間有陣冬風吹來，感覺到了一股無法擋住的力量，讓我覺得世界是一個永無止境的神祕國渡。

吳冠志稿子中的個性，和他最近看金庸的武俠小說「倚天屠龍記」有些相關，他傳了這篇〈午後的雨〉：

在一個有點秋風的午後，我望著籃球場旁茄苳樹下的一個小坑，以前都快乾枯了，現在水多到都滿出來了，產生出一種強烈的對比。突然一陣輕微的秋風吹過，樹葉沙沙沙的拍著手，好像我做了什麼大事一樣，後來又吹來了一陣屬風，嚇得露珠們紛紛從葉子上跳進地板上的水裡，而且是小心翼翼的跳，因為濺出來的水花是如跳水冠軍般的美麗，甚至還更勝一籌呢！難道樹葉就是在暗示我這件事嗎？

我後來看到一圈圈的漣漪，似乎在對我傳出聲波，隱隱約約能感到它在說什麼。我踏著悠閒的腳步，慢慢的走向那片水鏡，生怕會踩壞了那面鏡子，看著那面鏡子裡，有陰陰的天、也有灰灰的雲，彷彿還有另一個世界。在我看得入神時，一片樹葉輕輕的飄了下來，似乎是雨打下來的，葉面上還有均勻的嫩綠色。後來又掉了一片，是土黃色的，葉面上

還摻雜著些微的綠意，看起來似乎還有一點生機，後來看到了好多黃色中偶爾鑲嵌著一點綠意的落葉。突然，我發現一隻小螞蟻站在葉子上，著急的跑來跑去，好想是被困住了在求救！我拾起那片葉子，放到沒有水的地板上，把螞蟻小心翼翼的放下，之後我發現牠不停的在我腳邊徘徊著，應該有東西要我看，我慢慢的跟著牠走，走到了一棵大樹下，我看著他慢慢的往上爬，爬到了一個小洞裡，我想那應該是牠的窩吧！後來有一隻螞蟻跑出來，後來又一隻，再來是兩隻、三隻，之後整個都是，我想應該是我救了牠們的高階人物，大家通通都跑出來感謝我！真的是有點噁心的「人蟻奇緣」啊！

我馬上轉身離去，突然脖子感到一陣涼意，接著一滴滴的水不停的滴下來，過了好久我才發現原來是下雨了，我非常失望的走到屋簷底下。讓人最討厭的朝會時總頂著大太陽，看台上的老師卻一副悠閒的樣子，恨不得馬上下雨，但每次在戶外做事做的正專心時，偏偏每次都下雨，真是有夠掃興的。

後來因為下雨了，所以老師集合大家，並且講解一下課程，就叫我們回教室。在回教室的路程中，我不時的回頭，想看看那些景物今天的最後一眼，但我只希望以後能經常看看這些景物，並且更深入的了解，讓我持續的進步，就算都不見了，我仍然會懷著單純是欣賞的心情來度過。

9.

開學到現在的國語課程已進入鄒敦怜改寫的論說文，第七課「熊與鮭魚」。黃老師還是要孩子注意表情、動作的摹寫和形容詞與副詞的使用。他喜歡劉克襄寫的第六課「溪谷間的野鳥」，在第

一段中：「最近上山看鳥，偶然間沿著森林邊緣，循著淙淙的水聲，沿溪而上，我竟愛上了山中的溪谷。」

他問著孩子：「『淙淙的』水聲，作者為何使用疊字的技巧？」孩子倒也能說出，是因為溪水不停地流動動作，所以作者用「淙淙的」疊字重複，來表現聽到的水聲不曾間斷。

他又問著孩子：「『我竟愛上了山中的溪谷。』這句子的『我竟愛上了』，如果改成『我愛上了』會有什麼不一樣的效果？」孩子也能說出：「『竟』有意想不到的意思和意料之外的驚喜意思。」

他和孩子在寫作技能上，反反覆覆地來回練習，練習修辭學中的摹寫技能。

他會按照技能目標的教學歷程，先講解、說明動作，說出此技能為什麼要這麼做的原因和影響。然後黃老師做了幾次示範，要孩子注意切割的細節後，再來一次綜合性示範。接著孩子們在老師的監督下完成技能，黃老師在一旁半介入地指導著，並且要孩子回想老師剛才的技能示範畫面。最後一個階段的獨立練習，可以是自己摸索，可以是由學習友伴互相幫忙校正、互相討論、互相分享新的發現。

這樣像對運動選手的技術訓練營一樣，要求敏感注意的動作、要求做出精準的動作、要求對動作的內在感覺、要求動作在情境中的意義。

黃老師一路注意著技能目標的學習，他知道技能目標的達成，有助於把技能類化到各個學科，成為一個學習方法。他也注意著他教了孩子什麼？他也注意師生之間的互動除了情緒學習之外，還有知識學習，還有人生思想的學習，他都想知道。這一個階段，他指定了一項回家功課，希望孩子寫成一篇文章，順道統整自己的學習視點，組織自己的學習架構，這有助於孩子有意識地發展出監控策略的後設認知學習。他發下小單子：

「師生相處到現在二個月了，你認為我是一個怎樣的老師？請寫下你自己觀察後的看法。」

（請以黃老師任教的科目和實際的教室生活為例子，寫一篇文稿傳回信箱。）

一個星期之後，孩子的回饋是不一樣的，黃老師從這兒判斷他該努力的方向，對於不同孩子的發展他該如何掌握「集體學習作業」與「個別學習作業」。孩子也是一位內心的評量者，黃老師希望能從孩子的眾多目光中，看見自己的教學過程，讓師生彼此「教」「學」相長。他看著一些文稿：

吳冠志的〈我的古怪老師〉

我的老師黃連從，筆名白佛言，是一個非常極端的作文狂人，也是一個小有名氣的作家，如果沒聽過那也正常，因為他出的書並不多。他在我眼中是一個古怪的老師，以前的老師每天都穿戴整齊，而黃老師不一樣，每天都是七分牛仔褲加短袖上衣，但你不能看他一副老叫化子樣你就小看他，他就有如金庸武俠小說中的桃花島島主「黃老邪」黃藥師，平時雖然沉著但有時候會開點玩笑，而且文武雙全，但說到開玩笑，還是比「老頑童」周伯通略遜一籌！

老師在上課時總是用心的幫我們準備，上國語課時都會「搏命演出」像課文的其中一句：「一人獨占一江秋」老師就會展開「輕功」，跳上窗檯，表現出「一人獨占一江秋」的感覺，不像其他老師講一講就結束了。有時候有人不乖時黃老師都會用武俠小說中的邪門武功「九陰白骨爪」打人，可見老師是一個邪門的人，因為我名字的關係，老師總是叫我倚天屠龍記中的明教教主張無忌，每次我表現好時老師都會說我練了「九陽神功」真的有差，而且有時候老師都會突然問我武俠小說的問題，而我都會馬上回答，可見我們這對師生真的很古怪。

　　老師在上課時會表演一些東西，像上一次，有兩名同學在課堂中打架，我就說有兩位高手在「華山論劍」爭搶武林第一，老師就叫那兩位出來跟他打，結果轉眼間那兩位「高手」被打趴在地上，可見老師已經練成「絕世武功」，已經是「天下第一」了。

　　我覺得老師是一個很有知識、且很幽默的人，常常在上課時說故事、講笑話或者是演戲，而且有時候會告訴我們各科目的「秘密武器」，經過這兩個月的師生相處，讓我漸漸了解黃老師的做事方法，也讓我漸漸的喜歡上這個老師。人們常常說：「這是天上掉下來的禮物！」而黃老師呢？是我五年級最棒、最古怪的禮物。

蔡紀韋的〈我的老師〉

　　開學了。一樣的學習環境，一樣的人、事、物，但不同的是，換了新班級、新老師及新同學。帶著開心和恐懼的心，踏進不知熟悉還是陌生的教室──「五年五班」，面對不知熟悉還是陌生的面孔──「老師及同學們。」

　　上課鐘聲響起，一位面孔極為惡煞的老師走了進來，全班鴉雀無聲，一片寧靜，瞠目結舌的望著站在講台上的老師。不久，老師出了聲，不出聲則已，一出聲即惹得全班哄堂大笑，頓時將凝重的氣氛轉為歡樂。我卸下心中的揣測、擔心、害怕，開始專注於老師的風趣談話，心中告訴自己，他是個面惡心善的老師。爾後，老師告訴我們他的幾項教學法則：

　　「最高階段教學法」，把整個單元的意思濃縮成精華，用最簡易的方式來跟我們解說。

　　「多重表情教學法」，用搞笑的方式上課，把我們的注意力轉移到老師的身上，讓我們學習的非常快樂。在老師風

趣的教導下，我們學習的很輕鬆，相對的吸收的很快。據我了解，同學們可是期待著每天的上學日。可想而知，大家對老師是多麼的喜愛。現在的我們，可是學習的津津有味呢！當然，不可能一直有好日子過，如果同學們不守規則或惹老師生氣的話，老師就會用「一號表情教學法」，是面無神情的教法，不帶生動的教學方式。跟其他班一樣的教法，只告訴我們方法，不跟我們分析、講解。還好，這只用在老師翻臉時。

很慶幸的，在我的性格轉變期，我遇到了一個似懂非懂我的老師，對我而言，老師——像顆不定時會炸彈，時好時壞。老師——像個心理醫師，看穿我們的心。老師——像古代文學作家，文筆動人！短短一個多月，他真的吸引我不得不敬佩他、尊重他！老師，您的風趣真的讓我對學習漸漸的感到興趣，漸漸的對上學不再感到乏味，老師往後的日子辛苦您了！

郭嘉柔的〈另類怪老師〉

有的小朋友，認為上學就像走入地獄一樣，老師上課根本就是自己講自己的，大家就像鴨子聽雷一樣。最後月考時的成績極差，有的人在學校不但被老師罵得狗血淋頭，回家後還吃了一頓父母為他準備的「竹筍炒肉絲」，感覺大家好像都在欺負他一般。到了最後，為了讓人注意他，做了一些別人不敢做的「好事」，長大後，變成了沒有人要他的人。他的一生不但貧窮也充滿了怨恨，成為世上的可憐人。

我的老師，他的教法、他的觀念、他的想法，和其他老師有著天壤之別，讓我覺得，我真的非常的幸運，遇到了一個如此另類的怪老師。他的教法和觀念及想法完全和我的爸爸一模一樣，好像在學校的另一個爸爸。

　　「這一節我們來上數學，請大家把數學課本拿出來。」老師神態自若的說著。我彎下腰，雙眼緊盯著數學課本上，那令人不舒服的螢光檸檬黃，抽了出來。這時，老師問了一個非常奇特的問題：「請問小朋友們，有沒有人知道從小學一年級到小學六年級的列式怎麼列？請小組討論！」台下，同學們細微的談話聲愈來愈大，有人還激動的說：「為什麼是這樣？那它的道理呢？老師等一下一定又會問為什麼？到時該如何解釋呢？」老師見大家好像還沒找到答案，只好自問自答：「其實只有一個簡單的道理：（　）＋－×÷（　）＝（　），只是數目多寡的問題。要不然就是題目要你寫出答案在哪一個（　），如：低年級的話，題目一定只會問最後一個（　）來當題型；中年級時，題目可能會抽問第一個（　）或者第二個（　）來當題型；高年級時就會跑出前面二個（　）不告訴你，只告訴你它的第三（　）答案。就這麼簡單，沒了！」哇！原來數學如此簡單！老師竟可把它的精華濃縮到這種程度，實在是非常厲害！

　　再來是國語，老師也在此教了很多祕招：「小朋友們，文章的結構就是：『原因、經過情形一小事件、二小事件、三小事件，結果。』也就是所謂的首段、中段及尾段，尾段要點出人生思想。還有一向很重要的，就是造句子的基本結構：主角怎麼樣，又怎麼樣，結果。這個非常重要。首段通常在講背景，讓讀者開始拼出心靈圖片——」台下的人有的很專心的聆聽，有的心不在焉，而有的人正在和隔壁的同學聊天、玩耍。

　　在一天下午，老師請我們去校園，教我們廣角鏡頭及特寫鏡頭，叫我們觀察四周的景物，現場寫作。不管是浮動的樹影，不管是散散的樹葉，還是風的歌聲，都叫我們記起來，因為回教室準備教導大家寫作技巧。回到教室，老師開始講

解：「小朋友們，寫作文時，很多重量級作家在寫作時忽略了這一點，那就是八感摹寫：『看、聽、做、感、想、觸、嗅、味』，所以文章的優美感只有到一定的程度，請大家務必留意！如果你們想要吸引讀者，使用類疊是個好方法，因為它會產生節奏！還有啊！你們的空間安排，看看第四課〈湖濱散記〉，作者的應用──」嗯！原來如此！快快抄下來！我以後的夢想可是個作家呢！

　　每天上課，老師總是一定會關心的問：「今天，上課都還保持著快樂心情的請舉手！」為什麼那麼關心？因為老師說：「他對我們，就像對他的孩子一樣，所以那麼關心我們的事。」每個人在班上的事，老師也極為清楚。每天的搞笑，老師希望我們快樂，帶著一把老骨頭，賣力的在講台上演出。

吳冠志點出了師生情緒互動較多，知識學習架構較少。

蔡紀韋指著教學方法敘說，說著被懂得的心裡感受，而少了舉出實例。

郭嘉柔道出了老師的教學架構和實例，她特別在意學習成長和學習心情。

這樣讀著孩子的藝術創作物，黃老師有如閱讀著日本祥見知生的「手作的溫度」。書中提及「小野節郎先生親手創作的每一件作品，都有讓人第一眼就被吸引住的，難以言喻的氣質，很難用語言來表達，我認為這是因為節郎先生在製作每件作品時，傾注了他的愛，用自己熟悉的工具，耗費時間和心力，才有這些作品的誕生。這些作品共同的特點是，沒有細心的琢磨，而是傳達出一股古樸的手作溫暖，感覺非常好。邂逅這些作品的人，自然而然會開朗起來，很不可思議。」

他又開始沉思這一些生命歷程：生命的喚醒好似如此這般。

10.

　　從這三次的寫作經驗後，黃老師開始呈現文章基架總表。由這總表扮演著綜合第一課到第七課的文章類型。第一至三課是記敘文的記事件類型；第四至六課是記敘文的記景類型；第七課是論說文的類型。他在早上便發下資料表：

作者寫作思考文章基架（基本類型）						

類型	綜合性	首段	中段				尾段
			承		轉		
		起	①	②	③	④	合

記敘文文章基架	記事	原因	經過情形				結果
			①	②	③	④	
	記景	前言	景物中心描寫				感想
			①	②	③	④	
	記人	前言	人物中心描寫				感想、評價
			①	②	③	④	
	記物	前言	物品中心描寫				感想
			①	②	③	④	

抒情	抒情	前言	抒情中心描寫				論證
			①	②	③	④	

論說	論說	論點	論據				論證
			①	②	③	④	

說明	說明	前言	說明中心描寫				結論
			①	②	③	④	

應用	應用	格式	應用不同文章類型				感想
			記敘文	抒情文	論說文	應用文	

劇本	劇本	人物對話	不同情節中心發展				結局
			①	②	③	④	

新詩	童詩	首段	中段（意象安排）				尾段
			①	②	③	④	

小說	小說	人物特性	不同情節中心發展				結局
			①	②	③	④	

通用架構	情境（景、物）	
	人物 ＋	事件發展

　　黃老師特地按這三種，符合課文的文章全篇基架的類型，標出黑體字。

　　發完資料他便請陳明群說說星期日的家庭活動，黃老師按照事件的文章基架引導他說著原因段落、經過情形段落、結果段落。陳明群在經過情形段落例舉三個小事件，分別是到利吉惡地、到縣立運動場、到東台米苔目。

　　黃老師邀請他，立即口頭敘說原因段落。陳明群坐在位置上，斜躺著身軀，眨眨眼睛地想著昨天的活動，一句一句的慢慢說出：「踏著腳步，走到車庫，媽媽把車門打開，我們坐上車。」

　　黃老師大笑地說著：「你們家沒大人喔！沒主詞喔！阿飄喔！」

　　全班笑著，有同學插嘴：「野獸踏著腳步，走到車庫。」

　　黃老師唱著：「有怪獸──有怪獸──」

　　他示意郭嘉柔補充，她說起：「我們一家人，踏著輕快地腳步，走到車庫，媽媽輕輕地抬起手，慢慢地把車門打開，我們坐上車，把快樂都帶進來。」

　　黃老師訪問著她：「剛才妳在口頭作文時，腦子裡是如何思考的？」

　　郭嘉柔說：「我注意著加入形容詞和副詞。我注意用摹寫技巧的『做』出表情、動作。」

　　黃老師也說起：「清晨已過，太陽溜過我的窗口。窗外的中央山脈翠綠得讓人看得見清晰的綠色漸層變化。光線已在我家四周閒逛，附近空曠的田野，想必是在溫暖的陽光懷抱下，享受假日情懷。我們一家人，踏著輕快地腳步，走到車庫，媽媽輕輕地抬起手，慢慢地把車門打開，我們坐上車，把快樂都帶進來。」

　　孩子們喜愛聽黃老師現場口頭作文。他們知道黃老師在腦中選擇一些主詞（太陽、中央山脈、光線、田野），用摹寫技巧問著主詞的「看、聽、做、感、想、觸、嗅、味」，便可以輕易的寫出文稿。他說著：「我在郭嘉柔前面加入了『背景』的寫作。整個段落的氣氛開始有一些變化了。」

　　他和孩子們開始以這樣的基架，檢查文章。他問著：「第四、五、六課都是記景的文章類型，我們一起檢查作者的『前言段落』，發現都有背景的摹寫後才出現前言，而且三個不同的作家在背景的著力行數都不一樣？這時候你在比較中會發現什麼？」

　　第四課「前言段落」：我喜歡華爾騰湖，也喜歡湖畔的森林和山崗。華爾騰湖的景色很美，蜿蜒的湖岸，成了森林最柔美的界線。周遭的樹，因為有足夠的空間，紛紛向湖邊伸展粗壯的手臂——它們也喜歡華爾騰湖。這裡人煙稀少，湖水輕拍著湖岸，好像千百年來都是這樣（背景 109 字）。一八四五年，我在湖畔搭了一棟小木屋，住了下來。這是我一生中最美好的時光（前言 35 字）。

　　第五課「前言段落」：來到都蘭海邊，一邊是浩瀚的大海，一邊是遼闊的草原。冬天呈現一片草木枯黃的蕭瑟景象，眺望遠方，是遼闊的曠野與森林，從前居住在都蘭山脈下的阿美族人稱呼它為「阿度蘭」（背景 80 字）。這塊土地位於都蘭部落後方聖山之下，曾經充滿著野牛與梅花鹿，由於依山傍海，自古便很適合人類居住（前言 46 字）。

　　第六課「前言段落」：最近上山看鳥，偶然間沿著森林邊緣，循著淙淙的水聲，沿溪而上，我竟愛上了山中的溪谷。有的溪谷，林木濃密，溪水平緩；有的溪谷，切開兩邊陡峭的山壁，急流而下（背景 75 字）。我總是選擇地形比較複雜，有急湍和水潭的溪谷，坐在巨石上守候，觀察溪鳥活動的情形（前言 39 字）。

　　黃老師說著：「刪除『背景』敘述，文章還是能表達出作者所要傳達的意義。但是卻少了一種環境傳達給讀者的感受氣氛，作者是帶著讀者的眼睛、耳朵、鼻子──去看、去聽、去聞，所以讀者在這『文字敘述的摹寫情境』中，會形成心理氣氛、形成心裡感受。例如：『華爾騰湖的景色很美，蜿蜒的湖岸，成了森林最柔美的界線。』讀者會看見心靈中想像的心靈圖片『蜿蜒的湖岸』；『周遭的樹，因為有足夠的空間，紛紛向湖邊伸展粗壯的手臂──』讀者會看見『周遭的樹，紛紛向湖邊伸展』的動態圖片；『紛紛伸展』讓讀者看見樹枝不間斷地伸展枝條，每天都爭先恐後地爭取向湖邊靠近，像大賣場大拍賣的紛紛人群的推、擠景象。『循著淙淙的水聲，沿溪而上，』讀者會聽見『淙淙的水聲』，作者使用疊字形容詞『淙淙的』是要讀者重複性地聽見水聲的流動，不間斷的流動聲音；『沿溪而上，』讀者會看見人物『沿溪』行走。這一些都稱為鮮明意象（心靈動畫），我們說閱讀中要有感閱讀，是要我們『逗留』在每一個心靈動畫中，好好地、慢慢地享受欣賞，像看日本宮崎駿卡通影集一般的專情。如果閱讀中能『逗留』在字詞想像每一個副詞的細膩動作，如『紛紛』；想像每一個形容詞的細膩形容，

如『蜿蜒的』。能如此慢條斯理的閱讀，你是在過有感覺的生活，你是在享受文學的生命藝術工藝，你自此開始成為藝術家在走的路途。」

11.

黃老師說完，不忘了暗示孩子：「第三課『秋江獨釣』花了兩個自然段落在摹寫背景；第七課『熊與鮭魚』花了一個半的自然段落在摹寫背景，凸顯整個廣角鏡頭看見的環境氣氛。而第七課是論說文，論說文中的背景摹寫讓我們產生了不一樣的『軟性訴求』氣氛，讓讀者的心靈在美麗的環境中有著理性的思考。有興趣的孩子，請自便，自己研究，自己探索，為了長得高又壯──克寧奶粉。」

他說完話應著下課時間。放好教學棒後走下講台。

蔣亞涓的筆記簿上，主動性地記滿著這一些教學紀錄。

她開始注意到背景的呈現是氣氛的營造效果。

「孩子！加油！謝謝妳記下這麼多的內容。」黃老師走過她身旁，拿起這簿子，對她說著話。

第四章　尋找我的句子單位

我們許多心理活動都是不由自主的：我們的心象會彼此召喚，聯想會把那早已忘記而湮沒的念頭焊接起來。

——Ksren Armstrong

1.

　　這是喜歡閱讀寫作工房第一天開課的日子，六年級的侯逸琳填好了報名名單，就抱著小書包坐在一樓的椅子上等候其他的同學。她和黃老師早已認識，常在學校中看他逗著小朋友玩耍的情景，是一個有趣、愛搞笑的老師，其餘的就是瘦高的身影印象，不讓人排斥而已。

　　一個三年級的男生由媽媽帶著來到這裡，起初他有一些不願意寫作的心情，讓他斜避著老師看他的眼神，他就地觀察著黃老師。等他的媽媽交完報名名單回去後，黃老師叫著他的名字：「林諭名，你認識我嗎？」

　　「不認識。」林諭名笑著回話。

　　「怎麼可能呢？不認識。」黃老師搥著自己的手掌，為自己打抱不平，身子稍微前傾地，「真的？」

　　林諭名覺得有趣地點著頭說：「真的！」

　　「你以為大家都認識你喔！臭美！」個性外向活潑的曾長晉說著，他不停地笑著自己說出來的話。

　　黃老師笑得更大聲地說：「臭美！你竟然說我臭美，」他起身故意嚇著曾長晉，「也對！我以為大家都認識我！真是一個小丸子，三條線！」

「那是她爺爺啦！連這個都不知道，噱！」陳駿卿說著：「老師！你比較像小丸子的爺爺！」

「喔！謝謝再連絡，永遠的好朋友。」黃老師說出他的口頭禪，林諭名笑了，他常聽到黃老師下課時間和高年級的對話內容，舉起右手沒頭沒腦地，對著閃過身旁打招呼的學校同學說：「謝謝再連絡，永遠的好朋友。」有時他還沒來得及說話，幾個高年級學姊就已搶先在他之前說出：「謝謝再連絡，永遠的好朋友。」

「不好玩，討厭！」通常是這一句回話，惹得下課時間的走廊多了一份輕鬆的笑聲。今天第一次上課也開始輕鬆了許多。

黃老師請大家走到三樓大教室，他說：「走到三樓會把鞋子放整齊是長大的孩子。坐在自己喜歡的位置上，等老師發教材、做說明，我們就開始上課。」大家都依照這指導語行動，黃老師拿出初級班散文教材、初級班童詩教材發給每一位學童。他站在白板前，請小朋友翻開第三頁「初級班基本能力訓練類目」說明著：「通過每一個項目，老師會為你打勾。而第二頁的『喜歡閱讀寫作工房（初級）班通過標準』則是寫作通過後，老師逐篇的簽名。最後你的寫作作品也將隨著這兩本教材留下來，當作是自己的初級成就。」

江敬賓有些情急的問：「那要學多久啊？很困難嗎？」其實他擔心媽媽說他學不好，所以有點兒擔心。

他看著初級班基本能力訓練類目表，有點兒說不出話來，這一些名詞都像是新的學習。

初級班基本能力訓練類目（第三頁）

1. 句子敘述能力：

　(1) 短句書寫：（基本句型）□　、標點符號□

　(2) 長句書寫：（句子擴展）□

　(3) 句子描寫：　　　具體□　　　、生動□　　　、優美□

　(4) 句子類型：　　　肯定句□　　否定句□　　疑問句□

　　　　　　　　　　　感嘆句□　　轉折句□　　祈使句□

　　　句子承轉形式句型□

　(5) 譬喻句型：　　　明喻句□　　暗喻句□　　略喻句□

　(6) 類疊修辭句型：　類句□　　　疊句□　　　俳句□

　(7) 轉化修辭句型：　擬人法□　　擬物法□　　擬形象化法□

2. 段落書寫能力：

　(1) 段落書寫：基本段落類型□

　(2) 複雜段落書寫：　　　□

　(3) 譬喻句型：　　　明喻句□　　暗喻句□　　略喻句□

　(4) 段落描寫：　主題統一性□、事件完整性□、段落擴展能力□

　(5) 段落類型：　　　順敘□　　　倒敘□　　　插敘□

3. 閱讀能力：

　(1) 文章基架：　事件基本型□

　(2) 不同文體文章基架：故事體□　　記景文章□　　記人文章□

　　　　　　　　　　記物文章□

　(3) 摘取大意：　　段落大意□　　全篇大意□

　(4) 作者思考：　結構安排思考□文章背後含義□

　(5) 閱讀寫作技能：　結構分析□　　內容分析（詞、句、篇）□

喜歡閱讀寫作工房（初級）班通過標準（第二頁）

類別	學測題目自定	通過日期	教師簽章
短篇童詩			
長篇童詩			
短篇故事			
長篇故事			
事件散文			
記景散文			
記人散文			
記物散文			

　　黃老師說：「這看起來很困難，學起來很簡單，很快就可以初級班畢業了。我們今天的主要上課內容是『1.句子敘述能力：(1)短句書寫：(基本句型)□、標點符號□』就這麼一點點就好，學好的打兩個勾勾。」

2.

　　黃老師把 A4 的影印紙對半切割，每位小朋友拿到一張空白紙做為上課筆記單，寫著：

　　07 04〈詞性、句子〉。

一、請你造出一個正確的句子？

　　1.　　──如果──就──＝

　　黃老師要孩子們造出第一個句子，江敬賓一看這道題，輕鬆地笑著鉛筆，邊寫邊說：「這麼簡單。」他寫下：「──如果──就──＝如果我寫完功課，就可以出去玩」黃老師走過他的身旁，說

著：「正確。孩子！」他還笑著暗示性地自言自語，邊走邊說：「忘了標點符號當然要打（×）囉！」

江敬賓看著自己的句子，少了個句號，他趕緊補上「如果我寫完功課，就可以出去玩。」隨後放鬆了一口氣說：「好險！」因為他這一提醒，所有的孩子都跟著檢查，自己的標點符號使用是否正確。

侯逸琳：「如果認真讀書，認真複習，考試就可以考很好。」

江敬賓：「如果他學會動物叫，那我就要暈倒了。」

洪奕銘：「如果我不複習功課的話，考試就不會得一百分。」

孩子的造句能力基本上是直覺性的，知道自己造的句子是正確的。因為日常生活語言的句子經驗庫，已足夠孩子造出一個正確的句子。當黃老師問著：「二、你根據什麼標準來判斷，你的造句是正確的？」所有的孩子都說不出一個所以然來，有的說：「啊！就這樣啊！」有的說：「要有敘述。」有的說：「要有主詞。」還有的說：「老師都會打勾啊！」

黃老師說著：「一個正確的句子，都有一個基本的句子結構。也就是『主詞＋述詞。』主詞可以是名詞、代名詞，老師習慣把它說成『主角』。述詞是敘述的語句，老師習慣把它說成『怎麼樣，＋結果。』因此『主詞＋述詞。』就是老師說的句子的結構，也可以換句話說，說成『主角＋怎麼樣＋結果。』」黃老師在白板上畫出一個長格子，寫下這句子的結構。

主角	怎麼樣	，	結果	。

他開始請孩子們互相檢查，剛才同學造的句子中，有沒有符合單句句子的結構？有沒有注意到標點符號的使用要正確？

孩子一邊唸著「主角」，一邊在同學的句子中畫出「主角」。一邊唸著「怎麼樣、逗號」，一邊在同學的句子中畫出「怎麼樣、逗

號」。一邊唸著「結果、句號」，一邊在同學的句子中畫出「結果。」最後他告訴這位同學：「恭喜你，你造的句子是正確的。」這一個小班玩得正起勁，黃老師看著他們玩「監控認知」、玩蘇俄認知心理學家買高斯基的理論「語言導引行為、近側發展區 ZPD 理論」。

3.

接下來，黃老師請小朋友回想一至六年級的造句類型，他對造句做分析地說：「造句的類型分為兩種題型。一種是句子的『**形式字**』造句。一種是句子的『**內容字**』造句。像第 1 題『──如果──就──』就是句子的『**形式字**』造句。像第 2 題『**快樂**』就是句子的『**內容字**』造句。」

四年級的蔡振璨若有所悟地插著話：「對。兩種，考試和自修裡的題目都是這樣。」蔡振璨拿起筆記單指著，「這兩種。沒有其它的。臭小子。」

黃老師調整他的用詞說：「蔡振璨說了不雅的語詞是要扣分的。你可以說：『我抓得住你，KONIKA！』」這是李立群演員拍的一個廣告詞。

「如果小朋友可以監控是這兩種類型的話，那根據這兩類思考，你的習作作業就不會有問題了。」黃老師希望孩子們回家後，拿出國語習作簿再一次檢驗一遍，和老師的分析一不一樣？他請孩子抄下筆記方塊：

三、造句分析：

　　1.──如果──就──＝（句子的**形式字**）
　　2.快樂＝（句子的**內容字**）
　　黃老師伸出右手臂指著關節的地方，問著孩子：「骨頭和骨頭連接的地方，如果沒有『關節』那會怎麼樣？」

「不是人！是怪獸一號！」蔡振璨脫口秀一般的，惹來大家注意的笑容。

黃老師跟著他的插話，表演起骨頭散了一地的肉球人，他在地上滾著說：「如果你的造句忘了像關節一樣連接的『關聯詞』形式字，我就會稱呼你『關節痛先生』、『關節痛小姐』。」他問著蔡振璨，「請在你有智慧的腦子裡，馬上給我兩個『形式字』。」他瞬急地要他立刻說出。

蔡振璨立刻輸出：

1.「──雖然──但是──＝」

2.「──因為──所以──＝」

江敬賓說著：「不但──而且──還──」

「臭小子！還真行啊！」黃老師一出口，劉甄荃即刻指正：「老師說不雅語詞要扣分。」黃老師低下頭說：「年紀大了，尿失禁！」班上的孩子在笑聲中取鬧著他。他繼續說：「那句子的『**內容字**』就是日常生活中表達的內容語詞，比如說：『快樂、難過、幸福、勤奮地、渺小的、麥當勞。』」他清楚孩子懂得他說的，「現在是今天的生活挑戰題：『四、請你自己寫出五個「形式字」的造句？』」

完成的小朋友，請拿出教材第三頁句子敘述能力：(1)短句書寫：(基本句型)□、標點符號□；老師要給他蓋上打勾勾的符號，代表他通過測驗。開始！」一聲開始，鴉雀無聲的工作者在爭取自己的季節。

十分鐘後，六年級的侯逸琳拿著筆記單，放在老師眼前。黃老師摘下老花眼鏡仔細地檢查著句子，他說：「有一個錯字，所以她要再寫一題，才能拿回分數。」

侯逸琳是第一個通過的孩子。她看著自己的教材本子，滿意地走回座位。同學伸手向她借閱筆記單，她也樂意和他人分享。

1.雨落在池塘裡，**彷彿**大自然正演奏著樂章。

2. 操場上**有的**在玩耍，**有的**在跑步，**還有的**在踢球，大家都玩得很快樂。

3. 姊姊夢想的城市，是**沒有**空氣污染，**沒有**噪音污染，**也沒有**垃圾污染，這就是姊姊夢想的城市。

4. 我何嘗不想吃飯，**只是**忘記帶錢。

5. 下課鐘一打，大家**都**快快樂樂的跑出去玩。

6. 我的夢想**是**當老師，**因為**可以教導許多學生，讓學生變聰明。

　　下課前，黃老師為幾個孩子都蓋上符號，他也告訴孩子可以補交測驗，重點是孩子可以自己檢驗是通過基本能力的。他問著：「今天的學習是快樂的請舉手！今天你的能力有成長的請舉手！」當然孩子興奮地舉高手，像慶祝會一般。

　　黃老師指派了回家作業：「六、造句的『正確、優美、生動、具體』是如何判斷的？這是回家作業思考題，不一定要給出答案，上廁所的時間、看電視的廣告時間、洗澡的時間拿來想一想就可以了。」

　　「下課！謝謝折磨！」黃老師鞠著躬說。

　　「再見！關節痛先生。」、「快獸一號，再見！」、「肉球，拜拜！」

4.

　　第二次上課時，黃老師把第一次上課的筆記單，先打成電腦文稿發給小朋友閱讀，讓我們回憶第一次的上課內容，順便幫助我們做統整的工作。

2009/07/04〈詞性、句子〉　初級（1）

一、請你造出一個正確的句子？

1. ──如果──就──＝如果我寫完功課，就可以出去玩。（三年級江敬賓）
2. 快樂＝

二、你根據什麼標準來判斷，你的造句是正確的？

①句子的結構正確：主詞＋述詞。（主角＋怎麼樣，＋結果。）
②句子中的承轉詞（連接詞）正確。
③標點符號正確。

三、造句分析：

1. ──如果──就──＝（句子的**形式字**）
2. 快樂＝（句子的**內容字**）

四、請你自己寫出五個「形式字」的造句？
　　（六年級侯逸琳）

1. 雨落在池塘裡，**彷彿**大自然正演奏著樂章。
2. 操場上**有的**在玩耍，**有的**在跑步，**還有的**在踢球，大家都玩得很快樂。
3. 姊姊夢想的城市，是**沒有**空氣污染，**沒有**噪音污染，**也沒有**垃圾污染，這就是姊姊夢想的城市。
4. 我何嘗不想吃飯，**只是**忘記帶錢。
5. 下課鐘一打，大家**都**快快樂樂的跑出去玩。
6. 我的夢想是當老師，**因為**可以教導許多學生，讓學生變聰明。

五、造句時要先找出什麼來？

①主詞（主角）。
②判斷是形式字造句或內容字造句。

六、造句的「正確、優美、生動、具體」是如何判斷的？（回家作業思考題）

　　十分鐘後，他問著：「回家作業思考題第六題：造句的「正確、優美、生動、具體」是如何判斷的？」。我們都說：「從來都沒有想過這個問題。」黃老師才說：「這是正常的，我們慢慢來。如果你都能判斷一個句子的『正確、優美、生動、具體』的判斷標準，那你就可以當造句能力的小老師了，你也可以監控老師的作文評量用語了。我們一起加油。」

　　侯逸琳在第一次的評量被老師蓋了兩個勾勾，她升上六年級前也還不知道這一些判斷標準，因為高年級的她都不知道，所以大家就放心了。

5.

　　這一天孩子們依然按照習慣，在筆記單上寫下上課主題；「0711〈句與句的關係關聯詞〉　初級(2)」。黃老師說：「我們今天先玩一些刺激性的遊戲節目，比速度，要快得不能思考，直接說出答案。」他的話一說完，就直指曾長晉說：「一、句子中有那一些詞可以拿來當主詞（主角）的？」

　　「窗簾、鉛筆、擦子。」曾長晉看著眼前的事物說話，他的笑容有一些得意。

　　黃老師誇他反應直覺力敏銳快速，請他特別注意聽地說：「那加上『蝸牛、兔子、玫瑰花、筆筒樹、星星』和你的『窗簾、鉛筆、擦子。』共有八個，請你分類，你會怎麼分？」曾長晉有點不知所云，看著陳駿卿，要他提示一些。五年級生說不曉得怎麼分類，曾長晉為了掩飾自己的出窘，反倒說：「五年級的也不會，我四年級而已，當然不會。」

　　「我這老頭子也不會！哈──哈──哈──」黃老師這麼一說，陳駿卿耍著不和曾長晉一般見識。他說著：「這要慢一點，思考一下下，試著用一個高層次的語詞來抓住它們。比如說：『有生命的先放在一堆：蝸牛、兔子、玫瑰花、筆筒樹。』、『沒生命的再放在另外一堆：星星、窗簾、鉛筆、擦子。』」他在白板上寫著：「生物、無生物」陳駿卿接話說：「把生物再分成動物、植物。」曾長晉說著：「那我可以說出許多個名詞了：鼠牛虎兔龍蛇馬羊猴雞狗豬。」他的速度一溜煙的十二生肖口訣，讓大家聽不清楚他說些什麼，只能給他的鬧堂拍手。黃老師說：「我長見識了，佩服這位大哥。不過你沒舉手發言，扣一分。」這下換黃老師得意地在學生群中走來走去，「厲害！厲害！我是說我自己厲害。曾長晉違規開一張罰單。」曾長晉有點兒不服氣的笑他：「無恥。」

　　「這有兩種說法。第一種是『無恥近乎勇』。第二種是『沒有牙齒。』誰說我老了？智慧！」黃老師的自圓其說讓大家不知道要氣出什麼話來。他說：「其實我開玩笑中，早已注意到曾長晉和陳駿卿這兩位武林高手了。」他順及在白板上和同學們一起補充、一起寫下：

一、句子中有那一些詞可以拿來當主詞（主角）的？

(1) 名詞：事物的名稱或名字，我們稱為「名詞」。
　① 　生物（動物、植物、昆蟲）：
　② 　無生物（大自然界、人類創作的物品）

(2) 代名詞：

① 你（人，第二人稱）、你們

② 我（人，第一人稱）、我們

③ 他（人，第三人稱）、他們

④ 牠（動物，第三人稱）、牠們

⑤ 它（無生物，第三人稱）、它們

　　「請下課準備十分鐘，我們的遊戲即將開始！當老師的食指指到那一位同學，他便要站起來，流暢地說出答案。我現場出題！」黃老師故意指著白板的分類，故意說：「這裡要出：『請給我十個植物名詞』，這裡要出：『請給我五個無生物名詞』──」他這麼一說，同學說他洩題，他說：「我只是在做思考表白而已，請不要偷窺老師自言自語的題目。」他愈是如此孩子愈是認真的盯著白板練習。

6.

　　「趙怡鈿，請在十五秒鐘內給我十個名詞？」黃老師第一個指著三年級的趙怡鈿。

　　「桌子、椅子、窗戶、鉛筆盒、玩具、筆心、牆壁、電燈、板擦、天花板。」

　　「侯逸琳，請在十秒鐘內給我十個沒有生命的名詞？」

　　「天空、雲朵、星星、山脈、土地、洗澡、馬桶、水管、瓷磚、玻璃。」

　　「江敬賓，請在十秒鐘內給我五個有生命的植物名詞？」

　　「牽牛花、玫瑰花、茄苳樹、小草、鍬形蟲。」

　　「曾長晉，請問什麼叫做名詞？」

　　「眼睛看到的東西通通都是名詞，太多了，說不完。」曾長晉一句統整說出了第一階段的遊戲。

孩子們都在立即性的脫口秀遊歷中，經驗著名詞大考驗，一個一個都在黃老師的誘導下說：「通過。通過。」

黃老師說：「下一個階段遊戲，真的有一些難度。請從你以前的經驗庫中找出『二、句子敘述（主角＋怎麼樣，＋結果。）中的關聯詞（連接詞或形式字）有那些？』這可以分成三、四個人一組參加討論，至少也要給我十五個關聯詞。上帝說：『工作的人有福了。』開工了！一、二、三，加油！加油！加加油！」孩子們也不知道為什麼喜歡這個黃老師，只是和他一起玩閱讀、寫作遊戲時，常會聽到新鮮的語詞，看到新鮮的動作，每次都會學到新的知識和經驗應用在日常生活當中，孩子們回家後都會說：「沒想到這一個老師這麼會搞笑！笑到肚子疼！」

這二十分鐘裡，勞工界的小朋友忙來忙去，禁止別組偷瞄他們辛苦找出來的關聯詞，你一個、我一個，想快一點湊足十五個關聯詞，拿到老師跟前，聽他說上一句：「怎麼可能？這麼有長進！高人一出手，就知有沒有？幫主吉祥！」大家逗趣著，十五個關聯詞也開始呈列在白板上頭，密密麻麻的。

第一組：「是——，假如——，不是——就是——，有——還有——，不但——而且，不但——，而且——，又——又，又——，只要——，除非——，雖然——，但是——，雖然——但是——，如果——。」

第二組「因為——，也——，一邊——，有的——，有的——有的——，不但——並且——還——，更——，有——，還有——，更有——，有——還有——更有——，只要——，可是——，卻——，雖然——但是——。」

黃老師說：「完全正確。不過，這麼多，我怎麼記下來呢？我怎麼應用呢？這樣我會提早老化變癡呆症。孩子！拯救我吧！當我的上帝吧！信你者得永生！阿門！南無觀世音菩薩啊！」

「ㄟ！你搞混了。上帝和菩薩不一樣啊！」林諭名說。

「誰說的？耶穌基督和觀世音菩薩是好朋友！」黃老師辯解著說。

「老師！你怎麼知道？」林諭名質問他的經驗。

「你有看過耶穌基督和觀世音菩薩吵架嗎？」他說。

林諭名說黃老師又在胡弄了，卻又反應不過來對他吐槽，只聽聽就好：「那你看過嗎？」

「沒有！哈──哈──被發現了！」黃老師認錯和氣地找到下台階。聽著的孩子直發笑，當作是心情輕鬆課程。

「請問這麼多的關聯詞，一定有一些分類的方式，來表達日常生活中的句子使用關係的？像我們第一節課的名詞分類方式類似，讓我們更輕易地監控關聯詞的使用。比如說：『因為──所以＝』這是表示『因果關係』的句子表達方式，那其它的──就由你們這些有智慧的人來思考囉！」黃老師正經下來，丟出這一個問題。

「ㄟ！老人家！提示一下啦！」曾長晉套上人際互動關係的探索，知道用輕鬆的互動模式會得到協助地說。

「如果是黃老師要分類的話，我一定會從日常生活中的用語開始思考，因為閱讀、寫作，都是專家從日常生活中分類、歸納出來表達關係的理論。那我也可以自己找啊！好像在森林中跟著動物的足跡，就可以沿線尋找得到動物一般。況且人類的知識學習，都是經驗的『歸納和演繹』兩種方式而已。還有一種方式，我會從別人分類、歸納好的方便法門著手；這是專家給出的，從上層結構看到下層結構的『演繹』知識，比如說：『你看過的國語自修裡啦！』」他這樣暗示性地說完，忙碌才開始。有的根據自己寫出的十五個關聯詞，開始找到不同的表達方式；有的把三到六年級的自修分批翻閱，他們用自己的方式開始工作。黃老師坐在椅子上等待。

蔡振璨拿著單子過來說：「有一種因果關係，有一種轉折關係，對嗎？」

「對的。你們這一組很不簡單，但是要說小聲一點，敵人就在你的身旁。現在是兩軍對峙，不可兒戲，軍情不可洩漏，再探——去吧！」他低聲耳語地對著蔡振璨說話。這更像一次孩子的遊戲戰一樣，既緊張又刺激。

課堂上鬧哄哄的學習，黃老師知道這一個過程該完全滿足，時間的充分是滿足經驗庫的一種學習方式，因此他沒做教室管理，只提醒聲亮過大，軍情容易洩漏。

下課前，他列出了：

「因果關係」類型：

①由於＝

②以致於＝

③因為＝

④因為——所以＝

「遞進關係」類型：

①不只——而且＝

②不但——並且——還＝

他說：「下課了。整理學用物品，下次再戰。下周的上課主題是『口頭表達語言和書寫語言的具體化』技巧。」孩子們還在交頭接耳地議論著關聯詞的分類，黃老師說：「ㄟ！電影散場了啦！下次早場上映請排隊！」他關了冷氣、電燈，眼送孩子下樓和家長一起回家，說她們的親子語言。

7.

黃老師在下次上課前，發下了上課筆記單，孩子們閱讀著。

0711〈句與句的關係關聯詞〉 初級（2）–1

一、句子中有那一些詞可以拿來當主詞（主角）的？

(1) 名詞：事物的名稱或名字，我們稱為「名詞」。
① 生物（動物、植物、昆蟲）：
② 無生物（大自然界、人類創作的物品）
(2) 代名詞：
① 你（人，第二人稱）、你們
② 我（人，第一人稱）、我們
③ 他（人，第三人稱）、他們
④ 牠（動物，第三人稱）、牠們
⑤ 它（無生物，第三人稱）、它們

二、句子敘述（怎麼樣，＋結果。）中的關聯詞（連接詞或形式字）有那些？

三、請把你找出來的關聯詞做一個分類、歸納的工作，並對照日常生活實用性，找出句子的關聯詞「是在表達什麼關係」？

1. 轉折關係：

① 卻＝

② 但是＝

③ 只是＝

④ 雖然──不過

2. 條件關係：

① 不論＝

② 只要＝

③ 只有＝

④ 除非──不然＝

3. 因果關係：

① 由於＝

② 以致於＝

③ 因為＝

④ 因為──所以＝

4. 遞進關係：

① 不只──而且＝

② 不但──並且──還＝

5. 並列關係：

① 也＝

② 又──又＝

③ 有的─有的＝

④ 一邊──一邊＝

6. 假設關係：

① 假如＝

② 要是＝

③ 倘若＝

④ 如果──就＝

7. 選擇關係：

① 不是──就是＝

② 是──還是＝

8. 目的關係：

① 以免＝

② 以便＝

③ 免得＝

④ 為了──起見＝

第五章　口頭表達語言和書寫語言

1.

　　黃老師請孩子們閱讀筆記單時，特別注意：三、請把你找出來的關聯詞做一個分類、歸納的工作，並對照日常生活實用性，找出句子的關聯詞「是在表達什麼關係」？請你在十分鐘之後，背出至少八種句子中的關聯詞？

　　孩子們準備著。黃老師正在觀察孩子們的學習型態。他看著江敬賓一個詞一個詞反覆複誦幾遍，他也不打岔。想到自己小學階段的讀書方法，都是這樣學習的，他有一點落寞，忘記的單位再翻閱資料再次背誦，讓他的社會科學習拿不到好分數，尤其是國中學習階段的整冊複習考總是敗陣下來，他花的時間達不到效果。眼前的這個認真的孩子也是如此學習的，讓人心疼。

　　他靠近四年級的郭芝均問著：「妳用什麼方法背誦的？」

　　「我想一些日常生活中的例子造句來背誦。比如：『如果媽媽幫我買新背包，我就會認真讀書。』這是條件關聯詞。我這樣一個一個背出來。」郭芝均一邊慢慢回想，一邊慢慢的說出思考，她說完一個才抬起眼神看著老師。黃老師對她點頭說：「很實在，加油！」

　　十分鐘後，他請一些孩子背出關聯詞的類別，孩子們常是漏掉二、三個，一訪談：「請問你是使用什麼分析方法，把這八種關聯詞背誦起來的？」孩子們也是反覆練習的居多。因此今天的學習課程轉換為，先和孩子一起做「分析、重新組織草稿圖」，再進一步演化為「背誦設計圖」，最後以「簡圖配合命名」定稿來背誦資料。

　　他開始在白板上畫出一條直線，起頭寫著「因」，結尾的箭頭寫著「果」，說：「這是因果關聯詞。我們標上記號『①』」。直線的中間，他加上兩個箭頭，寫著：「遞進關聯詞。我們標上記號『②』」。遞進關聯詞箭頭的上方分別寫著小英文字母「a、b」表示有選擇性的，可以選擇 a 或可以選擇 b，所以他寫著：「選擇關聯詞。我們標上記號『③』」。他又在直線開始的地方寫著「if」，說：「這是假設關聯詞。我們標上記號『④』」。

　　他在結果的之前，畫了一個小圈圈，將要到達目的地的感覺，說著：「這是目的關聯詞。我們標上記號『⑤』」。他從箭頭處畫出一個轉彎的勾勾，說這轉彎的地方像個魚勾，說：「這是轉折關聯詞。我們標上記號『⑥』」。他說：「釣魚時，我要在線上綁著兩支魚勾，」他多複製了一個勾子，並列在一起，說：「這是並列關聯詞。我們標上記號『⑦』」。他在遞進關聯詞的符號下頭掛著兩個小禮物，代表談條件的說：「這是條件關聯詞。我們標上記號『⑧』」。

　　才一下子功夫，白板上的分析、組織草圖，密密麻麻的標上數字符號，寫上名稱。視覺上混亂的可以，黃老師請孩子在筆記單上按圖記下，寫上「分析、組織草稿圖」。

　　他看著白板上和孩子一起互動的草稿圖說：「原來草稿圖是這麼潦草的。背誦資料之前，原來要先經過這一關卡的分析、重新組織，才是有智慧的學習者。怪怪貓！」

　　孩子們跟著笑，他問著：「和以前的學習過程不一樣的，請舉手？」

　　十個孩子舉高手，贊成黃老師的方法是讓學習變得簡易時，他又說：「ㄟ！我把文字和標號擦掉時，就是一個設計圖了，看著設計圖，我就可以在很短的時間，背出八種關聯詞了。」他請孩子根據這樣練習，等一下他將擦掉文字、標號。

　　才三分鐘，他擦了文字、標號，指著被擦掉標號的位置，孩子即刻說出是那一類的關聯詞，他順道請孩子給出一個生活上的實際

句子。這時刻裡孩子搶著表現、搶著注意同學的句子是否正確無誤、搶著比出高下的競賽遊戲，大孩子和小孩子鬧成一團笑話。

　　孩子們都已輕鬆地背誦出八種關聯詞時，他說：「最後一個步驟是進入為這個設計圖簡化、命名的簡圖工作。這個設計圖像躺著的魚勾，我把它直立成一個魚勾，拿來生活中釣起所有的生活句子表達，我命名它為『ab 勾』。這樣我們便可以在日常生活中隨即應用了。」他讓孩子們都閉上眼睛，意象學習這個簡圖 ab 勾。

　　他說著：「如果有人問你：『今天你學到了什麼？』你會怎麼說？」

　　如果是黃老師的話，我會說：「今天我學到了三個目標。認知目標，我學到八種關聯詞。技能目標，我學到整理資料的三個步驟技能。情意目標，我更願意使用關聯詞，在生活中表達我的想法。」

　　他特意用紅色白板筆把 ①分析、重新組織草稿圖②背誦設計圖③簡圖命名 框起來，在上頭寫著斗大的字體，他寫上：「技能目標」。

2.

　　黃老師在下課前二十分鐘，請小朋友自我測試筆記單(二)三、請把你找出來的關聯詞做一個分類、歸納的工作，並對照日常生活實用性，找出句子的關聯詞「是在表達什麼關係」？的造句空白表，沒做完的當成回家作業，下周交卷！

　　他在課堂上協助著，孩子問他：「主角一定要放在最前面嗎？」他說：「主角可以放在句子前面、中間、後面。不過我現在要先要求『句子基本型』，所以主角要先放在最前面，謝謝和小弟合作！」他看著孩子的主角常是爸爸、媽媽、弟弟、哥哥、他、我。他說：「請給我一些不一樣的主角吧！動物類、植物類、無生物類，要不

然我會營養不良，偏食症候群！」這一說，侯逸琳選擇的主角開始有些不同，她寫著：

1. 轉折關係：
   ① **卻**＝我想吃麵，媽媽卻說：「明天中午再吃。」
   ② **但是**＝他雖然沒有雙手，但是依然很樂觀。
   ③ **只是**＝我何嘗不想吃飯，只是忘記帶錢。
   ④ **雖然──不過**＝他雖然沒有把作業簿帶回家，不夠他卻在打鐘之前補完了，真厲害。

2. 條件關係：
   ① **不論**＝老師說：「不論是誰都有犯錯的時候，我門應該以寬大的心胸原諒他。」
   ② **只要**＝爸爸常對我說：「只要努力就會成功這個道理。」
   ③ **只有**＝小明說：「只有努力的人才會成功。」
   ④ **除非──不然**＝媽媽說：「除非你考試一百分，不然就不讓我去高雄玩。」

3. 因果關係：
   ① **由於**＝他由於在走廊上奔跑，而被老師罵。
   ② **以致於**＝他在路上飆車，以致於發生車禍。
   ③ **因為**＝小美因為畫了一幅美麗的畫，而受到大家的稱讚。
   ④ **因為──所以**＝明玥因為幫忙一位受傷的人，所以慢了十分鐘去上課。

4. 遞進關係：
   ① **不只──而且**＝小名不只沒有寫功課，而且還打同學，害同學受傷。
   ② **不但──並且──還**＝凱欣不但不寫功課，並且打老師，還欺負同學，真是糟糕。

5. 並列關係：
   ① **也**＝我讀甲班，小明也是讀甲班，真是巧啊！

② **又──又**＝他又是班長，又是模範生，真厲害。

③ **有的──有的**＝教室裡有的在看書，有的在跳繩，大家都很開心。

④ **一邊──一邊**＝我一邊聽音樂，一邊寫功課，難怪會寫錯作業。

6. 假設關係：

① **假如**＝爸爸說：「假如我考試有兩科一百分，就要買手機給我。」

② **要是**＝姑姑說：「要是我幫忙看家，就要買 Mp3 給我。」

③ **倘若**＝我覺得，倘若沒有太陽，那我們還活得下去嗎？

④ **如果──就**＝小軒說：「如果我沒考一百分，我就會被打。」

7. 選擇關係：

① **不是──就是**＝波利說：「這題答案不是一，就是四。」

② **是──還是**＝安迪在班上是小老師，還是班上的班長，真厲害。

8. 目的關係：

① **以免**＝我們在使用酒精燈的時候，通常會把濕毛巾放在旁邊，以免發生火災。

② **以便**＝我們借用公物應該愛惜，以便他人繼續使用。

③ **免得**＝醫生常說：「糖果不要常吃，免得牙齒蛀光。」

④ **為了──起見**＝老師說：「為了安全起見，將把盪鞦韆拆掉。」

下課前，他問著：「今天有收穫的請舉手？」、「今天還在快樂學習的請舉手？」

孩子們舉高手，他才說：「下課！謝謝各位快樂的『ㄛ巴桑』、『ㄛ里桑』。」

孩子說：「謝謝老──Ko Ko 先生！」

3.

　　第四次上課時，黃老師先發下上一周的上課筆記單，「0718〈八種關聯詞分析、組織簡圖〉（初級 3）」。他要孩子把圖示簡圖在筆記單二——1.整理資料的「過程方式」（讀書方法步驟）中再畫一次。

　　五年級的顏承譯看著筆記單出神，他自己畫著「ab 勾關聯詞」簡易圖示，一邊唸唸有詞：

0718〈八種關聯詞分析、組織簡圖〉　　（初級 3）

一、請背出至少八種句子中的關聯詞，並舉例造句？

1. 你是使用什麼方法來幫助自己背誦的？（分析閱讀）
2. 請舉例說出這一些關聯詞都是日常生活上的使用語言？

二、請你說出這個整理資料的「過程方式」，你可以應用在那些方面的學習？請舉例說明！

1. 整理資料的「過程方式」（讀書方法步驟）
　① 分析、重新組織草稿圖
　② 背誦設計圖
　③ 簡圖命名
　④ 簡圖意象學習
2. 讀書方法技能目標類化學習（預告片）
　① 整理寫景文章簡圖（現場景物安排圖示）
　② 整理具體描寫寫作技巧簡圖（摹寫修辭技巧、示現修辭技巧）
　③ 整理所有修辭學簡圖

　　黃老師沒打擾他的工作進行，事後他問著：「承譯剛開始工作前在想什麼？」

　　「想這一張筆記單真不簡單。」顏承譯也問著老師：「這是你打字的資料？」

　　「是的！請讚美我！」黃老師要求著。

　　「條件關聯詞？啊！算了。」顏承譯的回話倒像黃老師平常逗他們的語句呢！

4.

　　這次上課，黃老師老是拿著一個杯子在玩，在看。

　　他把杯子放在桌子上近距離仔細瞧一瞧，遠距離瞇著眼睛右手摀著嘴唇專注地看。他躺在石英磚地板上，向上凝視杯子的形狀和插圖。他爬上桌子蹲著俯視杯子，嘖嘖稱奇。大家都不知道他在做什麼？好奇地盯著它做表演，像演一齣默劇。

　　他開始說話了，他拿起杯子的眼睛只看著杯子，他問孩子們：「這是什麼？」

　　「杯子。」曾長晉說著。

　　蔡振璨說：「馬克杯。」

　　「陶瓷杯。」游亦傑用了不同的名詞表達。

　　黃老師說：「表達完了。溝通已經完成了，達到日常生活用語的溝通方式，而且大家也都很清楚，我們正在溝通的是什麼？課上完了，下課！」

　　「你胡扯！那有這麼快！」蔡振璨說了，「我們有交錢呢！」

　　「我知道啊！難道這不是杯子嗎？這不是馬克杯、陶瓷杯嗎？」

　　「是啊！不夠怪怪的——」游亦傑覺得不是他想要的結果，但是他說不上來一個究竟。

　　陳駿卿補充著說：「不具體。」黃老師卻說：「很具體啊！你們看得很清楚啊！」他拿著杯子這具體物在陳駿卿眼前晃來晃去，「很具體啊！」陳駿卿裝出一副不以為然的表情，不想理會黃老師，還說著：「反正就是不具體。」

　　他知道陳駿卿語句的背後意思，說著：「這是日常生活語言表達的簡單敘述，因為大家都在這個現場，大家都看著這個具體物，只要呈現名詞，就已經是共同看見這個杯子的形狀、顏色、圖案。但是不在現場的『讀者』呢？我們需要用什麼技巧來完成敘述，讓讀者的腦海裡也能看得見老師手上拿的這個杯子。作家是使用文字來描繪這個杯子，作家的一個責任是使用文字，幫助讀者看得見現場發生的一切人、一切事、一切物。畫家是用筆寫生，畫出來。攝影家是用相機拍攝現場照片。電影導演是用攝影機拍導出劇本。因此作家的文字描述能力就成為一個重要工具，幫助讀者看得見。」

　　「我說的就是這樣。」陳駿卿插著話，他想要的開始有了眉目。

　　黃老師說：「那，作家的眼睛和一般生活者的眼睛有什麼不一樣呢？作家是怎麼在看東西的？」

　　大家正因為這問題思索著。怎麼作家看東西的眼睛是和一般人不一樣的？

　　黃老師說：「基本上作家認為萬事、萬物都是有生命的感受，都是活著的。像人一樣活著有多種的感覺，有眼睛的視覺（看）、有耳朵的聽覺（聽）、有皮膚的觸覺（觸）、有鼻子的嗅覺（嗅）、有舌頭口腔的味覺（味）、有表情、有動作（做）、有心理感受的感覺（感）、有想像力思考的想法（想）。因次作家常使用修辭學的『摹寫法』技巧，來摹寫主角的『看、聽、做、感、想、觸、嗅、味』八種覺受，讓讀者看得見主角的外在世界與內在世界的時空交錯。另外修辭學上的『轉化法』，其中的一種擬人法，就是把無生物寫得像一個有生命的個體。修辭學上的『示現法』，就是把作家

看見的人、事、物，具體的放在讀者的眼前呈現出來。為了具體的敘述，所以我把這個馬克杯主角的其他配角，都仔細地閱讀一遍。有小熊、有天空、有白雲、有星星、有他們正在做出表情、動作的圖案，我必須一一用八感作文來提問自己，『小熊在做什麼表情、動作？』、『小熊看見什麼？』、『小熊聽到什麼？』、『小熊的身體皮膚接觸到什麼？』、『小熊聞到什麼？』、『小熊嚐到什麼？』、『小熊想些什麼？』、『小熊有什麼感覺？』我是這樣挑出八種感覺其中的幾種來完成具體敘述的，讀者也透過我的文字描繪進入了部分的現場構圖，形成讀者自己閱讀時的心中意象。」

　　他在白板上把剛才的講課畫了一個人物圖形，一一在身體各部位名稱旁，標上「眼睛視覺（看）、耳朵聽覺（聽）──」。他和孩子們一起完成這簡圖，並指著標示處提問游亦傑：「主角是誰？」

　　「弟弟。」游亦傑說。

　　「他的眼睛看到什麼？」

　　三年級的游亦傑，依照黃老師手指指的簡圖眼睛，慢慢想著，說：「弟弟從杯子店走過，他看到了一個限量版的馬克杯。他很想要。於是他回家跟媽媽吵著說：『我要那個馬克杯。我要那個馬克杯。』」黃老師請大家為他拍拍手，說他已經使用了八感作文中的「『看』、『想』、『做』」。真是不簡單，原來寫作中的具體描述，是可以有一些技巧來幫助你成為小作家的。游亦傑一聽到小作家，高興地看著黃老師：「我是小作家？」

　　「不要懷疑自己！你就是小作家。高級作家是善用熟練的八感作文來當做寫作工具的。我在日常生活中看見任河東西，都是這樣心中默念練習來的。」他說：「現在的時間，拿著新筆記單，請你為我具體敘述桌上的這個『馬克杯』？」孩子們跑到白板前的桌子上看著杯子、轉著杯子、蹲下往上瞧個一回，跑回自己的座位上紀錄著文稿，穿梭著來來回回。黃老師走到侯逸琳的背後，看著她的文稿，唸出聲來：「在一個長桌子上，有一個馬克杯，它穿著藍色

的服裝，衣服上面還有幾隻小熊躲在雲裡面；」黃老師說著：「這是誰家的孩子，這麼棒！」他就走開了。

曾長晉拿著一小段文稿請老師幫忙看一看，他正要唸出聲音時，曾長晉說：「不要唸出來。」黃老師只能小聲地，在他耳朵旁低低朗誦：「一個藍色的馬克杯，我看到四隻小熊熊，其中一隻小熊頭上有皇冠。他說：『這裡是天界，有可愛的小星星。』太有創意了，小英雄！我佩服你！加油！」黃老師對著曾長晉增強著。他快樂地趕快跑到前頭，看著杯子研究一番，繼續他的寫作。

5.

黃老師沒再打擾孩子們的工作情況，只在課堂中為孩子們加油。他會拿起文稿，拿下老花眼鏡，專注地停格在孩子的稿件上微笑。孩子們仰著臉看到黃老師的認同表情，聽著他說：「已經兩百分了，加油！直衝五百分！」孩子們喜歡這樣的鼓舞方式，用心在自己的筆試上頭。下課前二十分鐘，黃老師收集稿子影印，他唸出這一些文稿。

（1.）

弟弟從杯子店走過，他看到了一個限量版的馬克杯。他很想要。於是他回家跟媽媽吵著說：「我要那個馬克杯。我要那個馬克杯。」媽媽考慮到天亮，最後媽媽做好了決定。我問媽媽說：「妳的決定是什麼呢？」媽媽跟我說：「我的決定是，好！」（游亦傑）

（2.）

一個藍色的馬克杯，我看到四隻小熊熊，其中一隻小熊頭上有皇冠。他說：「這裡是天界，有可愛的小星星和超可愛的小熊熊和雲朵。」

那藍色的馬克杯說：「我可是全世界沒有的限量版馬克杯呦！」（曾長晉）

（3.）

在一個長桌子上，有一個馬克杯，它穿著藍色的服裝，衣服上面還有幾隻小熊躲在雲裡面；幾隻小熊正在和星星玩跳繩，卻有一小熊，牠頭上戴著王冠，在白雲上舒服的睡覺，做著牠的美夢。馬克杯覺得好高興，因為大家都很開心。我靠近了那美麗的馬克杯，彷彿聞到了淡淡的咖啡香，一陣風吹過來，卻把香味帶走了。」（侯逸琳）

（4.）

一個藍色的馬克杯，它敲一敲自己的身體，吭吭嗆嗆的聲音很好聽，又摸一摸那漂亮又光滑的身材，它開心的說：「我一定是世界上最漂亮的馬克杯。」（郭芝均）

（5.）

馬克杯正在游泳，他仔細看水面上，他想：「我的圖案真漂亮，朋友看了一定會大開眼見的。」他聽到很吵鬧的聲音，他過去看，哇！原來是舞會呀！他聞到香味，原來是馬克杯最喜歡的烤牛肉，他吃了一小口嚐嚐味道，馬克杯說：「真好吃，太美味了。」他用腳和手一起跳，出去時，他感覺舞會也很好玩，下次再去一次吧！他又開始想他的皮膚很漂亮。（劉甄荃）

（6.）

一個馬克杯在玻璃箱裡，他看著自己藍色的身影，想著一定有很多的觀光客會停在他的面前一直拍照，欣賞著他。他想：「大家喜歡我是因為藍色的天空，配上四隻小熊坐在雲上。」想到這裡，他的夢想慢慢的實現。（陳駿卿）

（7.）

　　馬克杯上有漂亮的圖案，看到星星、藍天，是世界上最美麗的圖案。

　　他不知道兒子今天過得好不好？如果好的話，我就會讓他去上課。希望他可以再交到好朋友，才有伴可以陪他玩。小熊去學校時，他感覺很陌生，所以都沒下課出去玩。後來有同學走過來說：「我和你做朋友好嗎？」因為有許多同學，所以有更多的快樂。（江敬賓）

（8.）

　　一個漂亮的馬克杯，聞一聞自己的身體，好香。再摸摸自己的身體，好滑又好亮。她想像自己是杯子王國的女王，吃香喝辣。聽到遠方還發出吭吭唧唧的聲音，她要去游泳時跳到水裡，突然回到現實，她跳到地上摔破了。（蔡振璨）

（9.）

　　有一個馬克杯，他看到他的身體有很多的小星星，聽到了很多聲音，聞到了很香的味道，風一吹他覺得很舒服。他拿了一本書，他說：「這一本書很好看。」他常常在外面曬日光浴，他在曬日光浴的時候，他就看自己的身體，他覺得他是世界上很漂亮的馬克杯。（洪奕銘）

6.

　　在下一次上課之前，黃老師按著慣例，發下上一堂課的筆記單讓大家讀著，他請孩子把人物的部位名稱，配合八感作文技巧，在筆記單中再畫一遍當作複習。

0725〈口頭表達語言和書寫語言〉　（初級 4）

一、口頭表達語言和書寫語言

①口頭表達語言：日常生活中的語言表達，如簡單的名詞、簡單的敘述。

②書寫語言：作家的文字表達語言，如具體的敘述。

二、作家的眼睛

(1.) 作家的基本認定：萬事、萬物都是有生命的感覺，所以眼睛看見的人、事、物都是活的呈現。

(2.) 作家的眼睛是為著讀者而觀察：把人、事、物看仔細，把看見的人、事、物，具體的放在讀者的眼前呈現出來。

(3.) 作家的眼睛像畫家一樣，勾勒現場、摹寫現場的八感作文技巧：

① 摹視覺（眼睛——看）

② 摹聽覺（耳朵——聽）

③ 摹動覺（手腳軀幹表情、動作——做）

④ 摹感覺（心中的感受——感）

⑤ 摹心覺（心中的想法——想）

⑥ 摹觸覺（皮膚——觸）

⑦ 摹嗅覺（鼻子聞——嗅）

⑧ 摹味覺（舌頭、口腔嚐——味）

(4.) 作家的眼睛是現場具體化的修辭學描寫技巧：

① 摹寫法技巧

② 示現法技巧

③ 轉化法技巧

三、請你為我敘述桌上的這個「馬克杯」？

①簡單敘述與具體敘述的不同？

②你看見日常生活中的事件敘述者，是如何吸引你的？

③說故事的人和一般的生活者在表達技巧上，有何不同？

四、作家的書寫語言

1. 作家之眼是為著讀者而來的，協助讀者看得見生活現場。

2. 你是一個讀者，你想讀到什麼？

　　黃老師特地把初級班孩子的第一次具體寫作打字列印，發給孩子們。他還列印了中級班和高級班的具體寫作例子，請孩子們對照對「馬克杯」的文字具體敘述，有那些不一樣的地方？

7.

　　他希望孩子花時間在比較閱讀之中，他說：「比較閱讀是一個發現作家寫作風格的技巧，也是可以找到自己要具備什麼？學習什麼技巧？來當作以後的寫作練習！你們在比較閱讀中發現了什麼？請告訴我！」

　　（中 1.）

　　　　在我眼前有一個藍的色馬克杯，馬克杯上有一些雲和星星。在其中的一朵大雲上，有一隻皮膚色的小熊。這隻小熊很舒服的趴在雲上，小熊的頭上飄浮著一個金色的皇冠，另外還有兩朵雲上有小熊。其中一朵雲上有一隻小熊，坐在雲上用牠的左手抓星星。（巫俞安）

（中 2.）

　　寧靜的夜晚，一隻狗躺在柔暖的雲裡，雲就像是那隻狗的床舖，牠把這整個夜空當成是屬於自己的王國，而牠就是這個王國的國王，星星和月亮就是牠的夥伴，那濃味的咖啡味就是那幸福的味道。（王峰文）

（中 3.）

　　在冷氣房的馬克杯，閃亮的星星照亮了淡藍色的夜晚，閃爍了馬克杯，小熊在夢想的有咖啡味道的白雲上，白雲就像牠的床舖。叮！叮！叮！在小熊的睡夢中有一頂金亮的皇冠，降臨在咖啡上，就像汽球，讓這樣的夜晚，畫下了句點。（鄭甄薇）

（中 4.）

　　夜晚的星星閃耀著，大家圍著在跳舞，小熊被夜曲吵醒了！玩鬧著！玩鬧著！雲由白變灰。這杯馬克杯，顯得真是有趣啊！床飄浮在空中，隨風而散去，那天夜晚，大家睡得特別安詳。星星的舞還沒停，直到一陣咖啡香飄過，牠們才靜靜的睡著了！有些小熊趴在床上，有些小熊在講話，有些小熊在跟星星玩。那時，牠們在跟濃純的咖啡──（鄭君元）

（中 5.）

　　寧靜的夜晚，貪懶的小熊睡在白雲上，雲就像是牠的柔軟床舖。小熊睡得甜甜蜜蜜，慢慢地進入牠的夢鄉。我沉醉在馬克杯裡，悄悄地進入小熊的夢鄉，一層一層的白雲慢慢一層一層的跳。小熊帶著王冠喝著香甜的咖啡。（王奕齊）

（中 6.）

　　住在平地的馬克杯，身穿著藍色、白色的上衣，在皮膚上繡著皇冠，衣服上畫著幾隻米色的小熊，自由自在的在雪

白的雲朵上享受。馬克杯的手插在腰旁，似乎像隻生氣的小熊。夜裡，閃耀不停的星星出現了，淡淡的咖啡香從杯裡飄了出來，但卻又飄走了。（許珮樺）

（中 7.）

　　有一個彷彿從天國來的馬克杯，靜悄悄的待在木桌上，背景是憂鬱的藍色，但是杯子上的小熊，卻形成了強烈的對比。有在做白日夢的作夢熊和快樂嬉戲的快樂熊，他們躺在柔軟的雲端上，而我就是那笑容滿面的小熊，因為我正在和小星星談昨天我們去郊遊的趣事，我們獨一無二的笑容，讓憂鬱的藍色，也變成快樂的顏色。

　　馬克杯是我們的星球，我們摸起來滑滑的，我們有一個獨特的白色小耳朵，讓主人拿起我們的時候更方便。主人是我們的父母，他總是拿我們裝他最喜愛的咖啡，所以我們都擁有獨特的咖啡香。當你輕輕一聞，就能聞到淡淡的咖啡香，那香濃的咖啡香，是我們獨特的味道，也會是你聞過最獨特的咖啡香。（陳亮儀）

（中 8.）

　　當天空著涼了。我會幫他蓋棉被，而上面鋪滿許多星星的夜晚。當我用鉛筆一敲，我聽到了非常清脆的聲音，但誰知道他心裡在想什麼？當棉被裡的小圖案在動時，我會靜悄悄地走進他的夢裡，跟他一起在雲中嬉戲、談天。當杯子裡有著香濃咖啡的殘留，讓我想起媽媽喝咖啡所吐出的香味，讓我不禁想去嘗試看看。為什麼你有藍天、白雲的棉被呢？當我用輕手觸碰你的小耳朵，然後聞起你杯子裡，所留下的咖啡渣。你說：「咖啡的香味，是不是如此的香濃？」（吳卉云）

（中 9.）

　　那一年的春天，馬克杯就像森林中一幅圖畫，繁星點點的天空，是小熊快樂又的天國。杯子裡濃郁的咖啡味，真是讓人覺得舒服又自由的心情。馬克杯像是一位坐在涼亭上品嚐咖啡的人，馬克杯的心情就像森林中散步的情侶。有人觸碰到這個馬克杯，就會有不可思議的力量。（吳劼儀）

（高 1.）

　　一片湛藍的夜空，清柔地覆蓋在乳白色的馬克杯上。那夜空，點綴著數顆大大小小的星星，閃爍著屬於自己的光芒。一大片軟綿綿的雲朵上，躺著一隻睡得極安穩的小熊。小熊的臉上，掛著一抹微笑，頭頂上還有著皇冠。我猜想：「牠是作夢，夢到自己成了國王嗎？」另一朵白雲棉花糖上，載著兩隻小熊熊，牠們玩得快樂極了，笑容留在嘴邊，遲遲不肯離去呢！

　　把杯子拿起，往裡頭瞧一瞧，看到的是一圈又一圈的茶漬，如年輪的淺褐色般堆疊著，也像那荷塘的漣漪，慢慢的擴散到杯緣，形成了回憶過去，最深刻的印記。（八年級王健丞）

（高 2.）

　　微涼的空氣中，立著一個深藍色的馬克杯，或許是這個空間過於明亮，使他的影子顯得沒有似深夜般的濃烈，白色的握把貼在杯子旁，是一體成形的線條。馬克杯上繪著一隻在藍天中淺咖啡色的熊，正慵懶的擁著和室的白雲睞著眼打著盹。或許是在做夢吧！那微翹的嘴形，像在囈語著那美好的夢話。而他的夢似乎讓其它雲都成了如陰影般的陪襯，只有一點一點的星子，綴在天空中，爍閃。（九年級徐汶芝）

（高 3.）

　　空氣中突然發現一抹藍色的影子，馬克杯白與藍的手把似乎形成了一種對比，淺藍與白色的雲朵，交錯在杯身上。一隻帶著黃色皇冠的褐色小熊，趴在雲朵上沉睡著，星星散落在牠身旁，安靜的天空傳來一陣陣呼吸聲，才發現原來還有其他的小熊，分別仰臥在小小的雲朵裡。空氣中瀰漫著濃濃的睡意，只有星星清醒著，我看著那印著夜空的馬克杯，似乎也沁在那睡意中──（八年級黃貞憶）

（高 4.）

　　一片深藍又帶著一些淺藍的夜空映在馬克杯上，一隻懶洋洋的棕熊正沉醉在牠的夢裡，並舒服的閉著眼睛，又趴在像棉花糖一樣柔軟的雲朵上。牠舒服的像一隻小鳥輕鬆自在的在天空中邊吹著涼快的風，邊慢慢的拍著翅膀飛翔。小熊的頭上還戴著亮黃色的皇冠。小熊旁邊還有一些淡淡的雲在空中輕輕地飄浮著，也有幾顆小星星努力的閃耀著光芒。我也想要像小熊一樣，可以無憂無慮的休息，如果可以的話，那一定很幸福。（六年級林詩珉）

（高 5.）

　　漫天的閃爍星星，一閃一閃的照亮大地，藍天白雲的布幕，頓時已成為星星的靠山。我可能就是星星，布幕就是父母，承載著一隻棕色小熊的大白雲，輕飄飄的、載沉載浮的聚集在湛藍、浩瀚的天空裡。這靜物毫無呼吸的生命著，站立的像衛兵，但牠批的不是迷彩軍服，也不是厚重的白大衣，而是大好晴天的衣裳。衣裳上的白雲，正背著一隻懶洋洋的棕熊，趴在軟綿綿的白雲上，我想牠正做了個好夢。

　　忽然，一位小妹妹把這個靜物拾起，差點將熟睡的棕熊吵醒，小妹妹左看右看，不知她要找什麼，又把它放了下來，

我真想要當那懶洋洋的棕熊，安然入夢，直到天黑。（八年級陳柔婷）

（高6.）

那個看來胖胖的馬克杯，給我一種舒服的感覺，外表是四隻熊乘著雲朵，在星空中飛來飛去的樣子。

深藍色的背景，令人沉靜，幾顆橘黃色的星星點綴，牠們好像在空中唱著搖籃曲。淺藍色、白色的雲朵分散在安詳的夜空中，四隻灰色的小熊，兩隻在聊天，一隻在睡覺，另一隻則是坐在雲上看夜景，真是幸福！牠們打從心裡散發快樂的表情，最令人羨慕了。

如嬰兒房的夜空圖樣，遍佈在杯身手把。圓滑的杯身、可愛的圖案，不是給人舒服的感覺嗎？（八年級林御妤）

（高7.）

睡夢所照映在馬克杯的藍，如夢幻中的晚霞，這一場睡夢圍起的畫面，深深的鎖在那鬆醒的記憶。牠睡著，如天使一般的睡在雲朵之上，徜徉在天際的夢遊，星星在牠周圍伴著奇妙的舞步，像是一盞盞的小夜燈遨遊在今晚的夜空中，點醒每個人明亮的夢。這個夜被敲了一下，發出人清脆且響亮的交響曲，不停的迴盪在我耳邊。杯裡看似苦澀的茶渣，圍繞在杯子的底部，渲染了杯內的純白，留下了各種不同的顏色。這是一個奇妙的馬克杯，也是一個藍到透徹的夢。（七年級徐碩彬）

8.

剛開始的二十分鐘裡，孩子還掌握不到黃老師要他們做的比較閱讀。因此他回到八感作文的簡圖，讓孩子一一指認摹寫技巧使用

的身體部位，他以升上三年級的游亦傑文稿為例子，請大家先朗誦一遍：

> 弟弟從杯子店走過，他看到了一個限量版的馬克杯。他很想要。於是他回家跟媽媽吵著說：「我要那個馬克杯。我要那個馬克杯。」媽媽考慮到天亮，最後媽媽做好了決定。我問媽媽說：「妳的決定是什麼呢？」媽媽跟我說：「我的決定是，好！」

黃老師念著第一句：「弟弟從杯子店走過，」他停下來指著小三毛簡圖，「這是八感作文中的那一個部位？」

「雙腳。」孩子一起回答正確後，黃老師接著問：「是屬於──」。

「做的動作。」

黃老師聽孩子說完，隨即在句子後加上括號標著：「弟弟從杯子店走過（主角做），」他一句一句唸，孩子們跟著一句一句標上八感作文名稱。才幾分鐘時間，游亦傑的文稿成了有許多括號註記的文章。他請四年級的蔡振璨唸上一回：

> 弟弟從杯子店走過（主角做），他看到了一個限量版的馬克杯（主角看）。他很想要（主角想）。於是他回家跟媽媽吵著說（主角做）：「我要那個馬克杯。我要那個馬克杯（主角做）。」媽媽考慮到天亮（配角想），最後媽媽做好了決定（配角做）。我問媽媽說（主角做）：「妳的決定是什麼呢？」（主角做）媽媽跟我說（配角做）：「我的決定是──好！」（配角想、做）

大家跟著黃老師，根據八感作文簡圖來檢驗游亦傑的寫作文稿，一一圈出曾被應用的小三毛身體部位，驚覺地發現游亦傑只使用了「看、做、想」三個部位來協助寫作，卻遺漏了「聽、感、觸、嗅、味」五種感官的提問技巧來協助寫作。

　　黃老師請郭芝均在游亦傑的文稿中，選擇遺漏的五種感官「聽、感、觸、嗅、味」，以其中一種感官擴展寫作，插入游亦傑原來的文稿中。郭芝均在腦海裡想了一回，她選定「聽」作為擴展創作。她說著：「弟弟從杯子店走過，他看到了一個限量版的馬克杯。他聽到馬克杯發出鏗鏗鏘鏘的聲音（郭芝均），他覺得杯子上面的小熊圖案太可愛了（曾長晉），他專心地摸著光滑的表面（蔡振璨）。他很想要。於是他回家跟媽媽吵著說：『我要那個馬克杯。我要那個馬克杯。』媽媽考慮到天亮，最後媽媽做好了決定。我問媽媽說：『妳的決定是什麼呢？』媽媽跟我說：『我的決定是，好！』」黃老師知道曾長晉、蔡振璨緊接著插播發表，他只說著：「太棒了！有人已經在使用小三毛的技巧，來幫助自己擴展文章了。這樣的孩子太酷了，學以致用。我以後會趕不上呢！帥到掉渣！」他模仿孫悟空的 DVD 影集和動作鬧著。他要孩子根據這樣的示範過程，自己修改自己的文稿，孩子們興高采烈地工作著。

　　事後他提到：「2.閱讀中、高級班馬克杯寫作文稿，你發現了什麼？（比較閱讀）」。孩子們討論著，把初、中、高的文稿擺在桌上，正經八百的比較差異之處。黃老師紀錄下這一些發表內容：

1. 高級班字數比較多。主角和配角也不一樣。
2. 高級班觀察力很仔細、較強，八感技巧都有使用。
3. 形容同一物品或人時，用詞不一樣。
4. 高級班會使用連續動作來描寫。
5. 高級班外在描寫寫完，會跳到內在描寫。
6. 結尾不一樣。
7. 中級班會寫出主角或配角的顏色。
8. 看馬克杯的角度不一樣。
9. 高級班寫得較具體，用的摹寫技巧、八感作文、擬人法、示現法比較好。

10. 我有寫馬克杯放在那裡？而中級班沒有。

11. 初級班觀察不仔細，「聽、味、感、觸」都沒使用出來。

12. 初級班字數比較少，因為初級班只有用三感「看、做、想」。

看著白板上的紀錄內容，黃老師說：「3.根據大家所發現的內容，我們開始來歸納、命名，使它成為我們其中的一個寫作技巧。內容　歸納　命名　監控寫作技巧」。歸納是一項統整的技能練習，我們開始把相同的觀念歸納為一個類別，並且命名。這樣容易讓知識學習，牢固在我們的知識庫中，方便我們回憶性地提取資料，像電腦中的資料夾，我們一一給它一個命名，方便我們尋找資料。例如：第 2、4、5、9、11、12 項我們統合為一類，命名為「八感作文」。第 1、7 項我們命名為「寫作人稱」。第 3 項我們命名為「用字遣詞」。第 6 項我們命名為「文章結構」。第 8 項我們命名為「作者視點」。第 10 項我們命名為「背景」。這樣我們從文章的比較、分析中，已經歸納出幾個寫作的注意類別或思考類別了，如：「『作者視點』、『寫作人稱』、『背景』、『文章結構』、『八感作文』、『用字遣詞』」。從這些類別如果在細分的話，就可以更精細地分出幾個子類別，知識學習最後就是在思考知識的精緻性，像科學儀器一樣，誰的儀器精密度高，誰就佔領科學領域成為先驅者。從分類到現在，老師希望你們都能成為未來寫作的拓荒者。

「接下來老師和你們分享，高級班寫作者討論後的『寫作監控分類表』。你們現在是『生手』寫作者，他們是『熟手』寫作者，熟手的思考更精細了許多。而老師是『小專家』寫作者，思考的問題是一個網絡。」黃老師說著、說著，把生手進入熟手的寫作思考，呈現在白板上。

| 人稱 | 背景 | 思想 | 對話 | 文章結構（原因段——經過情形段——結果段） |

A1.修辭學寫作技巧							
八感作文（摹寫、示現、轉化）							
外在描寫							內在描寫	
看	聽	做		觸	嗅	味	感	想
		表情	動作					

A2.修辭學寫作技巧									
譬喻				類疊	設問	呼告	誇飾	借代	雙關	倒裝	對偶
明喻	暗喻	借喻	略喻	排比							

B.用字遣詞				
	形容詞	名詞	副詞	動詞	關聯詞
動態					
靜態					

　　這樣的七個類別，又有許多子類別，讓初級班的生手寫作者嘆為觀止。黃老師說：「高級班的熟手寫作者，為什麼文稿的寫作呈現較為具體、生動、富有情感，是因為經過一段時間的練習和監控寫作歷程。他們也把這份資料儲備表當成是寫作上的反思，所以描寫的具體化，更令讀者有身歷其境的示現感覺。」

　　下課前，黃老師說著八月八日父親節停課，小朋友練習今天的上課筆記單技巧。在日常生活當中，眼睛所看到的「名詞」都是練習具體寫作描述的材料，別忘了應用八感作文技巧，更仔細的觀察「被觀察物」。一一提問「它看到什麼？」、「它在做什麼表情？」、「它在做什麼連續動作？」、「它聽到什麼聲音？」、「它在想些什麼？」、「它的心裡有什麼感覺？」、「它聞到什麼味道？」、「它嚐到什麼滋味？」、「它接觸物品時，身體、皮膚起了什麼變化？」

　　下一次上課時，我們將練習修稿，把你的「馬克杯初稿」再次修稿後，成為一篇接近高手寫作者的文稿。最後他說：「認真練習的人有福了！下課。謝謝再聯絡，永遠的好朋友！再──見！再一次看見你被我折磨！」

　　「才不會哩！我的作文長大了哩！再再──見見！哼！」曾長晉還是在走過黃老師身旁時，沒忘了逗逗這一位白目的黃老師一回地說著。

　　下了課堂，黃老師把撿來的一片葉子交給侯逸琳，要她練習以八感作文的技巧寫作，侯逸琳笑著點頭答應，晶亮的眼神向老師說了再見。

9.

　　第六次上課前，黃老師發著上次的上課筆記單。

0801〈比較閱讀與歸納、命名〉　　初級 5

一、請你在閱讀中比較初、中、高級班馬克杯寫作文稿

1. 先閱讀自己的文稿，說說你使用了那一些寫作技巧？（監控認知）
2. 閱讀中、高級班馬克杯寫作文稿，你發現了什麼？（比較閱讀）
3. 根據大家所發現的內容，我們開始來歸納、命名，使它成為我們其中的一個寫作技巧。 內容　歸納　命名　監控寫作技巧
4. 閱讀自己的文稿後，你還可以使用什麼寫作技巧來評量、修改你的初稿？

二、「生手」寫作者與「熟手」寫作者之 監控寫作技巧

（參考上述寫作思考資料儲備表）

三、請你寫下一篇日記（字數不限、回家作業）

1. 寫作時，你可以使用什麼寫作技巧來幫助自己寫作？
2. 閱讀自己寫的日記，你看見了什麼？或發現了什麼？（內容上、技巧上）
3. 閱讀別人的日記，你希望讀到什麼？（讀者的眼光）

　　黃老師發完筆記單後，侯逸琳隨即把一片葉子的文稿交給他，他看著文稿說著：「我就是要這樣的稿子！謝謝妳！讓我看到感動。」

　　六年級的侯逸琳也欣喜著老師這麼說，讓她更喜愛創作。

〈月光森林〉

　　　還記得嗎？那天，尋著蜿蜒的小路，來到遠離城市的森林，只為了躲避酷熱的大太陽，卻出乎意料的，發現了一個鳥語花香的世外桃源，圍繞在夏蟬的吟繞之中，伴著微風吹拂，連心情都開闊起來了。

　　　我們往裡面走，卻發現種子在天空飄浮著，彷彿就像下雪一般，在我身旁，在他們身旁，在大樹和小花、小草身旁，大家都好高興，因為他們都這麼歡迎我們。

　　　此刻，那酷熱的太陽下山了，原本我們要走了，我卻說：「我們再待久一點好不好？我想再看看更多的植物、生態。」其他的朋友都覺得不錯，於是我們又多待了一天。我們正要從月光森林走出來時，卻在樹叢和花海之間，發現了螢火蟲，若隱若現的點點螢光在眼前追逐、嬉戲——剎那間，一陣驚喜湧上心頭，更讓人如癡如醉的是一覽無遺的台東夜景，如夢似幻，像珍珠、像鑽石被灑落一地，這份感動，在心中久久無法忘懷。月光森林的驚喜和感動，我會永遠記在心裡，不會忘記這段回憶。

　　隔天，我再次走進月光森林，撿起了一片葉子，當作紀念。我拿起葉子放進包包，向月光森林揮手說再見，月光森林搖一搖手也跟我說再見，讓我好開心。從此，我跟他有一個承諾：「我還會再來的，不要忘了我喔！」

隨後他請小朋友注意二、「生手」寫作者與「熟手」寫作者之 監控寫作技巧 ，要孩子們根據這一些新的體會修改自己的原稿。四年級的郭芝均開始修著稿件：〈馬克杯〉

（4.）

　　一個藍色的馬克杯，它敲一敲自己的身體，鏗鏗鏘鏘的聲音很好聽，又摸一摸那漂亮又光滑的身材，它開心的說：「我一定是世界上最漂亮的馬克杯。」

　　有一天，主人不小心把它搞丟了，那個馬克杯非常傷心。這時候，馬克杯衣服上的小熊突然說話了，小熊聞一聞馬克杯的身體，說：「你的身體好香好香喔！」聽了小熊的話，馬克杯不害怕了，因為已經有人陪它談天、說笑，而且這隻小熊還請來了無數顆星星與小熊來跳舞，非常地快樂。

　　它們玩得正開心時，主人正好找到它，那些星星和小熊都不動了，主人看到它很開心，後來這個馬克杯一直陪伴在主人身邊。（四年級郭芝均）

六年級的侯逸琳乾脆重新書寫新的文稿：

（3.）

在一個長桌子上，有一個馬克杯，它穿著藍色的服裝，衣服上面還有幾隻小熊躲在雲裡面；幾隻小熊正在和星星玩跳繩，卻有一小熊，牠頭上戴著王冠，在白雲上舒服的睡覺，做著牠的美夢。馬克杯覺得好高興，因為大家都很開心。我靠近了那美麗的馬克杯，彷彿聞到了淡淡的咖啡香，一陣風吹過來，卻把香味帶走了。」（六年級侯逸琳）

〈馬克杯〉

　　在一個咖啡色的長桌子上，有放著一個我最喜歡的馬克杯，第一次看到這個馬克杯時，眼睛就為之一亮，內心的衝動，彷彿就要衝出胸口，我覺得用那一個馬克杯，喝的東西都可以變得很可口，於是，我就買下他了。

　　馬克杯他穿著藍色的衣服，衣服上還有兩隻小熊，躺在軟綿綿的白雲裡面；三隻小熊正在和星星玩跳繩，卻有一隻小熊，他頭上帶著王冠，在白雲上舒服的睡覺，做著他的美夢。我猜想，他可能是夢到他在自己的王國裡，當他帥氣的國王吧！馬克杯覺得好高興，因為大家都好開心。

　　我靠近了那可愛的馬克杯，彷彿聞到了淡淡的咖啡香味，一陣微風吹過來，卻把香味帶走了。我笑了一下，說：「原來連微風都喜歡這個杯子。」

　　這二個小時中，黃老師穿梭在同學們的座位間，不斷的提醒著外在描寫、內在描寫的交互轉換，孩子們經過多次提醒還說著：「知道了！老人家老師，不要碎碎念啦！靈感都跑走了啦！」

　　下課前，黃老師對著大家深深一鞠躬，說著：「今天你們的寫作真是令人刮目相看！我要回去把眼睛刮一刮後才能來見你們了。下課——再見。」

10.

　　下次上課前，黃老師發下上次筆記單，並把此次上課筆記單一起合併，按照這既定的課程開始作統整的功夫。孩子們閱讀著筆記單：

0815、0822〈八感作文統整〉　初級 6

一、現場集體創作稿「南瓜」

1. 依據資料儲備表，修改自己〈馬克杯〉的創作原稿。
2. 依據資料儲備表，集體發表創作〈南瓜〉。
3. 請注意你使用的監控寫作技巧。

二、八感作文統整、應用

1. 上閱讀、寫作課到現在是第六次課，請你拿出前五次課的筆記單回想，整理出到現在你學到了什麼？（統整）
2. 你如何把所學的應用在寫作上？請舉例子說明。（寫作應用）
3. 你如何把所學的應用在閱讀上？請舉例子說明。（閱讀應用）

三、比較新經驗、舊經驗

1. 請你說一說以前的寫作和現在的寫作，有那一些不一樣的地方？
2. 請回想一下，你是怎麼依靠自己的力量而成長的？
3. 當你有閱讀、寫作的力量了，你在做（待）人、處世（事）上會如何使用？

　　黃老師開始說話了，他說：「待會兒我們根據資料儲備表集體創作，老師負責充當文字紀錄小員工，舉手發表的同學，我要稱呼他小老闆，小老闆要指定我這小員工在那兒插入文字。」

　　黃老師在桌上放著南瓜，他告訴孩子們這蔬果的名稱後，孩子們先依據資料儲備表，準備十分鐘後再集體發表創作。

　　郭芝均先發表著：「有一顆又黃又漂亮的大黃瓜，她站在花園裡，聞著花香。」

　　黃老師在白板上畫著兩個圖案，一個是大三毛人物（作者的八感描寫）；一個是小三毛人物（主角的八感描寫）。當郭芝均說

出第一句「有一顆又黃又漂亮的大黃瓜，」他隨即在作者的人物圖上添畫了眼睛，說著：「郭芝均應用了作者大三毛（我）的眼睛『看』。」當郭芝均說著第二句「她站在花園裡，」黃老師在主角小三毛的人物圖上畫上了腳，說著：「郭芝均應用了主角的腳『做』出動作。」最後郭芝均說出第三句「聞著花香。」黃老師在主角小三毛的人物圖上畫上了鼻子，說著：「郭芝均應用了主角的鼻子『嗅』聞到花香。」因此她是有意識地使用監控寫作的八感作文來幫助自己描寫。

　　黃老師指著動詞的地方「站在」、「聞著」，對孩子們說：「可不可以在動詞的前面，幫我加入形容動作的副詞，讓這個動作更生動的表達出來？」

　　劉甄荃說：「無聊地」。陳駿卿說：「靜靜地」。因此第一個語句就修飾成：有一顆又黃又漂亮的大黃瓜，她無聊地站在花園裡，靜靜地聞著花香。

　　接下來陳駿卿接腔：「她高興地照照鏡子，覺得自己很像酒瓶，有那種風采。」蔡振璨接著：「這時她又看看那些五彩繽紛的花朵，」顏承譯說：「卻覺得那些花朵比自己漂亮了許多，她有點想變成花朵。」林諭名接著說：「她對著天上祈禱說：『神啊！可以把我變成花朵嗎？』」江敬賓說：「她聞到淡淡的花香，隨著那股花香悠哉地睡著了。」洪奕銘接著：「她睡醒後，發現房間變得很豪華，」郭芝均說：「她看見每個角落都有花朵，她又把花朵變成髮夾，他覺得所有的東西都變香了。」游亦傑接上：「這時有一隻蝴蝶飛到她身上，發現自己也變成花朵了。」黃老師最末接上：「陽光的腳印落在窗簾上，成了最美麗的花圖案。」黃老師說完，指著窗簾，說他是看著窗簾和走在上面的陽光與窗簾上的圖案，為這裡加入一句大自然的「背景」。像卡通影集一樣，主角的背後、身旁都會有一個地點和大自然的景色充當背景後，主角人物才開始在這背景中行動。曾長晉又說著：「早說嘛！這樣說我就會寫作文了。」

他們師生共同完成了〈南瓜〉實物的集體寫作文稿：

> 有一顆又黃又漂亮的大黃瓜，她無聊地站在花園裡，靜靜地聞著花香。她高興地照照鏡子，覺得自己很像酒瓶，有那種風采。這時她又看看那些五彩繽紛的花朵，卻覺得那些花朵比自己漂亮了許多。她有點想變成花朵，她對著天上祈禱說：「神啊！可以把我變成花朵嗎？」她聞到淡淡的花香，隨著那股花香悠哉地睡著了。
>
> 她睡醒後，發現房間變得很豪華，她看見每個角落都有花朵，她又把花朵變成髮夾，他覺得所有的東西都變香了。這時有一隻蝴蝶飛到她身上，發現自己也變成花朵了。陽光的腳印落在窗簾上，成了最美麗的花圖案。

黃老師說著：「今天我們的應用練習已經可以算過關了。下一次上課我們要做口頭評量：二、**八感作文統整、應用**。三、**比較新經驗、舊經驗**」他先讓孩子注意評量的題目，示意要孩子自己準備。

11.

這一天是寫作課的小單元統整，黃老師先由句子的單位結構開始發問，他說：「一個句子的正確與否要如何評量？」

「要有句子的結構：『主角＋怎麼樣。或主角＋怎麼樣，＋結果。或主角＋怎麼樣，＋又怎麼樣，＋結果。』」顏承譯說著。

「那你會把句子的結構應用在那一些方面？」黃老師追問著他的應用思考。

顏承譯邊說邊想，劉甄荃也幫忙著，他們說：「自我評量。習作和考試的造句。小書製作我用一個句子、一個句子連接圖畫。寫習作大意時和說文章重點時。」他們兩互相笑著。

　　黃老師說這樣已經很強了，還可以注意幾個小部分，比如說：「句子擴展、長句縮短、照樣造句、照樣寫短語、語詞或成語造句。這一些都是習作中會有的題目類型，加油了！」

　　「這是句子『正確』的要求。那句子的『通順』、『優美』、『生動』、『具體』、『節奏』該當如何思考？」黃老師希望一個人挑一項來發表。

　　陳駿卿說：「『生動』要注意動詞前面的副詞使用。例如：『副詞＋動詞』，『副詞還可以考慮使用動態的或靜態的表現，讓主角的行動更細膩。』我在閱讀國語課時會更加注意這一些，並且把作者使用的副詞用螢光筆畫出顏色。」

　　蔡振璨說：「『優美』我會注意形容詞＋名詞的考慮。像：『形容詞＋名詞』，『形容詞也有動態的或靜態的表達，讓主角、配角的身、心、靈裝扮得更優美。』我在閱讀國語課時會把形容詞用紅色螢光筆畫出來。有時我覺得作者用得不夠好，我會自己加上一些形容詞。」

　　洪奕銘說：「『通順』我會用八種關聯詞，考慮句子的連接通不通順，就是老師說的秘密武器：『關聯詞 if ab ㄅ』。啊！我們練習的作業單啦！」

　　黃老師讓侯逸琳和郭芝均一起補充說：「『具體』我們會注意大三毛和小三毛轉換的『八感作文技巧：看、聽、做、感、想、觸、嗅、味。』也有注意外在描寫和內在描寫的轉換。另外我們常用修辭學的譬喻法來幫助描寫的具體化。」

　　林諭名說：「修辭學的類疊法，可以幫助句子富有節奏的音樂感覺。我們用過的疊字詞、重複三次的排比法都是。押韻也有節奏感，我在唐詩中有注意到。」

　　曾長晉說：「修辭學轉化法的擬人法，也是用來幫助主角的具體行為。」

　　蔡振璨說：「修辭學的『示現法』，是讓讀者看得見現場、人物行動。」

　　黃老師整理著侯逸琳、郭芝均、曾長晉、蔡振璨四位的說法後，說著：「描寫的具體化是讀者想看見的。作者選擇某些部分的不具體化，往往是要讀者去推論、猜想作者用意的隱藏手法，這更是高層次的寫作技巧思考了，容我們以後分析作品時再說明。」他順著問孩子們的經驗學習，他問：「比較你現在寫作課的新經驗學習過程和你以前的學習舊經驗，兩者有何不同？並說一說你的感覺？」

　　「我比較清楚自我評量的項目。」趙怡鈵說。

　　「我可以根據一些標準來修改我的作文。而且我知道那裡還可以努力的，以前只是被稱讚說：『很好！很棒！』但是我現在知道很具體的『文詞通順優美！』的意思是我在寫作中注意使用了那一個寫作技巧。我成長了，覺得很愉快。」江敬賓說。

　　「以前同學會說：『你寫得不錯！』我也不知道那裡不錯，現在知道同學只要在文章中看見八感作文具體描寫和形容詞的技巧，他們都會說：『寫得太好了！』沒有人可以指出我的優點和問題，現在都被老師指點得清清楚楚的，每一次上課都是對我的挑戰，我很謝謝老師，你很強！用詞準確度較高，自我評量的要求也讓我們不會不知道何去何從。」侯逸琳說著。

　　「其實修辭學是從人類日常生活中的表情達意歸納出來的。歸納後的技巧成為我們可以控制的技巧。只是身為讀者的我們，在閱讀中很少停下來思索，為什麼這一段我讀起來的感覺，覺得美？而另一段我讀起來覺得生動？在另一段讀起來就覺得身歷其境的具體感？我們忘了，這裡頭的不同感受，一定有修辭學的技巧，在暗中幫助寫作者書寫，以引起我們的共鳴。」他把侯逸琳的寫作簡單的舉出例子：

〈月光森林〉

還記得嗎？（設問）那天，尋著蜿蜒的（形容詞）小路（動作），來到遠離城市的（形容詞）森林（動作），只為了躲避酷熱的（形容詞）大太陽（想），卻出乎意料的（轉折句），發現了一個鳥語花香的（形容詞）世外桃源（摹視覺——看），圍繞在夏蟬的吟繞之中（摹聽覺——聽），伴著微風吹拂（動作），連心情都開闊起來了（內在描寫）。

我們往裡面走（動作），卻發現種子在天空飄浮著（摹視覺——看），彷彿就像下雪一般（譬喻），在我身旁，在他們身旁，在大樹和小花、小草身旁，（排比）大家都好高興（表情），因為他們都這麼歡迎我們（動作）。

如果是這樣閱讀，我們即在有意識地「閱讀作者的書寫方式」，也就是閱讀作者的寫作技巧，我們除了在閱讀內容豐富我們的思想之外，也在閱讀中分析出可以應用的寫作技巧。閱讀很多作品可以幫助寫作，是因為閱讀者注意到閱讀的另一個閱讀角度，「閱讀作者的寫作技巧」。

12.

下一堂課前，黃老師發了這次上課的筆記單。他拿著童詩作家楊喚的作品「夏夜」，請孩子們對照「造句子統整儲備表」，檢驗楊喚的句子使用能力，那一些技巧是他使用最多的，黃老師說：「這也是楊喚的寫作風格。你不但注意到了他的寫作風格，你也在思考要不要運用他的寫作技巧，應用在你的寫作上。」

〈夏夜〉 作者：楊喚

1. 蝴蝶和蜜蜂們帶著花朵的蜜糖回來了，

2. 羊隊和牛群告別了田野回家了，

3. 火紅的太陽也滾著火輪子回家了，

4. 當街燈亮起來向村莊道過晚安，

5. 夏天的夜就輕輕地來了。

6. 來了！來了！

7. 從山坡上輕輕地爬下來了。

8. 來了！來了！

9. 從椰子樹梢輕輕地爬下來了。

10. 撒了滿天的珍珠和一枚又大又亮的銀幣。

11. 美麗的夏夜呀！

12. 涼爽的夏夜呀！

13. 小雞和小鴨們關在欄裡睡了。

14. 聽完了老祖母的故事，

15. 小弟弟和小妹妹也闔上眼睛走向夢鄉了。

16. （小妹妹夢見她變成蝴蝶在大花園裡忽東忽西地飛，小弟弟夢見

17. 他變做一條魚在藍色的大海裡游水。）

18. 睡了，都睡了，

19. 朦朧地，山巒靜靜地睡了！

20. 朦朧地，田野靜靜地睡了！

21. 只有窗外瓜架上的南瓜還醒著，

22. 伸長了藤蔓輕輕地往屋頂上爬。

23. 只有綠色的小河還醒著，

24. 低聲地歌唱著溜過彎彎的小橋。

25. 只有夜風還醒著，

26. 從竹林裡跑出來，

27. 跟著提燈的螢火蟲，

28. 在美麗的夏夜裡愉快地旅行。

　　孩子們這下開眼界了，可以檢驗作家的優點和缺點。大家一起找著、畫著重點、討論著。有孩子已經克制不了興奮的心情了，他拿來文章，上面橘色的螢光筆佈滿文章的角落，江敬賓說：「他的類疊、排比法用得這麼多，他喜歡重複的表現動作或心情。」

　　「對了！這是秘密。」黃老師看著，在他耳邊私語。

　　「他整篇都是使用擬人法來寫作，這樣讓人覺得很具體。還有他的形容詞用得很多，所以情感上的表現很優美。」顏承譯說。

　　「對了！這是秘密。」黃老師看著他不同顏色的彩畫，在他耳邊私語著。

　　「他在動詞和形容詞的地方，都有使用類疊法。讓我讀起來有節奏感。」蔡振璨說著。

　　「對了！這是秘密。」黃老師說。

　　「他很喜歡用感嘆詞和驚嘆號。情感直接表現出來，很直接。」林諭名特別在標點符號做顏色。

　　「對了！這是秘密。」黃老師說。

　　他說著：「花十分鐘的時間，和旁邊的同學分享你發現的天大秘密！」孩子們聚頭談著，聊天時有一個主題「破解作家的秘密基地。」放學前他並說著下一次要開始教閱讀課的「摘取綱要」與「摘取大意」。到時候這一課「夏夜」還會出現，小心它出現的時刻，你會用感嘆詞或呼告法說出：「啊！」、「天啊！」、「主啊！」

9/5〈寫作技巧統整〉　初級 8

一、造句正確：（主詞＋述詞。）

①主角＋怎麼樣。
②主角＋怎麼樣，＋結果。
③主角＋怎麼樣，＋又怎麼樣，＋結果。

二、造句子統整儲備表：

造句子能力									
結構與修辭	正確	通順	具體		優美	生動	音樂節奏感	富有情感	
結構與修辭	（主詞＋述詞。）①主角＋怎麼樣。②主角＋怎麼樣，＋結果。③主角＋怎麼樣，＋又怎麼樣，＋結果。	關聯詞 ①轉折	摹寫（外在描寫）	①摹視覺（看）	①形容詞＋名詞	①副詞＋動詞	①類疊	摹寫（內在描寫）	①感覺
		②條件	摹寫（外在描寫）	②摹聽覺（聽）	①形容詞＋名詞	①副詞＋動詞	②排比	摹寫（內在描寫）	②想法
		③因果	摹寫（外在描寫）	③摹表情、動作（做）	①形容詞＋名詞	①副詞＋動詞	③押韻	摹寫（內在描寫）	③形容詞＋名詞
		④遞進	摹寫（外在描寫）	④摹觸覺（觸）	①形容詞＋名詞	①副詞＋動詞	④對偶	摹寫（內在描寫）	④感嘆
		⑤並列	摹寫（外在描寫）	⑤摹嗅覺（嗅）	①形容詞＋名詞	①副詞＋動詞		摹寫（內在描寫）	⑤呼告
		⑥假設	摹寫（外在描寫）	⑥摹味覺（味）	①形容詞＋名詞	①副詞＋動詞			
		⑦選擇	轉化	⑦擬人法	②副詞＋形容詞＋名詞	①副詞＋動詞			
		⑧目的	譬喻	⑧譬喻法	②副詞＋形容詞＋名詞	②副詞＋形容詞＋名詞			
			示現	⑨示現法	②副詞＋形容詞＋名詞	②副詞＋形容詞＋名詞			

第六章　摘取大意閱讀課

1.

上課時，黃老師請孩子們翻開初級班教材第四頁記敘文（故事文章類型），指定大夥兒閱讀著「樹的醫生」。

曾長晉真想笑出聲音來，說：「這麼短的文章。哈！太小看我們了！」他還是認真地閱讀著：

〈樹的醫生〉

1 啄木鳥飛到樹林裡，停在一棵樹上。他看見這棵樹的樹葉，有些變得又黃又乾。啄木鳥想，這棵樹也許有病了，他要給樹治一治病。

2 啄木鳥先用抓住樹幹，再用長嘴在樹幹上，東敲敲西敲敲。他的樣子，就像醫生給人看病。他敲到一個地方，發現聲音不同，知道裡面有了蟲子。他就把樹幹啄開一個洞，從樹洞裡拉出蟲子來吃了。

3 啄木鳥把蟲子吃了以後，沒過多久，這棵樹就長出新的葉子來。啄木鳥真是樹的好醫生啊！

黃老師說：「這一天我們要和大家一起研究摘取大意。」他請孩子指著第一段閱讀後，說出第一段的段落大意。

江敬賓說著：「啄木鳥飛到樹林裡，他看見樹的樹葉，變得又黃又乾。他想，這棵樹也許有病，他要幫這棵樹治一治病。」

黃老師說：「這樣子的段落大意太長了，好像在念一遍課文給老師聽。可不可以長句縮短？」

　　黃老師提示著：「應用造句子的句子結構方法，先找出主角，再問自己：『主角怎麼樣了？』、『結果呢？』試試看──『把它串成一句通順的句子，這樣就成了摘取段落大意了。』」黃老師還笑著說：「像摘取水果一樣，我要的是這一段都是在說什麼的重點。不是重點的果樹枝葉就不要給我了。」

　　陳諺元很確定地說：「主角是：『啄木鳥。』」

　　曾長晉說著：「結果是：『啄木鳥幫樹治病。』」

　　郭芝均補充著：「啄木鳥他看見樹好像生病了，他要幫它治一治。」她把段落大意整個說完，既簡單又明白，大家對她叫好著，誇她真厲害，用了譬喻法來幫助說出大意。

　　黃老師指著怎麼樣的地方是：「他看見樹好像生病了。」他還說：「結果是用『他要幫它治一治。』或是『他要幫樹治病。』，那一個結果表達得較為精準？」

　　孩子們唸了幾次後，共同決定以「啄木鳥他看見樹好像病了，他要幫樹治病。」做為第一段的段落大意。孩子們說：「因為他像個醫生，醫生的重點是幫人治病。」

　　第二段的段落大意，黃老師希望孩子們彷作方才的列問步驟，自己寫出段落大意。遇到困難時，提醒自己回到句子的結構來幫助自己檢視，或是和同學討論如何修正成最簡短的段落大意。

　　當黃老師要孩子們給出大意時，陳諺元說：「老師問我們，我們共同說出來並修正。老師再幫我們寫在白板上。」大家都同意如此操作。黃老師戲耍地說：「啊！將軍！死棋。遵命，來吧！奸詐的小夥子們。」他在課堂氣氛中來來回回應著孩子們的需求，沒忘了掌握一種情緒領導，孩子們也習慣放開自己笑出聲音來。

　　他記下了第二段的段落大意：「啄木鳥像醫生給人看病，他東敲西敲，把樹幹啄開一個洞，拉出蟲子吃了。」這是一個合作與自我學習成長的時代。

隨後黃老師堅持第三段由孩子自己操作。侯逸琳一直在思考著和以前的教室學習經驗不同，她歸納著要如何寫出簡要的段落大意，她問著自己：「第三段都是在說『啄木鳥』怎麼樣了？結果呢？句子不通順時，要如何使用關聯詞幫助句子的承轉順暢。」後來她寫著：「啄木鳥把蟲子吃了，樹就長出新葉子，他真是樹的好醫生。」

郭芝均寫著：「啄木鳥吃了蟲子，他真是樹的好醫生。」

顏承譯寫著：「啄木鳥吃了蟲子後，樹又長出新葉子，他真是樹的好醫生。」

黃老師請孩子們注意關聯詞，注意掌握的段落發展重點，他問：「『啊！』這感嘆詞是不是文章的一個重點？『樹長出新葉子』重要嗎？代表什麼意思？」經過這樣的反問，孩子們共同以「啄木鳥把蟲子吃了後，樹又長出新葉子來，他真是樹的好醫生啊！」做為第三段的段落大意。

黃老師把這三段的段落大意，以一個故事體文章結構的表格呈現紀錄結果：

原因段，段落大意	經過情形段，段落大意	結果段，段落大意
啄木鳥他看見樹好像病了，他要幫樹治病。	啄木鳥像醫生給人看病，他東敲西敲，把樹幹啄開一個洞拉出蟲子吃了。	啄木鳥把蟲子吃了後，樹又長出新葉子來，他真是樹的好醫生啊！

2.

接著下來黃老師把這三段的段落大意，展開抄在白板上。這成了一篇三段的短文，他請孩子唸一唸這摘取的短文：

> 啄木鳥他看見樹好像病了，他要幫樹治病。
>
> 啄木鳥像醫生給人看病，他東敲西敲，把樹幹啄開一個洞拉出蟲子吃了。
>
> 啄木鳥把蟲子吃了後，樹又長出新葉子來，他真是樹的好醫生啊！

他問著：「如何寫出這短文的大意？」

江敬賓說了：「可以使用摘取段落大意的方法。」

黃老師說：「一樣的技能目標是可以類化學習的。而這是一篇摘取全課大意，我會使用篇的文章結構列問自己：『這一篇文章的原因是什麼？』、『這一篇文章的經過情形怎麼樣了？』、『這一篇文章的結果是什麼？』當然啦！文章中的主角先找出來後，開始進行摘取全課大意。請共同討論刪改，還是我來紀錄。」

最後的全課大意定案是：

> 啄木鳥看見樹生病了。他像醫生給人看病，東敲西敲，把樹幹啄開一個洞拉出蟲子吃了。後來樹又長出新葉子來，他真是樹的好醫生啊！

黃老師把整篇文章基架和全課大意、段落大意，用概念階層表的設計呈現出來，讓這小班的孩子清楚地知道，這是黃老師說的：「金字塔」讀書方法。

他說：「人類的知識學習是從歸納法開始的，當生活問題和知識多時，我們會自動化地開始分類、歸納出一些不同的知識類別，這是由下而上的知識學習方式。等到應用知識的時刻，我們在腦中先會出現知識架構表，由上而下的階層思考出知識細目，這是演繹法。比如說：故事體的文章結構，都有一個固定的共同模式，這是學者研究、歸納出來的『原因段落』、『經過情形段落』、『結果段落』。當黃老師拿到故事體文章時，我的腦子開始出現這結構，用

演繹法先把故事體文章的自然段落分類，區分出意義段落。使用結構來幫助自己閱讀、思考、寫作、檢核、判斷。」

曾長晉恍然大悟地說：「你也沒有很強嗎？原來從句子的結構開始，到摘取大意，你都是用歸納法和演繹法跑來跑去，用方法來幫助自己？」

「哈！被發現了。真不好意思！這像你在電腦中建立資料夾，為資料夾命名的過程一樣。」黃老師搔搔自己的髮稍，說著。他並指導孩子注意應用結構表，說：「這是教你們自己去釣魚的方法。初步『瀏覽閱讀』時就已完成分出架構、就已完成說出大意。」孩子們心服口服地看著一起努力的架構表。

3.

樹的醫生　作者：林海音台灣知名前輩作家　發表於國立編譯館國小舊教材
(一.) 啄木鳥飛到樹林裡，停在一棵樹上。他看見這棵樹的樹葉，有些變得又黃又乾。啄木鳥想，這棵樹也許有病了，他要給樹治一治病。
(二.) 啄木鳥先用爪子抓住樹幹，再用長嘴在樹幹上東敲敲西敲敲。他的樣子，就像醫生給人看病。他敲到一個地方，發現聲音不同，知道裡面有了蟲子。他就把樹幹啄開一個洞，從樹洞中拉出蟲子來吃了。
(三.) 啄木鳥把蟲子吃了以後，沒過多久，這棵樹就長出新的葉子來。啄木鳥真是樹的好醫生啊！
〈樹的醫生〉全課大意（這一課都是在說什麼？）一句話：主角＋怎麼樣，＋又怎麼樣，＋結果。
啄木鳥看見樹生病了。他像醫生給人看病，東敲西敲，把樹幹啄開一個洞拉出蟲子吃了。後來樹又長出新葉子來，他真是樹的好醫生啊！

原因段	經過情形段	結果段
啄木鳥他看見樹好像病了，他要幫樹治病。	啄木鳥像醫生給人看病，他東敲西敲，把樹幹啄開一個洞拉出蟲子，把牠吃了。	啄木鳥把蟲子吃了，樹又長出新葉子來，他真是樹的好醫生啊！

4.

黃老師繼續講述著：「你們國語習作上，不是有寫出綱要、寫出段落大意、寫出全課大意嗎？那綱要和大意的區別在那裡呢？綱要是『作者在寫什麼事件？』只要呈現事件即可，不用摘取細節的重點。這也是作者在寫作前的綱要思考，作者要寫些什麼事件？接下來才是作者考慮要怎麼寫的技巧？老師把綱要掛在『金字塔』的架構中。」他說完就開始加入格式，寫上綱要。

第一段綱要	第二段綱要	第三段綱要
啄木鳥要幫樹治病	啄木鳥幫樹治病的過程。	啄木鳥是樹的好醫生
原因段	經過情形段	結果段
啄木鳥他看見樹好像病了，他要幫樹治病。	啄木鳥像醫生給人看病，他東敲西敲，把樹幹啄開一個洞拉出蟲子，把牠吃了。	啄木鳥把蟲子吃了，樹又長出新葉子來，他真是樹的好醫生啊！

「早說嗎？害我寫習作都要看自修解答。老師說我寫錯了，我也不知道錯在那裡？真白痴！」曾長晉又發表他幽默的想法。黃老師看著他，他轉口說：「真白痴！是說我啦！」黃老師也來一段：「該說：『真白痴！是說我──們啦！』」

黃老師預告下一次的閱讀課是評量摘取大意練習。他說從短篇到中篇的國語課本，再到長篇的散文各二篇。這六篇都通過時，代表你摘取大意的能力和技能目標已經具備了。祝福各位！下課！

5.

上課前，孩子們先閱讀上一次閱讀課的上課筆記單。黃老師把「筆記單」和「樹的醫生金字塔結構表」一起發下，孩子們複習著

這功課，待會兒即是摘取大意評量測驗了。黃老師示意可以和同學一起複習討論，評量時是不可以參考資料的。

0829〈摘取大意──以『樹的醫生』為例子〉 初級 7

一、摘取段落大意：（這一段都是在說什麼？）

1. 段落大意：（這一段都是在說什麼？）
2. 技巧提問：
  ① 主角是誰？（啄木鳥。）
  ② 主角怎麼樣了？（他看見樹好像病了，）
  ③ 結果？（他要幫樹治病。）
  ④ 串成段落大意：（啄木鳥他看見樹好像病了，他要幫樹治病。）

二、摘取全課大意：（這一篇文章都是在說什麼？）

1. 全課大意：（這一篇文章都是在說什麼？）
2. 技巧提問：
  ① 主角的原因是什麼？（啄木鳥看見樹生病了。）
  ② 經過情形怎麼樣？ （他像醫生給人看病，東敲西敲，把樹幹啄開一個洞拉出蟲子吃了。）
  ③ 結果？（後來樹又長出新葉子來，他真是樹的好醫生啊！）
  ④ 串成大意： （啄木鳥看見樹生病了。他像醫生給人看病，東敲西敲，把樹幹啄開一個洞拉出蟲子吃了。後來樹又長出新葉子來，他真是樹的好醫生啊！）

三、文章綱要：（作者都是在寫什麼事件）

1. 列出綱要：（作者都是在寫什麼事件）
2. 技巧提問：
  ① 第一段作者在寫什麼事件？（啄木鳥要幫樹治病）

　② 第二段作者在寫什麼事件？（啄木鳥幫樹治病的過程。）
　③ 第三段作者在寫什麼事件？（啄木鳥是樹的好醫生）

四、「金字塔」文章基架表：（參考前表樹的醫生結構表）

6.

　　林諭名看著評量試卷就已先書寫全課大意。黃老師要他從段落大意開始由下往上歸納，因此林諭名擦掉鉛筆字跡重新開始。黃老師說：「碰到困難的時候，可以翻開筆記單和樹的醫生金字塔讀書法架構表彷作。」

2.〈說葡萄酸的狐狸〉（作者：伊索。古代希臘寓言作家，資料來源：伊索寓言）
狐狸發現了一棵葡萄樹。 　　樹上長滿了一串串香甜、美味的葡萄。狐狸看著葡萄，禁不住用舌頭舔著嘴唇，心想： 　　「哇啊！是好食物哩！」 　　狐狸向上跳了幾次，總是搆不到，試了好幾次還是吃不到。 　　松鼠、兔子及小熊在旁邊嗤嗤地竊笑著。 　　「哼！這些葡萄還很酸，不能吃啊！」 　　狐狸不認輸地說著。然後垂頭喪氣地回家了。 　　大家都忍不住地捧腹大笑。
〈說葡萄酸的狐狸〉全課大意（這一課都是在說什麼？）一句話：主角＋怎麼樣，＋又怎麼樣，＋結果。

原因段落綱要（首）	經過情形段落綱要（中）	結果段落綱要（尾）
原因段落大意（首）	經過情形段落大意（中）	結果段落大意（尾）

　　侯逸琳先在文章的原因段上畫線，畫出主角「狐狸」和「發現」、「葡萄樹」、「美味的葡萄」。她在原因段，段落大意格中寫上：「狐狸發現了一棵美味的葡萄樹。」

　　黃老師看著提醒她：「只有主角、怎麼樣，妳少了結果句。會扣三分，小心。對照文章，再問問自己這一篇文章的『原因』是——」

　　郭芝均寫著：「狐狸心裡想吃葡萄。」

　　黃老師看著說：「侯逸琳寫出原因段的主角、怎麼樣。而郭芝均寫出原因段落的結果。這兩個人合作的話，用一句簡短的語句串起來就成功了。」

　　侯逸琳修改之後寫著：「狐狸發現葡萄樹，樹上長滿了葡萄，狐狸很想吃。」

　　「通過。」黃老師恭喜她後，說著：「段落大意的結果，是很重要的文章重點不要漏列了。」他點點頭，笑著回到座位上工作。

綱要
狐狸想吃葡萄
原因段
狐狸發現葡萄樹，樹上長滿了葡萄，狐狸很想吃。

　　游亦傑拿著他的經過情形段落給老師檢查，他寫著：「狐狸總是吃不到葡萄。」

　　黃老師說：「你少了『怎麼樣』。『怎麼樣』是段落中的過程（推展句），少了就不完整了。會扣五分，真可惜啊！」

　　洪奕銘寫著：「狐狸搆不到、吃不到葡萄就回家了。」

　　「他省略了重要的過程和文章中的重點字詞，『動物竊笑；葡萄還很酸不能吃；不認輸；垂頭喪氣』這是文章經過的重要訊息字詞。」黃老師在大家面前，以洪奕銘為例子，表演著狐狸生氣、不認輸的氣憤、垂頭喪氣的低頭，把主角人物的現場表演著活生活化。他說：「少了這一些字詞，大意就彰顯不出來了。」

　　其他同學聽老師這一提醒，倒是更注意寫段落大意的完整結構、重點字詞的表情達意了。江敬賓來來回回地翻閱上一次的結構表研究著。

　　幾分鐘後，侯逸琳交上了經過情形大段的綱要、大意：

綱要
狐狸說：「葡萄酸、不認輸」。
經過情形段
狐狸跳了幾次，還是搆不到，牠們取笑著。狐狸說：「葡萄還很酸不能吃。」狐狸不認輸，垂頭喪氣地回家了。

　　黃老師在白板上呈現她的大意，說著：「這樣就通過了。」

綱要
動物們都取笑狐狸
結果段
大家都捧腹大笑。

最後侯逸琳把三大段的段落大意看一遍，問著自己，「全課大意都是在說什麼？有原因段重點嗎？有經過段重點嗎？有結果段重點嗎？」她寫出了全課大意：

〈說葡萄酸的狐狸〉全課大意（這一課都是在說什麼？）一句話：主角＋怎麼樣，＋又怎麼樣，＋結果。

狐狸發現葡萄樹，牠跳了幾次，還是搆不到，牠們竊笑狐狸。狐狸說：「葡萄還很酸不能吃。」牠不認輸，垂頭喪氣地回家了。惹得大家都捧腹大笑。

黃老師重新抄錄一遍她的全課大意，把段落的完整性也用括號標示出來，讓全班孩子更清楚摘取大意的思考步驟和注意的細節訊息：

> 狐狸發現葡萄樹（**原因段**），牠跳了幾次，還是搆不到，牠們竊笑狐狸（**經過段一**）。狐狸說：「葡萄還很酸不能吃。」牠不認輸，垂頭喪氣地回家了（**經過段二**）。惹得大家都捧腹大笑（**結果段**）。

7.

放學前，黃老師說著：「這要辛苦一段時間，開學後的國語課中，自己要在每一課偷偷地練習摘取大意。一個月後，老師要發課外文章，評量你的摘取大意能力進展得如何了？未來的高手們！再見了！下課！」

江敬賓拿好書包走向老師問著：「如果，我沒有辦法做高手，那怎麼辦？」

「那就做低手。你這麼有創造力的人，願意做低手嗎？」黃老師回著話。

江敬賓快樂地跟他說：「我要做高手。那是不可能的。再見。」

郭芝均說：「老師！我今天還可以嗎？」

「那——當然！」

經過兩個星期，一上課黃老師即請大家拿出楊喚的「夏夜」童詩文章，他說著：「我要評量全課大意。時間二十分鐘，要精準的全課大意。」果如他所料，孩子說出呼告修辭：「天啊！我死定了啊！啊——啊——啊——啊！」

「蔡振璨同學和曾長晉同學，我知道你們兩位天真、活潑、又可『惡』！這時不要呼告加類疊，這樣的修辭法很恐怖，我會呼告：『萬能的天神啊！K 他們吧！』」黃老師笑著對孩子們笑鬧。他開始等著孩子送到眼前的禮物。

> 「夏夜要回家，動物也要回家了，人們睡了，有人醒了，南瓜、小河和夜風還醒著，，在美麗的夏夜裡愉快地旅行。」（顏承譯）

> 「作者在說夏夜要回家了，動物們要回家了，人也要睡了，有人醒了，南瓜、小河和夜風、螢火蟲醒著，在美麗的夏夜裡愉快地旅行。」（林諭名）

> 「大家都回家了，只有夏天輕輕的來了。大家都睡著了，就只有南瓜、小河和夜風、螢火蟲還在夏夜愉快地旅行。」（劉甄荃）

> 「大家都回到了各自的家，美麗涼爽的夏夜來了！大家都進入自己的夢鄉。可是只有風、螢火蟲沒進入自己的夢鄉，它們正在愉快的旅行。」（曾長晉）

> 「蝴蝶、蜜蜂、羊隊、牛群和太陽都回家了，美麗的夏夜呀！涼爽的夏夜呀！在美麗的夏夜裡愉快地旅行。」（游亦傑）

> 「大家都回家了，夏天的夜就輕輕的來了。大家都睡著了，小弟弟小妹妹夢見他們自己喜歡的昆蟲和動物，還有許多東西醒著，在夏夜愉快的旅行。」（蔡振璨）

　　「夏天的夜晚輕輕地來臨了，許多動物都要回家睡覺
了，只有南瓜、小河、風兒和螢火蟲創造一個完美的夏夜，
並且在夏夜裡愉快的旅行。」（郭芝均）

　　「天色晚了，動物們也慢慢的回家，夏天的夜來了。美
麗涼爽的夏夜，朦朧的山巒、田野睡了，只有南瓜、小河和
夜風醒著，在夏夜愉快的旅行。」（江敬賓）

　　幾個同學都已先通過考驗，不斷地問自己：「這一篇文章都是
在說什麼？」還真的有點兒累人。黃老師提醒著同學，說：「少了
結果句，像是一個人少了腦袋一樣，認不出你是誰。認不出主要的
全課重點在那兒？下課，掰──掰！」

第七章　作者空間安排的順序

1.

　　早上老師先說著楊喚先生「夏夜」的全課大意，大家都通過了測驗。今天再測驗一次，這篇八百字散文「湖濱散記」的全課大意。這樣由短篇的基模建立，到長篇的訓練練習，孩子可以有處理大量資料的能力。一上課，孩子拿到文章閱讀著：

〈第四課　湖濱散記〉　五上康軒版　馮輝岳改寫

　　我喜歡華爾騰湖，也喜歡湖畔的森林和山崗。華爾騰湖的景色很美，蜿蜒的湖岸，成了森林最柔美的界線。周遭的樹，因為有足夠的空間，紛紛向湖邊伸展粗壯的手臂──它們也喜歡華爾騰湖。這裡人煙稀少，湖水輕拍著湖岸，好像千百年來都是這樣。一八四五年，我在湖畔搭了一棟小木屋，住了下來。這是我一生中最美好的時光。

　　在一個靜謐的午後，我划著小船沿湖岸前行。就在前方，我瞥見一隻潛鳥從岸邊游向湖心，發出粗獷的「笑聲」，我連忙向牠划去，牠也隨即潛下水去。可是，一會兒，牠卻在離我更近的地方浮上來，一看見我，立刻又沒入水中。當牠再度浮起時，彼此的距離約有一百公尺遠，牠又在那邊大聲的「笑」了起來。每次浮出水面，牠都先轉頭看看前後左右，似乎還在選擇下次潛行的方向，好躲開我的視線，我也動腦猜牠會怎麼走。有一次，牠把我引誘到湖中央，自己卻從遠遠的地方浮上來，這似乎讓牠很得意，狂野的笑聲不時迴盪在湖的四周，我才知道自己又上當了。就這樣，我在水

上，牠在水裡，一個人和一隻鳥，在湖上玩著這種遊戲，實在很有趣。

每當暖和的夜晚，月亮倒映在湖心，我常常坐在船裡吹笛。夜晚的湖，是一首溫柔的詩歌，我用笛聲來伴奏。有時候，我在午夜划著小船去釣魚，樹林裡，除了夜鷹和狐狸的淺唱，還有許多鳥兒在附近發出細微的啁啾。把船停在四十多公尺深的湖心，幾千條游魚環繞著我，月光下，魚兒在水面激起的波紋，清晰的浮現眼前。我用一條長長的魚線，探索潛在四十多公尺深的魚兒。偶爾，魚線那端傳來輕微的顫動，顯示釣餌附近有許多魚兒徘徊。不久，我慢慢的收線，再慢慢的提起，一條鯰魚就被釣上來了。當我優游於無邊無際的幻想時，忽然被手邊傳來的顫動，重新拉回湖面，在黑夜裡，那種感受的確非常奇妙。

我在湖濱散步、沉思、寫作。魚、鳥兒和森林裡的小動物，都跟我一樣喜歡這個湖，我一點兒也不寂寞。湖濱永遠那麼寧靜，湖水永遠那麼清澈。華爾騰湖不會老，圈圈的漣漪，不曾留下一絲皺紋。

2.

閱讀後，黃老師請孩子注意每段的結論句和全課的結果段落。因為全課大意的書寫重點，往往會在這個地方呈現大意重點。他拿出全課大意單，希望孩子類化這樣的思考格式，應用在所有的大意發表。孩子們一邊歸納著，一邊根據文章架構，來檢查自己的全課大意是否完整。

第四課　湖濱散記	全課大意（這一課都是在說什麼？）

原因段	經過情形段	結果段

①顏承譯：「作者喜歡華爾騰湖，因為有足夠的空間，大樹向湖邊伸展，作者就住在那裡，這是作者最美好的時光。一個靜謐的午後作者划著小船沿湖岸前行，作者瞥見潛鳥游向湖心，一個人和一隻鳥，在湖上玩著遊戲，實在有趣，在黑夜裡那種感受非常奇妙。作者在湖濱散步，魚、鳥兒和森林裡的小動物，跟我一樣喜歡這個湖，華爾騰湖不會老，圈圈的漣漪，不曾留下皺紋。」

②林諭名：「作者喜歡華爾騰湖，所以作者很愛華爾騰湖，他喜歡跟潛鳥玩水，還有笑聲，人和鳥在抓魚這種遊戲。作者用笛聲來叫樹林的動物來陪伴他，作者就釣到鯰魚。樹林裡的動物和作者喜歡華爾騰湖不會老，圈圈的漣漪，不曾留下一絲皺紋。」

③劉甄荃：「作者喜歡華爾騰湖，他在這搭了一棟小木屋，這是他一生中最美好的時光。午後時他划著小船，看到了一隻潛鳥，作者和潛鳥在湖上玩了起來。夜晚時作者常常坐在船裡吹笛，有時候他划著小船去釣魚，還釣到了一條鯰魚，在黑夜裡的確非常奇妙。華爾騰湖不會老，湖水也那麼的清澈，不會留下一絲皺紋，作者一點都不寂寞。」

④曾長晉：「作者喜歡華爾騰湖，所以就住在那兒，這是他一生中最美的時光。他還跟一隻水鳥玩起來了，水鳥一直潛入水中，離開作者的視線，在水中玩遊戲，實在有趣。每當夜晚作者都坐在船上吹笛，幾千條魚在船下游來游去

呢！當作者優游於無際幻想傳來的顫動。他在沉思，湖一點都不會老，圈圈的漣漪，不曾留下一絲皺紋。」

⑤游亦傑：「作者喜歡華爾騰湖，就在那裡住了下來。作者在一個靜謐的午後划著小船，瞥見一隻潛鳥，然後他覺得和鳥玩著，作者在水上，牠在水裡，很有趣。他在午夜划著小船去釣魚，幾千條游魚繞著他。他在湖濱散步、沉思、寫作，覺得湖水永遠那麼清澈，華爾騰湖不會老。」

⑥蔡振璨：「作者喜歡華爾騰湖，在那裡住了下來。他在一個午後划著小船，看到一隻鳥，還跟小鳥玩。作者在夜晚坐船吹笛，有很多動物都在他身旁徘徊唱歌，他覺得大家都喜歡這個湖。華爾騰湖永遠很安靜，湖水清澈，他永遠不會留下皺紋。」

⑦郭芝均：「作者很喜歡華爾騰湖，並在那裡住了下來，這是他最美好的時光。在一個午後作者划著船，看到一隻鳥兒的頭一直在水面鑽來鑽去，於是他們就玩著這種遊戲。每到夜晚作者坐在船上吹笛，聽到鳥兒們的叫聲，釣著一條鯰魚，覺得很奇妙。作者在華爾騰湖做了許多事，他覺得這個湖泊不會老，不會留下皺紋。」

⑧江敬賓：「作者喜歡華爾騰湖，華爾騰湖的景色很美，作者在湖畔蓋了小木屋，住了下來。是作者一生中美好的時光。在一個午後作者划著小船前行，一隻潛鳥發出笑聲，玩著躲來躲去的遊戲。夜晚月亮倒映在湖心，夜晚的湖是詩歌，作者有時候會去釣魚，還有鳥發出啁啾的聲音，幾千條魚圍著作者。不久作者慢慢的收線，一條魚上勾了，重新拉回湖面，那種感覺很奇妙。小動物和作者喜歡華爾騰湖，它永遠寧靜、清澈，不會留下皺紋。」

⑨洪奕銘：「作者喜歡華爾騰湖和湖畔，那個景色很美，他就在那裡住了下來，這是作者最美好的時光。在一個午後

他划著小船前行，看見一隻潛鳥。作者就在水上和牠玩遊戲，實在很有趣。每當夜晚作者常在船裡吹笛，聽森林裡的聲音，看月光、魚兒在水面激起波紋。作者在湖濱散步，鳥兒和森林裡的小動物都跟他一樣，喜歡這個湖。湖濱永遠年輕，華爾騰湖不會老，圈圈的漣漪，不曾留下一絲皺紋。」

他收了測驗單，唸著每一個孩子的書寫結果，說著：「都是可以通過的。有的寫得較少的同學，是因為把長句更加縮短的歸納。而寫得較多的同學，是因為長句保留著細節重點訊息。這二者老師都是要佩服的。今天我們要上作者寫作時的『空間安排』順序。」

3.

黃老師把第一段條列出五個句子：

1-① 我喜歡華爾騰湖，也喜歡湖畔的森林和山崗。

1-② 華爾騰湖的景色很美，蜿蜒的湖岸，成了森林最柔美的界線。

1-③ 周遭的樹，因為有足夠的空間，紛紛向湖邊伸展粗壯的手臂──它們也喜歡華爾騰湖。

1-④ 這裡人煙稀少，湖水輕拍著湖岸，好像千百年來都是這樣。

1-⑤ 一八四五年，我在湖畔搭了一棟小木屋，住了下來。這是我一生中最美好的時光。

他從第一句開始畫圖，第 1-① 句是廣角鏡頭拍攝的全景圖，安排著下（華爾騰湖）、中（森林）、上（山崗）的空間安排。他畫起簡要的全景圖形，一個湖、樹木、山排列著。

　　第 1-②句是特寫鏡頭拍攝的分鏡圖一，安排著近（湖岸）到遠（界線）的空間，他在華爾騰湖簡易圖旁邊，畫出一條由近到遠到更遠的湖岸界線。

　　第 1-③句是特寫鏡頭拍攝的分鏡圖二，安排著由外（森林的樹）向內（向湖邊伸展）的空間安排。他在湖岸旁邊再畫出一排密密麻麻的簡易森林。

　　第 1-④句是特寫鏡頭拍攝的分鏡圖三，安排著由內（湖水）向外（輕拍著湖岸）的空間安排。他在湖內先畫出一些波紋，波紋慢慢向外移動，慢慢輕拍著岸邊。

　　第 1-⑤句是特寫鏡頭拍攝的分鏡圖四，安排著湖畔旁邊的森林的木屋（小木屋），再由這外景進入作者內心世界的心景感受（由外而內）。他在森林中畫了一間小屋子。

　　黃老師開始統整著第一段的作者寫作圖，1-①到 1-⑤句全在一個橢圓形的華爾騰湖旁邊勾勒出來，成了一幅鳥瞰圖。他對孩子說：「像一隻飛鳥一樣，俯瞰著底下的景物，這叫鳥瞰圖的讀書方法。我們也由這樣一句一句的分析中，掌握著作者的寫作視點。」

　　他請孩子閉上雙眼，意象第一段的空間安排，意象作者對景物描寫的用詞，注意自己看見這內心想像圖畫的內心感受是如何的？讓自己在文學中徜徉，讓自己在文學中成為一個有感的閱讀者，讓自己在文學中破解作者的腦中思考（作者寫作思考）。

4.

　　第二段的「特寫鏡頭」更加清晰地看到潛鳥和作者的特寫連續動作。

　　2-① 在一個靜謐的午後，我划著小船沿湖岸前行。

　　2-② 就在前方，我瞥見一隻潛鳥從岸邊游向湖心，發出粗獷的「笑聲」，我連忙向牠划去，牠也隨即潛下水去。

2-③ 可是，一會兒，牠卻在離我更近的地方浮上來，一看見我，立刻又沒入水中。

2-④ 當牠再度浮起時，彼此的距離約有一百公尺遠，牠又在那邊大聲的「笑」了起來。

2-⑤ 每次浮出水面，牠都先轉頭看看前後左右，似乎還在選擇下次潛行的方向，好躲開我的視線，我也動腦猜牠會怎麼走。

2-⑥ 有一次，牠把我引誘到湖中央，自己卻從遠遠的地方浮上來，這似乎讓牠很得意，狂野的笑聲不時迴盪在湖的四周，我才知道自己又上當了。

2-⑦ 就這樣，我在水上，牠在水裡，一個人和一隻鳥，在湖上玩著這種遊戲，實在很有趣。

第 2-①句開始「特寫鏡頭作者」，空間安排由近到遠到更遠的湖岸，他在湖岸畫了一個小半圓圈，一艘小船，裡頭做著一個小人物。

第 2-②句「特寫鏡頭潛鳥」，空間安排由外到內「岸邊游向湖心」。空間安排又由外到內的作者「我連忙向牠划去」。

第 2-③、2-④、2-⑤、2-⑥句的「特寫鏡頭」由近（離我更近）到遠（約有一百公尺遠）到更遠（選擇下次潛行的方向）的安排與上（浮上來）、下（又沒入水中）、上（再度浮起）、下（下次潛行）的空間安排，並且在 2-⑤句安排前後左右（先轉頭看看前後左右）的空間安排。黃老師在黑板上畫著小鴨子 1、小鴨子 2、小鴨子 3、小鴨子 4 的特寫鏡頭移動，用虛線連接著小鴨子的連續動作圖，最後引到一個小視點湖中央的內部空間（引誘到湖中央）到外部空間（迴盪在湖的四周）。他依照這個湖的形狀，統整著這一段的空間安排是近、遠、更遠；上、下、上、下；內、外。

第 2-⑦句的「特寫鏡頭」空間安排由上（一個人）、下（一隻鳥）做為結束。和由外景摹寫後，進入作者的內心空間。

5.

第三段的「特寫鏡頭」看到作者的連續動作。

3-① 每當暖和的夜晚，月亮倒映在湖心，我常常坐在船裡吹笛。

3-② 夜晚的湖，是一首溫柔的詩歌，我用笛聲來伴奏。

3-③ 有時候，我在午夜划著小船去釣魚，樹林裡，除了夜鷹和狐狸的淺唱，還有許多鳥兒在附近發出細微的啁啾。

3-④ 把船停在四十多公尺深的湖心，幾千條游魚環繞著我，月光下，魚兒在水面激起的波紋，清晰的浮現眼前。

3-⑤ 我用一條長長的魚線，探索潛在四十多公尺深的魚兒。

3-⑥ 偶爾，魚線那端傳來輕微的顫動，顯示釣餌附近有許多魚兒徘徊。

3-⑦ 不久，我慢慢的收線，再慢慢的提起，一條鯰魚就被釣上來了。

3-⑧ 當我優游於無邊無際的幻想時，忽然被手邊傳來的顫動，重新拉回湖面，在黑夜裡，那種感受的確非常奇妙。

孩子們對於作者的空間安排更熟練了。黃老師要孩子們，自己找出每一句的空間安排。

第 3-① 句內在空間（湖心）。

第 3-② 句廣角鏡頭全景（夜晚的湖）。

第 3-③ 句內在空間（划著小船）、外在空間（樹林裡）。

第 3-④ 句內在空間（湖心）、外在空間（游魚環繞著我）、更外空間（水面激起的波紋）。

第 3-⑤ 句上空間（長長的魚線）、下空間（四十多公尺深的魚兒）。

第 3-⑥句上空間（魚線那端的顫動）、下空間（釣餌附近有許多魚兒徘徊）。

第 3-⑦句下空間（收線）、上空間（提起、釣上來了）。

第 3-⑧句外部空間（無邊無際的幻想時）、內部空間（手邊傳來的顫動）、外部空間（拉回湖面）。

最後的統整圖，黃老師在第二段統整圖，白天的華爾騰湖旁邊，又多畫了一個夜晚的華爾騰湖，以區別、比較兩段的空間安排。孩子們也發現類似的安排技巧是「內、外；上、下；外景、作者內心。」

第四段是作者感受的外景和作者內心世界的心景寫作：

4-①我在湖濱散步、沉思、寫作。作者本身的外景（散步、沉思、寫作）。

4-②魚、鳥兒和森林裡的小動物，都跟我一樣喜歡這個湖，我一點兒也不寂寞。外景（魚、鳥兒和森林裡的小動物）、作者心景（不寂寞）。

4-③湖濱永遠那麼寧靜，湖水永遠那麼清澈。外景（湖濱、湖水）。

4-④華爾騰湖不會老，圈圈的漣漪，不曾留下一絲皺紋。外景（華爾騰湖漣漪）、作者心景（不會老，不曾留下一絲皺紋）。

第二至四段，他們也是這樣，一句一句分析，一句一句畫著圖。第二段的「特寫鏡頭」更加清晰地看到潛鳥的特寫連續動作；第三段的「特寫鏡頭」夜晚的作者在華爾騰湖的連續動作。第四段回到作者整合二、三段的感受、感想。

而且，黃老師提醒著：「作者在每一段的段落結構，都有一個固定的寫作模式。『主題句』和『推展句』是外景摹寫；之後在每段的最後一句『結論句』，寫下作者內心的感受。例如：

第一段：『1-⑤一八四五年，我在湖畔搭了一棟小木屋，住了下來。這是我一生中最美好的時光。』

第二段：『2-⑦就這樣，我在水上，牠在水裡，一個人和一隻鳥，在湖上玩著這種遊戲，實在很有趣。』

第三段：『3-⑧當我優游於無邊無際的幻想時，忽然被手邊傳來的顫動，重新拉回湖面，在黑夜裡，那種感受的確非常奇妙。』

第四段：『4-④華爾騰湖不會老，圈圈的漣漪，不曾留下一絲皺紋。』

這樣的段落寫作結構『主題句』、『推展句』、『結論句』提供了一個典型的安排模式。」

6.

黃老師畫完文章全圖後，他在白板的上方寫著「全課綱要」，他說：「『綱要』是作者要寫什麼事件？『大意』是作者寫出的事件內容細節重點。一個作者的『寫作構思』就是『寫作綱要』的安排。老師把這綱要思考呈現出來，你就可以更簡單地說出，這一課作者的寫作架構是**『華爾騰湖全景』**、**『和潛鳥玩遊戲』**、**『垂釣』**、**『生活的感受』**。」

「老師只呈現事件，也就是說作者寫了那幾個『事件』？」他重覆性地強調一次這重點，並說：「作者才開始在每一個綱要底下做『空間順序的安排』，讓每一位讀者跟著作者安排的順序閱讀，作者的空間安排一定呈現出一種順序，人類觀察景物的習慣性順序。如：『上』、『下』、『左』、『右』、『遠』、『近』、『內』、『外』、『全部』、『部份』這樣的順序。還有另一種順序叫做『時間順序安排』，例如：『白天』、『夜晚』。最後一種稱為『邏輯順序安排』即是合理的推論過程、合理的進展過程、有步驟的推演過程。」

原因段綱要	經過情形段綱要		結果段綱要
作者寫 華爾騰湖全景	作者寫白天在湖中 和潛鳥玩遊戲	作者寫夜晚在湖上 垂釣	作者寫在華爾騰湖 生活的感受

　　黃老師說：「從這樣的分析過程，我們掌握著作者在書寫這一篇文章的寫作藍圖。再用演繹法『鳥瞰著』作者的空間安排技巧，這裡最好的處理方式當然是畫圖，因為記敘文寫景類的文章，通常都是跟著取景地點的空間順序而做安排。

　　最後則是用演繹法『鳥瞰著』作者的摹寫技巧在句子中的表現，以及作者如何掌握著『主詞摹寫』和『作者摹寫（我）的角色轉換。』這一些都是文章探究的『形式探究』中的一部份。

　　至於讀出文章的深意，則需要在文章探究的『內容探究』中談的。

　　老師平常在上課中的『列問』題目，也是根據文章架構：

　　逐步列問『形式探究』的問題。

　　逐步列問『內容探究』的問題。

　　各位同學可先稍為注意，下課。」

　　郭芝均說著：「老師！今天上好多東西喔！腦子快撐破了。再見！」

第八章　我是一個怎樣的老師

坐在風中，聽著最後一首的樂曲

——小五　陳明群

1.

造句和摹寫技巧一直在教室中被師、生口頭敘述著。廣角鏡頭、特寫鏡頭的摹寫練習，黃老師不斷地在國語科文本中停格、放慢鏡頭，讓每一個作家的句子意象，清楚的在教學中形成概念。

他認為現場書寫有如畫家的寫生素描，這會呈現活生生的文字意象。

閱讀也是嘗試著回到作家描繪的心靈圖片中，模擬性地回到現場感知美麗的世界。

郭嘉柔的長句子作業，就是在這練習中，多選擇幾個「主詞」進行「摹寫」而表現出來的：

1. 樹葉＝樹葉，被風輕輕的吹掃下來，漫天飛舞。地上，有著各種顏色的葉子所鋪成的地毯；有滲透著淺黃害羞的紅葉，有散發著青春活力的鮮綠嫩葉，還有乾枯衰老黃葉片，都拼成了多彩多姿的薄地毯，讓人讚美的薄地毯。

2. 三角梅＝操場上，小朋友跑跑跳，每一個小角落，都彌漫著令人精神大振的活力感覺。花架下，桃紅的三角梅，正輕鬆的仰著頭，看著湛藍的天，呼吸著新鮮的空氣，想著今天會有什麼心情？這時，風來到她的身旁，輕輕觸碰她的髮髻，並和她談天說地，使得三角梅小巧的身軀強烈的搖擺，好像隨時會斷，大家才知道，有一天，風這樣過。

3. 大樹＝我仰著頭，讓散漫的頭髮隨風飄逸，茂密的樹葉在我的臉上化為葉影，清晰的印在全身上下。一陣風，輕輕的吹來，柔柔的撫著我的背脊。葉子「沙沙」的伴奏，樹枝的尖頭在我旁邊的位子上方垂下，好像想要把我層層的包裹住，我也很想抱住樹枝在它身上吸吸量少的芬多精，在那兒沉睡一小時。

2.

五年級上學期的作文簿都是 E-mail 傳回文字創作七篇。

1. 廣角鏡頭、特寫鏡頭摹寫『雨』
2. 現在是秋天
3. 我是一個怎樣的老師
4. 友情與愛情主題作文（散文）
5. 情感情詩作文（新詩）
6. 鹿野校外教學
7. 無題比較閱讀寫作

郭嘉柔「細雨綿綿，是今天的天氣」:（第一篇）

早自修，大家都安靜的做自己該做的事，好像正在往人生的夢想邁進。雨下得很大，如同豪雨。所以，窗外的景色就像一張未乾的油畫，很美！但是，卻被打翻的牛奶渲染，不但變得乳白，還顯得更加的朦朧，這是另一種美！我側著頭，呆呆的望著被雲霧繚繞的中央山脈，靜靜的看著雨打到物體，然後又化成的水蓮花；水蓮花是雨絲所造成的，當它打到物體，水蓮花就綻放，一秒後，又化為水，附著在物體上，這是最美的特寫照！

玩著自由落體的雨點，從天國筆直的落下，渴望撞擊到任何東西之後化為水滴，和同伴結合在一起，形成一窪又一

窪的小水窪，就像明鏡，好像想讓做壞事的人看清自己的心，改過向善；好像想讓淚流滿面的小孩，看看自己被淚濕潤的小臉，告訴他：

你微笑的臉兒更好看！

雨的共鳴曲，是世上最美的交響樂；雨的滋潤，是世上最不可缺少的物資；雨創的美景，是最淒涼的景物；雨，是大地最要好的朋友。

郭嘉柔「**現在是秋天，雨過天晴**」：（第二篇）

　　我帶著沉沉的心，走向校園裡茄苳樹的身旁，下雨後所積成的水窪。探出頭，水窪裡除了墨綠清晰的樹影，冰冷灰暗的天空，只有我。我伸出一隻腳，輕輕的在水面上做了一個又一個的連漪，連漪互相撞在一起，構成了藝術的圖片，然後慢慢擴大。

　　頭上的茄苳樹，每一片葉子都把水露鑲在樹葉最尖端的地方，這是它最美麗的飾品。

　　溼潤的風，不斷的輕吹著我，不只吹在我身上，也直直的吹入我的心，那是一種涼涼的、滿溢溫暖的感覺。那種感覺，是會讓人心情大好的感覺！

　　葉子上的水露，一滴一滴的往下掉，掉到水窪裡「咚」的聲音，是最妙、最靜的聲音，是那種可以讓人的心平靜下來的聲音。

　　一顆冰涼的水露，從葉子上偷偷的滑下來，撞到了輕輕微笑，裡面裝滿昔日歡笑的褐色果子，然後，又掉到了我的頭皮上，那種感覺，真的好涼、好涼。

　　眼睛，緊緊的跟著葉子上的水露，水露往下掉，眼珠子也跟著往下跑，之後，露珠掉進水裡，和朋友們結合在一起，他就不再那麼寂寞，向樹上的朋友們招招手，他的朋友也一一往下掉，大家快樂的玩在一起，一起欣賞他們鏡子裡的藍天，一同細看著鑲在藍天上的白雲，那還是他們的家呢！

　　一陣風，一陣溼潤涼爽的風，一陣清新的風，這是秋末的風。這種風，感覺就像輕撫，就像媽媽細膩溫柔的手，關愛的摸著我們的臉頰，摸著我們的皮膚，充滿了愛。

　　天上掛的太陽，慢慢的烤暖大地，水窪裡的水，也慢慢的被他帶上天，水窪的水，應該是這樣想的：這美麗的地方，下次我還要再度光臨！

郭嘉柔「另類怪老師」：（第三篇）

　　有的小朋友，認為上學就像走入地獄一樣，老師上課根本就是自己講自己的，大家就像鴨子聽雷一樣。最後月考時的成績極差，有的人在學校不但被老師罵得狗血淋頭，回家後還吃了一頓父母為他準備的「竹筍炒肉絲」，感覺大家好像都在欺負他一般。到了最後，為了讓人注意他，做了一些別人不敢做的「好事」，長大後，變成了沒有人要他的人。他的一生不但貧窮也充滿了怨恨，成為世上的可憐人。

　　我的老師，他的教法、他的觀念、他的想法，和其他老師有著天壤之別，讓我覺得，我真的非常的幸運，遇到了一個如此另類的怪老師。他的教法和觀念及想法完全和我的爸爸一模一樣，好像在學校的另一個爸爸。

　　「這一節我們來上數學，請大家把數學課本拿出來。」老師神態自若的說著。我彎下腰，雙眼緊盯著數學課本上，那令人不舒服的螢光檸檬黃，抽了出來。這時，老師問了一個非常奇特的問題：「請問小朋友們，有沒有人知道從小學一年級到小學六年級的數學列式怎麼列？請小組討論！」台下，同學們細微的談話聲愈來愈大，有人還激動的說：「為什麼是這樣？那它的道理呢？老師等一下一定又會問為什麼？到時該如何解釋呢？」

　　老師見大家好像還沒找到答案，只好自問自答：「其實只有一個簡單的道理：（　）＋－×÷（　）＝（　），只是數學數字多寡的問題。要不然就是題目要你寫出答案在哪一個（　）。如：低年級的話，題目一定只會問最後一個（　）來當題型；中年級時，題目可能會抽問第一個（　）或者第二個（　）來當題型；高年級時就會跑出前面二個（　）不告訴你，只告訴你它的第三（　）答案。就這麼簡單，沒了！」

哇！原來數學如此簡單！老師竟可把它的精華濃縮到這種程度，實在是非常厲害！

再來是國語，老師也在此教了很多祕招：「小朋友們，記敘文事件的文章結構就是：『原因、經過情形（一）小事件、經過情形（二）小事件、經過情形（三）小事件，結果。』也就是文章基架所謂的首段、中段、尾段，尾段要點出人生思想。還有一向很重要的，就是造句子的基本結構：「主角怎麼樣，又怎麼樣，結果。」這個非常重要。首段通常在講『背景』、『原因』，讓讀者開始拼出心靈圖片——」台下的人有的很專心的聆聽，有的心不在焉，而有的人正在和隔壁的同學聊天、玩耍。

在一天下午，老師請我們去校園，教我們廣角鏡頭及特寫鏡頭，叫我們觀察四周的景物，現場寫作。不管是浮動的樹影，不管是散散的樹葉，還是風的歌聲，都叫我們記起來，因為回教室準備教導大家寫作技巧。回到教室，老師開始講解：「小朋友們，寫作文時，很多重量級作家在寫作時忽略了這一點，那就是八感摹寫：『看、聽、做、感、想、觸、嗅、味』，所以文章的優美感只有到一定的程度，請大家務必留意！如果你們想要吸引讀者，使用類疊是個好方法，因為它會產生節奏！還有啊！你們的空間安排，看看第四課『湖濱散記』，作者的應用——」嗯！原來如此！快快抄下來！我以後的夢想可是個作家呢！

每天上課，老師總是一定會關心的問：「今天，上課都還保持著快樂心情的請舉手！」為什麼那麼關心？因為老師說：「他對我們，就像對他的孩子一樣，所以那麼關心我們的事。」每個人在班上的事，老師也極為清楚。每天的搞笑，老師希望我們快樂，帶著一把老骨頭，賣力的在講台上演出。

郭嘉柔「默默喜歡著你」：（第四篇）

在秋末的一個涼爽下午，我的書桌上和平常一樣：兩支鉛筆，一塊橡皮擦，一支原子筆，及一堆散文、詩稿。時鐘依舊「滴答！滴答！」的響，棉被還是散發著潮溼的味道，地板仍是光滑的、棕色的，沒什麼改變，可是，我在窗邊想什麼？空洞的兩眼，直盯著窗外的牽牛花，那淡淡的粉紫色，溫潤的、柔嫩的花瓣，那到底代表什麼？今天，鳥兒唱的歌為什麼滲著淡淡的淒悲呢？為什麼，這種氣氛是思念的感覺？為什麼？想起以前的同學？我喜歡的人？有嗎？這個空間裡，好像有人想讓我回憶往事，蘊藏著淡淡欣賞的意思，是不是喜歡？直到現在，時間完全沖淡了我對你的感情，我還是感謝你給我的美好回憶。我想告訴他：「我會把你給的回憶，像酒一樣，封在我的心底，釀出最好的酒，再拿出來，讓它成為一級的文章。」

在一個涼爽的早晨，風一陣一陣的吹來，吹入了教室，吹到了同學的身上，吹到了我的身上。「小朋友們，現在請你們打開國語課本，翻到第 38 頁。」女老師的聲音在安靜的教室響起，感覺平靜的水面出現了朵朵漣漪。微微的彎下腰，手指夾著課本，輕輕抽出；取出鉛筆盒，拿出鉛筆；最後，輕輕側著頭，看著他認真的臉龐，清澈的眼眸，細緻的五官，嘴角上殘留下來的微笑。他身上飄逸的黑色上衣，在我眼前舞動，緊緊的抓住了我的視線，我呆住了，直到老師又喚回了我的靈魂。每天每天，他燦爛的笑容，都深深的烙在我的心中，令我失魂落魄；渴望你和我說話，給我一點加油打氣，讓我有時受傷的心，不用獨自回家舔舐傷口；讓我有時失去信心的心，能捕回一點信心，你願意嗎？

在一天早上，我才剛踏入教室，就發現他的眼底，滲著淡淡的哀傷。走過去！我對自己喊。鼓起勇氣，我向他的方

向抬出第一腳，就這樣，一步步的走過去，走到他身旁，問他：「喂！苦瓜臉！你怎麼了啊？吃錯藥了喔？醫生叫你吃白藥丸，你就吃紅的，白目喔？」我刻意用這樣的語氣問他。「哪裡啦？你哪隻眼睛看到我在吃藥？是你吃錯藥吧？吃紅色的藥的人是你啦！」多粗魯的語氣啊！我想；但看見了從他臉上綻出的笑容，我也不再多說，只是微微一笑，掉頭走了；而那一節課，我上得很開心，只是在想，他在傷什麼心？但是，他已經快樂了，這是我的目的，也不必再多問了；他大笑，我就想笑；他哀傷，我就傷心。

一個回眸一個笑，他主動送給我一次，在他瀟灑的臉上。那時，他嘴角上溫柔的微笑，散發著那陽光般的味道，包裹在我的全身，我，呆住了。那永無止盡的溫暖，浸在我的心中，既甜蜜，又溫柔。那時，我有時只覺得，我只能默默喜歡著他，默默的為他放著光芒，靜靜的幫助他，讓他快樂，避開哀傷。每當我倆對視，我只能給他害羞而靦腆的微笑，因為我實在是太害羞了，不敢正面看他還給我的笑容。

台灣欒樹的粉紅的、像氣球的果實飄落到我的窗前，我拾起它，看著它，用心告訴它：「小果實，去告訴鳥兒，不要因為我的想念，讓歌滲透的哀傷。告訴隔壁的牽牛花，我知道她花瓣的含意了，叫愛。」說完，再將果實往外一拋，它乘風飛揚，飛去了我說的地方。

郭嘉柔「**痴迷苦戀著**」：（第五篇）1

　　那般的冰，那般的冷，痴迷的苦戀著……
　　對你的愛，
　　似那絢爛彩霞般熱情，
　　就像玫瑰芬芳般濃郁
　　我只能這樣，默默痴迷的，苦戀著你……
　　戀著你迷人的笑靨，
　　愛著你瀟灑的臉龐，
　　它總是，
　　比花嬌美～

　　你清澈的眸～
　　多麼神似水晶的璀璨──
　　我眸中的光彩早已被它深深的吸引而汲取乾淨，
　　視線還是離不開你，
　　依舊痴迷的愛戀著你
　　我努力的釋放內心的芬芳，
　　只為了
　　你那顆高潔的心、
　　那顆瀟灑的心──
　　只為了你再回頭看一次我，
　　而痴迷的苦戀著你……

老師：我寫了另一篇，因為我對第一次寫的詩沒感覺了！

郭嘉柔「**我們一起坐在鍵盤上，喝下最後一口茶**」:（第五篇）2

我們一起坐在那音符繚繞的琴鍵上，
喝下最後一口茶，
那一口
最甘，也最苦的茶──

請
不要在告別前，
泛出淒悵的淚。
也請你
不要在分離前，
冷漠的叫我走。
請你請你
再對我泛出
最後的一笑。

我們
不再是同甘共苦的
好伴侶。
我們
不再是彼此安慰的
好搭擋。
現在
我們就走自己的路，
今天早已顯示了我倆的終點，
對不起……
我的頭
不再會倚在你的胸膛了。
我的唇

不再會落在你的頰上了。
我的淚
不再會為你哭泣。
請你，
不要再讓眸中的淚
閃爍了

喝下最後一口，又甘又苦的茶，
聽完悲涼的音樂，放心的走吧！

郭嘉柔「溪水山色在鹿野」：（第六篇）

　　陽光到了窗前，金色的光芒灑滿了床上。翠綠的鯉魚山由淡慢慢變深，悅耳的鳥叫聲，鑽入了每一個小角落，不知不覺地一股新的活力占滿了全身。微風柔柔的撫著我，催促著我快點兒去學校，免得遲到。

　　車子緩緩的啟動，第一個印入眼簾的，是那又密又長的綠色隧道，樹葉間一條條光柱，像繁星般的絢麗。一座座的山，由許多的色塊組成。褐色、枯枯的綠色，那是秋天的顏色。紫色霍香薊的淡粉紫，在眼前閃爍；一大串三角梅粉紅色假花瓣，讓人感到無比的亮眼。綿長的卑南溪，似銀綢緞一樣亮麗，和它交會的紅葉溪，被襯托得美麗無比。溪後的山脈是佛陀的頭，它一直都在那兒，靜靜看著。一整片的五節芒，雪白的花絮隨風彎腰，展現了她的婀娜多姿。眼前，溪谷傳出的潺潺水聲，好像告訴我：「快要到了！快要到了！」

　　到達了目的地，那廣大的曠野、廣大的大草原，正頻頻的向我們招手。在草原上，漫無目的得跑呀！跑呀！把煩心的事全都拋到腦後，感覺自在如神仙。跑累了，躺在柔軟的草皮上，看著藍藍的天，讓微風輕輕的吹。

　　要回家了！在車上，我入戲的唱著李泰祥的「告別」，唱得渾然忘我，身邊的同學們也一起唱。到了南京路，輕輕的向朋友「告別」。

郭嘉柔「無題比較閱讀」：（第七篇）

今天早上，老師發了兩張分段形式不同，但內容不變的比較閱讀資料——「無題」。

版一〈無題〉：

> 我愛她，她愛我，我們相愛。我還記得有一天我們坐在松針堆上。一切靜悄悄地，我把她的頭靠在我的心。我們一起休息……

句子如果這樣排列，用這種連貫在一起的方法的話，讓人感覺好像是在寫散文或者造句子，感覺不到詩的優美。大家一定會在這裡產生一個疑問，分段到底是代表什麼意思呢？它又代表了什麼特別的意義呢？這實在是個大問題。而且，為什麼連貫在一起的方法，會讓人覺得感覺不到詩的優美？

如果是一個思想很深的作家，他在寫詩時，一定懂寫詩時所具備的作風，就是用幾個不起眼的、看起來意思平平的語詞，來寫詩。雖然剛才說：不起眼、意思平平的語詞，但厲害的作家會用分段、空格來傳達非常深奧的意思，一般人很難猜的出來。

剛才說的優美，其實是我所說的分段、空格裡的深奧的、不好猜的意思。因為不好猜，別人一定會非常非常緩慢的仔細品詩，終於品完後，心中一定會有一種非常快樂的感覺，因為這快樂的感覺會讓人感到這首詩是無比的優美。

版本2〈無題〉 （X）（9歲）

> 我愛她，她愛我，我們相愛。
> 我還記得有一天我們坐在松針堆上。一切靜悄悄地，我把她的頭靠在我的心。
> 我們一起休息……

　　版本 2 也和版本 1 差不多，但是他已有做稍微的分段，缺點還是和版本 1 一樣。

　　版本 3〈無題〉　（X）（9 歲）

　　　我愛她，她愛我，我們相愛。

　　　我還記得有一天我們坐在松針堆上。
　　　一切靜悄悄地，我把她的頭靠在我的心。

　　　我們一起休息……

　　在這裡，他句子的排法變得很深入了。怎麼說呢？

　　讀者在閱讀、品嘗的時候，會發現到，作者在分段時，在一段和一段之間，有一個空格，這是為什麼？其實，這是作者很深的用意。怎麼說？大多作者在寫情詩時，通常都以自己所經歷的愛情故事來編寫情詩；在每個人的愛情中，每個人都有酸、有甜、有苦、也有辣，這位作者也有；而這位作者在寫這首詩時，知道自己的愛情中，有很多無法用言語形容的心情、情緒、故事，就把它們統統放入空格中，讓讀者猜測，在品詩時也多了一種有趣的感覺。如果大家覺得懷疑，認為有人真的會用這樣的方法來詮釋嗎？

　　有的，沈侶白所寫的歌「今年的湖畔會很冷」，其中的一段「而前世的緣禁不住微風吹」唱完後，是一大段淒悵又混亂的樂曲；他是由音樂來詮釋，而這位法國作者則是以空格表達。

　　原版〈無題〉　（X）（9 歲）

　　　我愛她，
　　　她愛我，
　　　我們相愛。

　　　我還記得
　　　有一天
　　　我們

坐在
松針堆上。

一切靜悄悄地，
我把她的頭
靠在我的心。

我們一起
休息……

（夢中的花朵——法國兒童詩選）

原版句子的排法，是以兩、三個字為一句，有的還是只有一個語詞，為什麼？

如果作者是這樣子排的話，表示他和那個女孩的故事非常的長，而這只是個壓縮檔，怎麼說？他的一個詞，一個字，都表示著很深的意思。作者為什麼要只在一行中，只放那幾個字？剛剛有說過，這是一個壓縮檔，每一個字其實都是一個很長的故事。作者這個樣子排，是為了和讀者表示他每一個字都有一篇故事，這樣也說明了他和那女孩相處的時間很長。

由些可以推論，大概相處的時間到達了幾年；空格也代表了他們之間的酸、甜、苦、辣，喜、怒、哀、樂；由此可見，這首詩其實是一篇長篇故事的壓縮檔。以上是「無題」比較閱讀的報告。

這是一篇語文科主題教學「無題」統整作業單，期末考後的時間孩子們還在書寫，黃老師也還在工作。

五年五班「無題」版本比較閱讀 2009.12.14.

作業：請比較閱讀〈無題〉「版本 1、版本 2、版本 3、原版」等四種版本的閱讀感受有何不同？你發現了什麼？你學到了什麼？

　　你想「原版」的作者，在這一首童詩的背後要傳達什麼意涵？（什麼主旨？）

　　請你將這一些閱讀體會，自定一個題目，寫成 600 字的文字稿，傳回老師的 E-mail 信箱！

版本 1〈無題〉　　（X）（9 歲）

我愛她，她愛我，我們相愛。我還記得有一天我們坐在松針堆上。一切靜悄悄地，我把她的頭靠在我的心。我們一起休息……

版本 2〈無題〉　　（X）（9 歲）

我愛她，她愛我，我們相愛。

我還記得有一天我們坐在松針堆上。一切靜悄悄地，我把她的頭靠在我的心。

我們一起休息……

版本 3〈無題〉　　（X）（9 歲）

我愛她，她愛我，我們相愛。

我還記得有一天我們坐在松針堆上。
一切靜悄悄地，我把她的頭靠在我的心。

我們一起休息……

原版〈無題〉　　（X）（9 歲）

我愛她，
她愛我，
我們相愛。

我還記得

有一天

我們

坐在

松針堆上。

一切靜悄悄地，

我把她的頭

靠在我的心。

我們一起

休息……

（夢中的花朵──法國兒童詩選）

3.

學期結束後，許多教學感覺都還在進行對話。

黃老師喜愛自己一個人，看著他給孩子的作業單，有人說他是一位自我感覺良好的老師，他也不反對。他選擇離開人群的紛擾，把自己的生活舞台做一次展現，畢竟「知」道自「己」一輩子該做些什麼的人太少了。

校內說生活閒話的多，談教學的少。教師專業對話，有時想想還真是一個笑話。他曾說著：「『明』哲保身，以待『明』君。──語出中庸」有一些老師認同著，他接著說：「校內則是明哲保身，以待明天。」聽這話的老師笑彎了腰，聽了各自除疑，不假造作。

學弟問他：「那學長你自己呢？」

「我是──明哲保身，以待明白。」黃老師說，「論道者眾，體道者寡。教學實務行動的經驗傳承，是小學教師建立教師尊嚴、

建立教學藝術格調的根源，別無他法。因為我們的專業在『執業現場的思維、判斷、做決定』。禪門公案留下的紀錄是『偈語一句』、簡要事件『對話錄』。我在求索的是：一位禪師是透過什麼文本教材，師生在教學情境中互動『開悟』這一個概念，直到學生獨自創作一種『悟道』的行為表現為止，此為達到教學目標。」

他說完，指著電腦文稿對學弟說：「我只會打字。行政霸權是地球儀的自轉與公轉原理，重點是『地球儀不是我弄歪的。』」他倒杯咖啡給學弟，繼續工作。

黃老師看著班上幾位孩子眼中的「教師形象」，他深知這是珍惜自己行業最好的儀式。

師生相處到現在二個月了，你認為我是一個怎樣的老師？請寫下你自己觀察後的看法。

（請以黃老師任教的科目和實際的教室生活為例子，寫一篇文稿傳回信箱。）

吳冠志「我的古怪老師」：

　　我的老師黃連從，筆名白佛言，是一個非常極端的作文狂人，也是一個小有名氣的作家，如果沒聽過那也正常，因為他出的書並不多。

　　他在我眼中是一個古怪的老師，以前的老師每天都穿戴整齊，而黃老師不一樣，每天都是七分牛仔褲加短袖上衣，但你不能看他一副老叫化子樣你就小看他。他就有如金庸武俠小說中的桃花島島主「黃老邪」黃藥師，平時雖然沉著但有時候會開點玩笑，而且文武雙全，但說到開玩笑，還是比「老頑童」周伯通略遜一籌！

　　老師在上課時總是用心的幫我們準備，上國語課時都會「搏命演出」像課文的其中一句：「一人獨占一江秋」。老師就會展開「輕功」，跳上窗檯，表現出「一人獨占一江秋」

的感覺，不像其他老師講一講就結束了。有時候有人不乖時，黃老師都會用武俠小說中的邪門武功「九陰白骨爪」打人，可見老師是一個邪門的人，因為我名字的關係，老師總是叫我倚天屠龍記中的明教教主張無忌。每次我表現好時，老師都會說我練了「九陽神功」真的有差，而且有時候老師都會突然問我武俠小說的問題，而我都會馬上回答，可見我們這對師生真的很古怪。

老師在上課時會表演一些東西，像上一次，有兩名同學在課堂中打架，我就說有兩位高手在「華山論劍」爭搶武林第一，老師就叫那兩位出來跟他打，結果轉眼間那兩位「高手」被打趴在地上，可見老師已經練成「絕世武功」，已經是「天下第一」了。

我覺得老師是一個很有知識、且很幽默的人，常常在上課時說故事、講笑話或者是演戲，而且有時候會告訴我們各科目的「秘密武器」，經過這兩個月的師生相處，讓我漸漸了解黃老師的做事方法，也讓我漸漸的喜歡上這個老師。

人們常常說：「這是天上掉下來的禮物。」而黃老師呢？是我五年級最棒、最古怪的禮物。

陳中佑「我心中的老師」：

從前對老師這個名詞只有刻板的印象，往往都是嚴厲和不苟言笑，高高在上令人心生畏懼。但是，黃老師卻截然不同，他不但平易近人且無時無刻帶給我們歡樂，也和一般的老師教學有所不同，常常舉一些有深度又簡單易懂的例子，來讓我們這一些小學生增廣見聞順便增加一點自信心。

他性情開朗，每天來到學校時，他都帶著笑容，以及開心的心情，來為我們上課。老師喜歡和同學們開玩笑，同學們也喜歡和老師開玩笑，大家把這班級變成快樂的天堂。

　　打掃時間時，老師有時候會偷偷的看外掃區的人有沒有認真在打掃，不認真的同學都不知道他們的一舉一動已被老師看到了。老師有時候也會趁著下課時間去秘密基地做自己的事，讓大家很好奇，有人甚至會跟蹤老師呢！

　　到了上課時間，有同學在偷看金庸小說，老師剛好走進來，把他的書拿起來看了一下，接著老師就說：「我也很愛看武俠小說。」有時候也會和同學聊武俠小說聊得很開心。然後老師就以嚴肅的表情，和快樂的心情上著課，有時候老師還會教我們一些秘密武器兼絕招，解決了我所遇到的困難。

　　雖然黃老師平常是個好好先生，可是也是有脾氣的。像今天老師就大發雷霆，因為有人折斷了他的教學棒，而又問不出兇手是誰？接著老師就悶不吭聲和我們冷戰了五分鐘之久，讓我們好好的反省，之後才有人承認，平息了這場戰爭。

　　在未來的日子裡，還要很多時間要跟老師相處，希望我能像現在一樣，每天都期待去上學，看到老師燦爛的笑容，和幽默風趣的教學，相信我一定能從老師那裡學到更多知識。

陳明群「我的老師」：

　　師生已經相處兩個月了！我們的感情也越來越好；彼此更快樂，也開得起對方的玩笑。老師的幽默、風趣，讓我們覺得上學很快樂。現在大家只要一碰面，就會七嘴八舌的聊天。每天我到學校就想：「今天到底會發生什麼有趣、好玩的事情呢？」

　　第一天，我們來到學校，就非常期待知道黃連從老師是一位怎樣的人。黃老師一站上講台就說：「嗯……我上的課會跟其他老師不一樣，我會在課堂中搞笑，讓你們放鬆心

情。」有一次，頭髮紅紅的蔡紀韋在上課中擺出像猩猩一樣的動作，從此，老師就叫他「紅毛猩猩」！我們班被取綽號的還有很多，像是「阿伯、阿文、徐國兄……」我的綽號就是「開肯」！

有時我們在課堂中分心，黃老師會以開玩笑的方式讓我們回過神來。有一次我們分心了，老師就開玩笑說：「以前，我跟學生玩過一個遊戲，就是小朋友站在一旁，我就拿棒子『咚』！把他們打出去……」

老師會在上課表演一些東西。我們上到第七課「熊與鮭魚」，老師要找人表演「熊激烈的嘶吼，鮭魚垂死的掙扎」，我和賴奕軒舉手說：「我要表演。」我演鮭魚，他演熊，原本應該是「你追我跑」，結果反倒變成「我追你跑，鮭魚捉熊」，老師就說：「這隻鮭魚真厲害。怎麼變成「鮭魚激烈的嘶吼，熊垂死的掙扎」！

我覺得老師很幽默，又很有知識，是一個非常棒的人。他常常在上課中講故事、笑話，或是演戲。有時候，他還會告訴我們各科的秘密武器！

我實在很幸運可以遇到這位老師。他實在是上帝給我們最好的禮物。

蔣亞涓「有趣的老師」：

開學第一天，我第一次看到老師。當老師走出來時，我看到老師的臉上有著嚴肅的表情，我的心裡就想著這個老師會不會很兇，會不會作業出很多，但是當老師說出第一句話竟然不會像他表面一樣那麼嚴肅；反而是讓大家笑得嘻嘻哈哈。我的心裡也不會對這個老師像剛剛一樣那麼害怕了，反而是覺得他是一個有趣的老師。

開始上國語課了，我們要上第四課「湖濱散記。」老師走出來時手裡拿著一張藍色的紙。我好奇的看著老師手上的紙。老師走到前面，老師把藍色的紙放在地板上，叫我們到前面看。老師就開始上課，老師看著課本先從第一段開始講，老師手上拿著木棒，開始指著紙邊用木棒畫了一個圈，開始教我們空間安排。教完空間安排，老師要表演梭羅在寫作文的動作和背景，老師表演作者在和潛鳥玩，表演到潛鳥發出粗獷的笑聲，老師就把手比成鴨子嘴巴的形狀，開始發出有趣的：「呱呱叫的聲音，」臉上有著驕傲的表情，全班看了都開心得笑了。

老師還說鯰魚跳出水面，身上鱗片被月光照耀的美麗閃亮。上完課了，老師告訴我們這種教學法叫「擺地攤教學法」。雖然這種教學法是我第一次聽到，但這種教學法好有趣喔！

上數學課，我們要上倍數、因數，老師要告訴我們最小公倍數的意思，老師就找一個同學，用他們兩個的身高作比喻。老師說：「我們兩個的身高第一次碰到的數字就是最小公倍數，而且兩個數字是一樣大的。老師有趣的比喻，讓我更了解最小公倍數的意思。我在算最小公倍數時，我都會想到這個比喻。老師也讓我覺得倍數、因數的算法不會那麼困難，反而變得簡單一點。黃老師是我從沒遇過的老師，因為他上課會讓我的心情不會有煩惱，會讓我覺得上課很好玩。而且他在上課時都會讓班上笑得合不攏嘴，但在歡樂中我還是有學到許許多多的有趣知識。

黃老師上課也會像一隻猴子，因為他上課有時候會走到那邊，在走到這邊。老師也會表演像猴子臉上一樣的有趣表情，雖然有一點可怕，但好好笑喔！希望以後我也會

遇到像黃老師一樣那麼有趣的老師，讓上課變得好像在看一齣好笑的知識戲。

林怡苓「幽默風趣的黃老師」：

今天，一下課大家都出去了連老師也不例外，說到老師，我們老師是一個幽默又有風趣的人，我最愛老師上的國語課，對我來說第四課的「湖濱散記」讓我印象深刻，因為老師用一張海報紙當華爾騰湖，摺隻紙鶴，摺條小船，在教室內的空地示範空間安排，教學途中老師叫班長拿著手機在旁拍下教學的珍貴畫面，看著認真教學的老師，真是讓我佩服。

老師對大家親切，得到許多人的喜愛，上課中老師還會幫同學取個好笑的綽號，例如：童話故事人物、食物名、神話人物……等，鬧得我們天天開口笑，第四課華爾騰湖的故事，回家作業就是描寫作者的安排，大家都覺得不可思議，為甚麼會出現這種怪功課，但是大家都還是把功課做完了，老師的作業有時多、有時少、有時怪、有時正常，真是有趣！

進到了有趣的班級，讓我覺得人生多了樂趣，老師上課認真教學，下課準備下一節或是課外的課程，老師會幫我們整理課外資料，老師的課外資料都是對我有幫助的，很多的知識都是從老師的資料得到的，資料來源都是許多有名的小說家，還有一些是老師做的文章分析，老師把我們當成親生小孩一樣的照顧，讓我們的生活更加的豐富。

江雲嵐「我的魔法老師」：

開學，我來到五年五班的教室，找了個位置，坐了下來。上課了，當我看見老師上課的方式時，我覺得，我們班的老師會很有趣。

　　老師用了許多的教學方法：國語課，老師上課的方法都和別的老師不一樣，老師是先教我們造句，把我們國語能力的基礎打好，到第二課，才開始做文章分析。老師在教第四課『湖濱散記』時，是把一張藍色的壁報紙當「華爾騰湖」，在教室中間上課，讓我們學會「空間安排」。而老師每一課會有「空間安排」的作業，讓我們多多練習。數學課，老師先發一張「數學科知識結構資料儲備表」，讓我們知道一到六年級數學科都在上些什麼，再用生活上的許多例子來為我們上課。

　　體育課，跑步、跳遠、跳高、壘球、鉛球和游泳……各項運動都難不倒他。

　　數學、國語、健康、綜合……等老師負責的科目，通通都是有趣的。上課時，老師常常說他之前的笑話，還會說以前的故事，讓上課變得有趣。

　　老師不會死板板的照著課本教書；老師不會不讓我們發問，自顧自的上課；老師也不會只按照進度上課，不發給我們課外補充資料。

　　跟老師相處兩個月了，我覺得老師是一個既有趣又屬害的老師。我感覺老師身上有著一股魔力，有時強烈、有時輕微、有時是一陣一陣、有時感覺不到。

　　老師是我心目中的最佳老師，老師是我心目中的大明星。老師常常說：「如果你們再不乖一點，你們班就要換老師了。」我非常希望這句話不要成真，因為如果老師不當我們班導的話，我們班就會漸漸變得無趣，上課變得無聊，歡笑聲漸漸離開。

　　我的老師就像校園的大明星，常常有以前的好朋友說：「我好想轉到你們班喔！」。老師就像五年五班的國王，把國家統治著；老師就像五年五班的父親，對五年五班的學生

有特別的一份關愛；老師就像魔法師，能像變魔法一樣把學生變成乖乖牌。

我的老師，五年五班的魔法老師。

我的魔法老師，黃連從。

江海鈴是班上孩子的家長，她陪著孩子書寫聯絡簿，每次可見到每日日記的生活點滴，她也在孩子成長的過程，寫下觀察中的「我的老師」：

鼻子尖尖的、皮膚黑黑的、戴個不能折合的眼鏡；瘦瘦的、高高的、笑起來的時候滿臉歲月的痕跡。但是，笑容卻像陽光一般，因為那些歲月雕刻出來的痕跡就像陽光般燦爛，一條一條放射狀的皺紋，悄悄的落在適當的位子。從他警告我們不能欺侮「老人家」的話裡，更能確定他的的確確是位值得我們「敬老尊賢」的一位老師。

記得開學的第一天，我站在教室外，一陣陣的咖啡香撲鼻而來，我順著香味望過去，看到老師正端著泡好的咖啡走出來。見到我和另一位同學站在門外，他親切的要我們先進教室找個位置坐，老師他一定是很用心，才會在開學的第一天就先來教室等大家。因為是分班後第一天上課，老師的親切讓我對新班級的一切，都感到很自然不拘泥。

在開學後，我慢慢發現老師上課中途總是會和我們聊聊，放鬆一下我們緊繃的神經後再繼續上課。不過，老師對我們人格的發展卻是要求的很嚴格，一但犯了錯就要勇於承認並且改進，否則老師可是會發飆的。我的老師他很喜歡白色，他說他的家裡很多東西都是白色的，連他種的花都是白色的。我想老師一定很愛乾淨，不然白色是最容易髒的顏色，隨時都得保持乾淨，要不然稍微就弄髒，不忙翻才怪！我的老師也很節儉，要不然它每天騎的那台很拉

風的摩托車，怎麼會座墊破得夠慘了還捨不得換新座墊？還是老師他很念舊呢？另外我還發現老師有抽菸的習慣，有時下課後他會跑到他的秘密基地去，享受一下他吞煙吐霧的本領。我希望老師能把菸戒掉，不要花了錢還傷了身體健康。

　　林林總總說了這麼多，卻忘了介紹他的尊姓大名，他就是傳說中的「哈利波特老師」──黃連從老師，為什麼稱他"哈利波特老師"呢？這個答案我還在探索中！

4.

　　聽日本「小野麗莎」的「可愛的你　愛上我的 Bossa Nova」專輯。

　　放寒假的教室裡無人，音樂的響聲可以放大。

　　他周遊的教室工作室、長廊，他窗緣懸掛的白色、粉紅色石斛蘭，樓頂望遠的太平洋一定又是藍色漸層的，藍到不行。

　　想起台十一號縣道的東海岸，小野柳、美麗灣的寄居蟹、東管處的綠草原、遍岸如星光般的鵝卵石、烏石鼻小漁港的藍色小漁船，透亮的海水和怦動起伏的藍色視覺，就讓人想唱歌。

　　他會想到這一些，早上剛從三省堂書店出來，看了幾個木造師傅木造的室內裝潢書籍，他會想起花蓮石梯港，那位從歐洲法國普羅旺斯來的外國定居者的海濱家居，都是自己的手造世界，線條、顏色塊、圖形、鑲嵌、對比，藝術生活映襯著一條走出來的小路，接連起秀姑巒溪出海口的奚卜蘭島，河沙畫出的自然線條和陽光，讓這人隱居一處悠閒。一個網魚者，一艘竹筏，天地之間的沙洲，緩緩流動的溪水，陽光的註解是生活。客觀者如我，只能癡迷在這原創性的大自然裡，禮敬如蘇東坡文人的詩句：「恰似飛鴻踏雪泥」。

　　黃老師的假日在這閑靜的教室，品賞巴西杯測咖啡、聽小野麗莎、閱讀班上孩子們「走出來的一條小路──散文情感。」

陳雲愷「茄苳樹下思念」：

在靜謐的午後，校園裏的茄苳樹梢上，緩緩飄落一片片的葉子，有些葉子帶點綠與黃，有些葉子則已全部枯黃。我撿起一片枯黃的落葉，剎時彷彿聽到如潺潺流水般的聲音，隨著微風細細柔柔的訴說這一季的回憶，我抬頭尋找聲音的源頭，才發現是茄苳樹輕輕的嘆息，原來秋天已悄悄地來臨了。

是怎樣的緣份，指引我們相識？在生命的際遇裡，牽連著妳我的是絲絲真情搓成的紅線。那一年我們在校園裏玩耍時，認識就讀隔壁班的妳，我最喜歡看見妳甜甜的笑容，傾聽妳黃鶯般的聲音，深深為妳著迷。妳最喜歡來到老茄苳樹下撿拾落葉。妳說在春天來臨時，翠綠的葉子就像青澀的少女，可愛又淘氣的在茄苳樹的臂彎裏依偎著。妳常來到樹下，妳也像那葉子般，輕輕靠著我的肩膀，我很感謝上天讓我遇見妳，妳在我心中妳是最完美的。

妳好像是博學多聞的小老師，常常為我講解各種不同的事情，不管是宇宙的星座故事，或是各國的童話故事，妳就像百科全書一樣厲害，讓我更加崇拜妳。妳常鼓勵我讀書，並且熱心的為我複習功課，因為有妳的鼓勵，才讓我下定決心要用功讀書。我常在想著這是多麼奇妙的相遇，在茫茫人海中，緣份將我們繫在一起，從此以後，我到校的第一件事情就是去看妳，雖然有時候妳並不知道我在窗外偷偷看妳，但是我已經心滿意足了。

我都會假借各種理由到妳的班上去找妳，如果沒看見妳在教室裏我會好失望，好像整天都無精打采的，對什麼事情不感興趣，直到再次看見妳，我才又像一條活龍般神采奕奕。在家裡我常常不知不覺提到妳的名字，講一些校園裏的趣事與家人分享，姐姐就會嘲笑我，說我是不是喜歡妳，我

才驚覺原來我的腦海裏都是在想念著妳，為何會這樣？我自己也說不上來這種奇妙感覺。

喜歡一個人是會習慣的，我曾經看過一篇文章這麼說過，當時不瞭解這是什麼道理，現在已經體會這樣的感受。我習慣每天要看到妳才會元氣百倍，習慣看到妳甜甜的笑容，習慣妳的笑聲，一切一切都好像呼吸空氣一樣自然，難怪說喜歡一個人是會習慣的。

那一年，妳全家搬到別縣市去，在開學的第一天，我和往常一樣跑到妳班上去偷看妳，結果同學們說妳轉學了，當時我一下子反應不過來，那種感覺就好像雲霄飛車一樣，一下子從天空掉到地面，眼前的影像由彩色全部變成黑白了。隔一陣子，妳寄一張聖誕卡來，我興奮不已。妳知道嗎？這張賀卡好像是「蠻牛」提神飲料，讓我精神百倍，我把它放在書桌上，每天看著它思念著妳。

妳離開後的日子裡，我常常一個人來到茄苳樹下，撿起枯黃的落葉，彷彿又回到昨日，茄苳樹下充滿著妳的笑聲，我望著茄冬樹，看著藍藍的天空，在未知的人生旅途上，這份感情為我們點一盞燈，讓我知道為了妳我要更加用功，不可以讓妳失望。山川河流可以使人與人互相阻隔，却無法將心與心阻隔，無論妳在天涯海角，我的心永陪伴著妳；儘管分隔兩地，空間距離的無情，雖然讓我們飽受艱熬，讓我們在愛與不信任中不斷的浮沉，但是我相信這是上天的考驗，也是感情必經之路，在情感的漩渦裡，信任讓我們更相惜。盼望寒假來臨時，我們能再來茄苳樹下，重溫往日快樂時光。

謝楓其「愛的約定」：

　　我小時候，爸爸帶我到一所幼稚園，當時是我愛情的開始；我一來到學校就看到她，我眼睛馬上變成了愛心形，我腦袋一片空白，但我第一天就被送到保健中心，因為當時我呆呆的站在門口被後面的學生撞得鼻青臉腫、四腳朝天，但我親到她的臉讓我感覺，像在天堂一樣，如此的美滿。那個女生說：「你這變態，死一邊去！」我最恨的就是「變態」，她雖然罵了這句話，可是我還是覺得好幸福，我想唱一首歌給她聽：「你問我愛你有多深，我愛你有幾分……」。

　　到了明天她幾乎忘了，我鬆了一口氣，我又開始一直偷偷的瞄她，也一直常常的跟她分享物品，趁機靠近她；每一次玩遊戲只要她想玩辦家家酒，我一定要玩，而且一定要當遊戲裡的爸爸，不能當的話我一定會發飆，玩久了她都不會玩膩，我有一天問她為啥都不會玩膩，她說：「只要你有玩，我都不會覺得無聊。」我聽了好開心，有一次玩球，我差一點被球砸到，她卻幫我擋了下來，我真感動。吃午餐時，她都把她最好吃的食物給我吃，每一天都這樣，睡午覺時她都跟我睡，我每一次都覺得好幸福，每到地下遊樂場我都會和她玩玩具車，我還跟她一起比賽。

　　運動會時我和她也有列入舉旗的隊伍，因為當時旗子很大，她把棋子高高的舉著好幾分鐘，她真厲害。我和她一起打鼓時，超好聽的，她在運動會上跌倒時，我扶起她時我好想唱出：「我的熱情，就像一把火，燃燒了整個沙漠……」。

　　要選足球選手時，我努力的練習，她也對我小小聲的說：「加油！」我超高興的。練習比賽足球了，我充滿信心，而且又加上她的加持，比賽開始了！比賽一開始，我就讓球隊得了好幾分，但敵軍也很厲害，兩隊根本不分上下，在最後幾分鐘，我要踢球時，因為我把足球當成她的頭，突然

停下腳步，後來別人一踢，害我跌在地上，而且也不能出去比賽。當他們出去比賽，我只能站在一邊，在一旁傷心，邊看著新聞轉播。但我還是深深的記住她跟我說的那聲「加油！」

直到大班，新來了一個同學，老師叫我照顧他，雖然我和我的女友的接觸時間變少了，但是我還是每一天跟她玩，每一天偷偷瞄，每一天偷笑，那位同學也成了我最要好的朋友，我們三個每一次都玩成一片，玩完以後又笑在一起。哈哈……

終於要升到國小了，我超開心，因為我一直想：「我會不會和她上同一個國小？」每次一想到，我就會開始偷笑，我有時也會跟爸媽講，但他們每一次都嘲笑我，有時還會罵我亂講話，我覺得愛真是麻煩，還要負擔很大的責任，但我覺得是值得，因為我知道我可以負擔得起來，但是我感到好驚訝，當我知道了她跟我不是同一個國小的時候，我超難過，一天都沒有講話，但到了下一天我又忘了這件事，快到暑假了，我一直想跟她告白，但我沒有，我覺得到暑假的前一天再講，我一直等一直等，終於等到那一天，我老老實實的跟她講我愛她，她講了句：「我也愛你，有可能以後可以和你見面，你要當好寶寶喔！」我想這是我第一個約定，我和她的約定。過不久到了國小，我還是記得那句話，到現在我還是記得那句話，每一次一想到那句話就想起她，還一直在一旁偷笑呢！

吳冠志「神鵰俠侶」：

　　記得我第一次見到她，那是一個陰雨綿綿的午後，她坐在我的附近，頭上雲霧般的秀髮，讓人如癡如醉，且走起路來嫋嫋婷婷、不食人間煙火的樣子，每當我看到她，就像被薰昏了頭、神魂顛倒，同時也覺得不知該如何是好？有一次，我還差點因為她跟我講話，而暈了過去。當我抓到機會，我都會偷偷瞧上她一眼，而有時候我偷看她時，竟被她那嬌波般的眼神看見了，我羞得不由得低下頭來，她也紅著她滴粉搓酥的臉蛋，低下頭來。但自從那件事情後，我就再也沒瞄上她一眼。有一天、她突然跌倒，我急忙伸手去扶她，才剛接觸她，就感到一種軟玉溫香、香嬌玉嫩的感覺，我把她交給同學，我才剛走開，便覺得心亂如麻，幾欲昏倒，我回頭一看，見她對我嫣然一笑，我再也忍受不住，跌倒在地，不停喘氣，隨即又爬起來，發足便奔，心中一片慌亂，忽然眼前一黑，坐倒在地，不停呵呵喘氣，過了一會兒，漸漸靜下心，這真是最可怕的一次。

　　每當午飯時間，我一定是第一個去拿便當的人，因為我不允許任何人拿她的便當，也不知過了多少個月，大家居然都沒發現，她也是。

　　我常常遇見她，我也常常避開她；我常常跟她講話，我也常常不知所措，我猜她一定覺得我很奇怪，但她從來沒有「討厭」這個念頭，這個念頭讓我覺得很快樂，因此讓我的鬥志更旺盛了。

　　有一次，我看見兩隻小鳥，正甜蜜的玩耍著，一旁正好有一朵牽牛花剛好盛開，讓我覺得今天會有好事發生，結果真的，她跟我說了一句話，讓我激動到哭了一節下課，她跟我說：「你常常幫忙我，過了那麼久，你居然還是這樣，我便接受你這份情啦！」說完往我身上輕輕一摟，轉身便走，

我卻痴痴的站著，黃豆般大小的淚珠，滾滾而下，淚珠中充滿無限的激動與感動，心裡卻一直說：「終於……終於啊！」因為我根本不知道她居然是這種人，但之後的日子，我們一開始都不太理對方，因為不太習慣，但是過了一段時間後，我們漸漸了解對方，才開始有彼此之間的互動。

從這件事之後，我們就像神雕俠侶，除了回家時，我們無時無刻都在一起，甜甜蜜蜜，卻沒人知道，這是我對於「愛情」最深刻的一次。我很不會鬥嘴，她卻不錯，每當我跟人鬥嘴不過時，她往往兩句就逼的別人無話可說，

有一次聽說她生了一場大病，在家裡休息，我日夜為她擔心，打球時、讀書時、玩耍時，都在為她擔心，憂鬱到快長白頭髮了，日子一天又一天的過，我的心情也是一天比一天沉重，終於，在我要放棄的那天她終於來了，就像在幾十年不見亮光的地窖裡，點著了一把火，重新燃燒起我的希望。真的有點像神鵰俠侶中，小龍女隱居，楊過相思她多年，最後終於找到她了。

我們依舊還是坐在那棵樹下，聊天聊地，我跟她說：「妳知不知道妳生病時我有多擔心妳？我無時無刻都在為妳祈禱，要妳的病快點好！」她輕輕的點頭，那點頭看起來平凡無奇，但對我卻有無限的意義。

我們互相關心、互相幫忙，就像金庸小說中「終南山下‧活死人墓‧神雕俠侶‧絕跡江湖‧」的小龍女和楊過。而且我們在分開時還許了「十六年後，在此相會，夫妻情深，勿失信約」的約定。

陳諺元「默默的愛著她」：

我默默的看著她，我偷偷的欣賞她魔鬼般的身材，我每次見到她心臟都會蹦蹦蹦的跳，我問自己，我是不是愛上了她？我思念她的聲音、笑容和她跳舞的美姿，被她打，被她罵，我都覺得是在一個幸福的地方成長。我每天都想看到她，看到她我的心中有一種溫暖，如果她跟我說：「I Love you」，我會緊緊的抱住她，但卻始終，始終沒有來臨。

我想著妳，吃飯的時候想著妳，打球的時候想著妳，讀書的時候也想著妳，我想我們的日子已經用另一種全然不同的方式來過了又走了。沉醉在其中的我，想讓妳知道我對妳的真愛，時鐘滴答滴答的響，我對妳的思念又更增加了一層，沒見到妳，有如一日隔三秋的感覺。

我相信，愛有如生命的溫柔和堅強，我相信如果妳願意和我一起去追尋，在許多困難的日子裡，我們會共同度過難關，在快樂的日子裡，我們會彼此分享喜悅，共同成長。

我一直想要和你一起走在那一條美麗的山間小徑，有微風，有白雲，有妳在我身旁，細細傾聽我的快樂和感恩的心。看著白雲，聽著潺潺流水聲，細說著我們的理想和抱負，分享彼此的喜怒哀樂，只要一次，那將是我們的美好回憶，有如純酒般，越釀越香。

好幾次，真想傾訴我對妳的思念，卻始終提不起勇氣。在夢中，妳的一顰一笑，都有如天仙般的美麗，讓我心中洋溢著滿滿的幸福。在夢中，輕輕的撫摸著妳的秀髮，細細的傾訴對妳的思念……。我喜歡那樣的夢，明明知道這是夢，可是它卻像美麗的詩一樣，既哀愁又淒美。我真不願意醒來，真怕醒來了，是靜靜的目送你　離我而去。

在這個十一月的午後，不管我們相遇的時間是長是短，若我們能始終真情相待，那所有的時刻將是一種無瑕的美

麗。若即將分離，也要好好的說再見，更要心存著感謝，感謝你給我美好的記憶。長大了以後，我們才會知道，在驀然回首的剎那，我們才會了無遺憾，如山崗上那一輪靜靜的明月，細說著「純純的愛」。

陳明群「被追求的『愛』」：

　　第一次的相遇，在走廊上。第一眼，我的心，莫名的被她深深勾住了。那種麻木、又極樂的感覺，不知該如何形容……

　　每天到學校，都想見到她，只要沒有看到她，就有一種忐忑的心情；見到她，就很安心。這應該是某種想要保護人的心情吧。被她講些正面的話，就樂得不得了。

　　愛，是飄浮不定，人，都會想去追求它，有時離它那麼遙遠，有時跟他是那麼貼近。快捉到了卻又突然遠離，會讓人非常失望。喜歡一個人，不需要什麼條件，只需要你愛他，你能守護他，你就能愛他，愛，是最美的，愛，是最崇高的。每個人的愛，前因後果都有不同，有人會失敗，有人會成功，失敗的人不氣餒，成功的人不驕傲，愛，就像飛行，有的愛情不會降落，有的愛情會降落，當你起飛時，會感到「夢想終於實現了」當你升到雲端時，你會無比興奮。愛情降落時，有的會墜機，有的會平安降落，這就要看人的決定了。

　　愛情，相愛才會快樂。快樂，才會幸福。幸福，才會圓滿。相愛，是兩人都愛著對方。快樂，是沒有煩惱。幸福，是快樂、甜蜜。圓滿，是『完美無缺』像一個圓一樣，沒有缺口。

　　一個早晨，小蟲爬在枝頭唱歌，彷彿在為我思念。上課時，我不經意的對著窗戶發呆，迷濛的天空，好像藏著她的臉龐。孤獨的雲兒似乎也為我感到寂寞……忽然，兩隻有著紅眼睛的山鳥從左邊飛來。在空中兜了幾個圈子，又往右邊飛了過去，才停在茄冬樹上，高聲歡唱。頓時！打破了大地的沉靜。

　　朦朧的天空，可以看見她的臉。清澈的水潭，可以看見她的臉。廣闊的草地，可以看見她的臉。無盡的山脈，可以看見她的臉。在愛的身旁，不斷的化為灰燼。飛行的夢想逐漸的破碎。

蔣亞涓「幻想的愛」：

　　秋風，一陣一陣的吹起，慢慢的把樹枝上濃密的樹葉吹落下來，讓每個地方充滿咖啡色、青綠色的落葉。花慢慢的枯萎了，她慢慢的閉上她美麗的雙眼，臉上帶著愉快的微笑，她慢慢的沉睡在大地裡，心裡想著她充滿歡樂的回憶。大地的每個植物都閉上了雙眼，想著如精油般一樣涼涼的回憶。我的心裡也慢慢的開始想起了我之前偷偷愛上的男生。

　　星期六的下午，我坐在我們家外面的小階梯上，看著只剩下幾株的馬利筋，心裡就突然想起了又害羞又快樂的回憶……。

　　那天，我第一次清楚的看到他的臉，我的心不知道為什麼突然覺得和平常的不一樣，每次我上課都會偷偷的看著他的臉，看了一下，我才回到課堂上專心的上課，當老師還沒開始上課時，我的腦海裡浮出他俊俏的臉，想著他對我講的話，心裡、臉上不知道為什麼突然露出微微的笑容。下課時，我看到他離開他的座位，朝著我的方向前進，我的心裡突然蹦蹦跳跳，以為他要來我這邊。但結果他在快到我的位子轉彎了，原本蹦蹦跳跳的心變得只剩下跳跳了。我把他俊俏的臉放在心裡好好珍藏，一份永遠珍藏初次偷偷愛男生的臉孔。

　　紅紅的日落，落下。我坐在書桌前，拿出回家功課，開始用功的寫，寫完功課，準備休息時，但我卻坐在椅子上想著他的笑容，想著他的臉，希望明天去學校，他可以和我講一句讚美的話，或是對我微笑。這樣的話，我的心情會開心得不得了。

　　那天終於到了，他走到我的位子，當我看見他時，本來緩慢的心情，馬上變成好像在跑步一樣，向前奔越的心情。當他開口講話時，我的心情就好像跳到雲層上，瘋狂的在上

面跳來跳去一樣快樂，當我要回他話時，心裡卻緊張得講不出話來，但後來我還是講出來。當他走回位子時，我剛從雲層上回來，他回到他的位子。我回頭看著他，回想剛剛我回他的話，我才拍拍自己的頭，說：「啊！真丟臉！為什麼會講話要一直重覆？」回家時，我和平常一樣想著今天在學校發生的事，我想得最久的事就是他今天跟我講話時，我的心情。我希望時間可以在那時停止，讓我多享受一下快樂的時光。

秋風，涼涼的吹過我的心，我對他的思念一天一天慢慢的增加了，每次想到他，就像在朦朧的世界，時間靜止了，幻想成我們在一起相聚，就像「灰姑娘」的故事一樣，愛就是默默的關心對方，默默的想念對方。

灰姑娘的故事雖然只是童話，但是我還是把自己和他編成屬於自己的浪漫故事，只是內容和灰姑娘的故事不太一樣，但我覺得我的故事很浪漫，我編的浪漫故事將會放在我心裡的秘密深處。

浪漫燈塔的燈照到我的心上。秋天涼涼的風，吹在我的心上，吹紅的落葉飄呀飄，飄滿了大地，那些落葉代表著愛情的思念，愛情的幻想。讓我對愛情的想像，更充滿了童話故事的幻想。

愛像永無止境的天空。愛像遼闊的海洋。他正等著我慢慢的去摸索，慢慢的去探索，等著我去發現愛情也可以像一隻蝴蝶一樣，美麗的展翅而飛。

鄭慧珮「一封寄不出去的情書」：

Dear X：

　　內心和我交戰著，不知道該告訴你些什麼，此時我的心房卻悄悄的說：「就寫一封信給你吧！」

　　你的微笑是我心底最難忘、最深刻的一件小秘密，當燦爛的笑容在你臉上綻放時，有如一陣春風輕輕地拂來，暖洋洋的，把我的心給深深地融化了。

　　自從那一天看見你，後來上學的每一天，都會有一股想要看見你微笑的衝動，總覺得心裡頭暖暖的、熱熱的。記得上個月，看見你，我總會不自主的把目光都移到你身上，那是因為我不小心把你放在我心中了，每一次看著光滑的鏡子就看到你，讓我不經意的就往鏡子往上摸去，一心只想摸著你的臉，但突然想起那是幻影才把手收了回來；看著電腦上的銀幕也想起你的臉龐，像被施了「迷魂咒」一樣，不停的想著你。

　　每當你在教室被老師稱讚時，我總會默默的為你加油，希望你可以更棒、更好；如果我被稱讚的時候，你是否也會默默的支持我嗎？為什麼呢？

　　每當上課時我總會一邊看著你一邊讀書，整顆心都被你灑下的種子佔據，一個月又一個月過去了，心中的小種子也發芽了，長出一片片的心型樹葉，一片片的樹葉代表著昔日美好的回憶，想起你時我總會摘下一片相思葉，來思念你。

　　突然好想你、想你、想你，一百個想你。

　　暮光之城的吸血鬼愛德華和凡人貝拉的絕美愛情故事，雖然那是不可能的事，但是我把他想成我和你之間的愛情故事，如果你要把我變成裡面的吸血鬼－貝拉，我也願意、一千個願意、一萬個願意、一億個願意。

　　突然好想你、想你、想你，一千個想你、一萬個想你、一億個想你。

　　我的腦海裡不斷的浮現你那帥氣的臉龐，希望我可以每天看見你、對著我微笑、跟我打一聲招呼、跟我說一說你的一切……等等。

　　在一個晴空萬里的下午，我的好朋友偷偷的告訴我說，我喜歡的人有可能喜歡我最要好、最忠心的知己，她就是我的那位好友。那時的我心情如晴天霹靂，因為還沒說出我喜歡誰，所以非常難過，但只能自心裡憋著不說出來。這一天的晚上，我一再又一再的詢問自己，是不是已經沒有機會再次向你表白了呢？你是不是非常討厭我呢？但答案還是一樣，如果我默默喜歡你的話，那你就不會討厭我了吧！

　　每當遇見你，我總會不好意思的低下頭，怕你會知道我喜歡你，但我現在要用這篇情書表達出我內心的感覺，也要譜出一首你我之間感情的歌曲。

　　下課在走廊上大家嬉鬧的聲音敲醒了鐘聲的瞌睡蟲，把鐘聲從睡夢中叫醒，代表了又要跟最愛的情人分開了，我依依不捨的向我愛的情人多看幾眼，怕下次永遠也見不到那高大又強壯的背影，這時候鐘聲也隨著我們的淡淡的情意化為不停地在天空中跳著芭蕾舞的小精靈隨著微風輕輕飄散而去。

愛慕你的鄭慧珮上

林怡苓「愛的幸運心」：

秋入冬時，在輕巧的樹下我正欣賞風景，秋風輕輕的吹過我的身邊，湖畔的湖水隨著風的搖擺起伏不定，它們把樹爺爺吵醒了！

在一年級開學的日子，我和他就目不轉睛的看著對方，到了教室內我們兩方都會偷偷的瞄對方，有時我還會害羞的對他為微微笑看到他我的心就停不下來的碰碰跳。

一下課我感覺到他好像忍不住想認識我了，再他對我說話時我的心總是起伏不定，但外表卻裝得很鎮定，對我而言他說的每一句話都是佳句。

你的話雖然不一定正確，但我還是相信著你，你誠實的對我說我不喜歡你我也不反對，只要我喜歡，我一定支持你到天長地久。

我和你的感情事如一條紅線牽在你我的心一樣的寶貴，你是永遠剪不斷的情，我不知為甚麼我的心一直被妳拉著走，看到你就如一隻被綁住的小狗一般被愛護。

不管你對我是討厭、喜歡、欣賞，只要我有在你的心裡就好，我的心就有一些平靜，不准你到處玩，不準你去玩耍，都是為了不讓你受傷。

你有時凶巴巴的對我說不要落淚，但你心裡一定也在流淚吧，你心裡的痛苦我都知道，落淚吧！親愛的情人！我的肩膀讓你靠，由我陪伴你到我們之間的王國吧！

你受了傷不只我外表傷心、沉悶，我的內心就如被刀刮了好幾痕，癒合的並不快時，我癒合的也愈慢，你對我的付出我知道，我對你的付出就是默默的。時光是琥珀淚一滴一滴被反鎖，情書再不朽也磨成沙漏青春的上游，潺潺的溜走生命宛如……

　　請你靜靜的等到那一天，我就會把你種在我心中，種子一定會有一天冒出芽，但如果你不幫我澆水，種子永遠不會有開芽的時候，我和你的愛就永遠如天地之隔一般。

　　日會變，月會轉，但我們兩個的感情是永遠不變的即使日墜，月落，即使經過千萬年，不管誰都解不開這個謎，因為我們的感情如烙上的印，永不風化。

　　期待你的心與我的心永遠聯繫在那顆叫愛情的石頭上，

　　與我那段美好的時光，就和你的背影一起繼續翱翔在那充滿春天的陽、空氣、水……甚至在那山頭。

　　不在乎天長地久，只在乎曾經擁有，來不及的含情默默，離開終究會有始有終，有一天我會把你寫成一道彩虹，讓你永遠的閃耀，給大家走入希望的世界。

　　愛情的花香不是每個人都會擁有的，有的釋放出去、有的自己受粉，所以有些花多會未成熟就枯萎了，就跟人一樣未成熟的人，心靈一定不會有成熟的理念，學習更多的養分。

江雲嵐「喜歡」：

> 雨，從天空中
> 緩緩落下，無情的
> 打在身上。淚水，流滿臉，這
> 就是思念。

　　我彷彿想起了誰……中年級的同學？老師？還是……我喜歡的人？我就是沒這印象……。

　　上課了，老師在講台上「念經」，每個人都在做自己的事：睡覺的睡覺；看書的看書。我側著臉，看著窗外。眼前，出現幻影，朦朦朧朧的：飄逸的大衣？清晰的眼神？總是掛在嘴邊的微笑……。他是……？我歡的人…是……？……是嗎？不管我怎麼想……就是想不出來……朦朧的……記憶……「你……在想甚麼？」忽然，我被這聲音嚇到，轉頭一看，是我的好麻吉。喔，原來……下課了。

　　清晨，走在湖邊。我拾起一塊石頭，向湖面丟去，圈圈的漣漪就像思念……不停的重複……

　　秋風，吹落了　樹梢上的枯葉，葉片向雪花般緩緩落下。樹……凋零了……剎那，眼前的景象，恢復了我的記憶。我…喜歡的人……是「他」……？是他嗎？不錯，正是。就是他。

　　喜歡一個人，好難！不是像嘴巴說說的那麼簡單。我們剛好分在同一班，剛好我又喜歡你，你也喜歡我。是上天給予的機會嗎？是命中注定的嗎？還是我們從一誕生在這世界上時，就永遠不分開了呢？

　　愛……是甚麼感覺？戀……是甚麼感覺？喜歡……又是甚麼感覺？酸？甜？苦？辣？接近一個人，需要滿懷的誠意；愛上一個人，需要十足的勇氣；放棄一個人，容

易……？

　　如果愛上，就不會輕易放過機會。莽撞，可能使你後悔一陣子；怯懦，卻可能使你一輩子後悔。沒有經歷過愛情的人生不算是人生，沒有經歷過痛苦的愛情不叫做愛情。如果是一生都無法抹滅的傷口，那麼就築起比這更深的羈絆。就只因為想見到你的笑容。

　　沒有目地的今天就這樣落幕了，如果睡著的話會做什麼夢呢？下次醒來的時候將留下什麼樣的東西呢？回頭看只有我自己而已？在前方等待的是誰都沒辦法想像的，但卻一定會到來的未來　還沒染上色彩的道路。為了盡量減少後悔，感受著不會再發生不結束的瞬間。

　　坐在無邊無際綿延而去，一道碧藍的波浪夢想無限擴展，抱怨環境的變化也是徒然。你那顆踏遍所有海浪的心，我究竟能為你做些什麼呢？想見你時卻無法見到你。什麼都不要，只想觸摸你，街頭吹拂而過的微風飄進了心胸。每當回想時，卻無法傳遞給你。就讓他繼續曖昧下去吧！如果是為了採取行動而找尋理由的話，下次相逢時我一定會變得更堅強。

　　回過神來依然在這兒，在開始的地方，充滿餘溫的聲音。似乎沒有想像中，來的那麼簡單。希望你擺脫現在的一切，來我這裡，就像天中無法歌唱的小鳥的聲音般如此的痛苦。但卻不能沒有你……好想飛奔而去，現在就想見你好想親耳聽見，你說你愛我好想相信著你，好想守護著你，好想一直與你緊緊相繫。

　　愛，沒有盡頭。有多愛，就有多愛。「我喜歡你」依舊說不出口……不過…這段美好的回憶，我永不忘記。我喜歡你，不管經過多久，我都不會忘記妳。希望，這一段話，能夠傳達給妳……

窗邊，飄來一片雪白的羽毛。我默默的對他說：「去吧！到我說的地方。愛是沒有盡頭的，飛吧！飛到，我說的地方。」

5.

沒有目地的今天就這樣落幕了，如果睡著的話會做什麼夢呢？下次醒來的時候將留下什麼樣的東西呢？

——小五　江雲嵐

黃老師喜愛陳明群寫的那一首新詩，「請你，／在被風帶走前，／對我釋放，／最後的溫暖。」非常細膩有感的見面禮，讓黃老師想著簡媜在「老師的十二樣見面禮」一書中的八個銀奶奶的讀書會篇章經句：「要有多深的智慧累積與哲學涵養，才能讓人生用這種方式漸漸老去？」

「坐在風中，聽著最後一首的樂曲」：——小五　陳明群

我們坐在風中，
聽著最後的樂曲。
那一首，
最輕柔，也最淒涼的樂曲。

請你，
不要再為我落下，
悲傷的淚。
也請你，
不要匆忙的趕我走。
請你，
在被風帶走前，

對我釋放，
最後的溫暖。

我們，
不再是彼此激勵的同伴。
也不再是，
互相依靠的伴侶。
原來，
兩人的分岔日，
就在這時。

抱歉，
我，
無法再為你哭泣。
我，
無法再讓你倚在我的胸膛。
我，
不再會為你做事。
你，
不要再閃爍著淚光。

你，
聽著最後一首的樂曲，
隨風而去吧！

第九章　琵琶湖自然寫作

1.

　　上過國小改編版的「湖濱散記」，黃老師一直在示範「閱讀寫作技巧」。

　　「作者是為著帶領讀者親臨現場，親臨場域、親臨作者的剪裁、親臨作者的有感世界、親臨作者的寫作掌鏡技術、親臨作者的實際生活、親近作者的人生思維、讓作者的人文素養滲透在讀者的腳步——」這是黃老師上課的語文語庫。

　　他在教室中表演每一個「鏡頭」的摹寫技巧，有時他會一邊畫圖、一邊摹寫示範，最後再說說「我的作家思考」——「拿出來給大家看得見，你就是一位作家，一個創作者。」他指著每一個孩子說，「我是一位作家。」

　　他要孩子自我定位地說出：「我是一位作家。」

　　他們全班在玩「摹寫技巧」。

　　「漫步在雨後的校園，一面欣賞雨後的校園美景，一邊聽著腳踩落葉沙沙的聲音，它們彷彿是在彈奏一首交響曲。」陳貴舜說著。

　　「我們要上第四課湖濱散記。老師走出來時手裡拿著一張藍色的紙。我好奇的看著老師手上的紙。老師走到前面，老師把藍色的紙放在地板上，叫我們到前面看。老師要表演梭羅在寫作文的動作和背景，老師表演作者在和潛鳥玩，表演到潛鳥發粗獷的笑聲，老師就把手比成鴨子嘴巴的形狀，開始發出有趣的：『呱呱叫的聲音，』臉上有著驕傲的表情，全班看了都開心的笑了。」蔣亞涓說著。

　　突來的一個學生逗趣畫面，會被黃老師要求重播一、二次，除了好玩之外，被指定的同學需要在全班面前口頭作文敘述。黃老師會隨時在「近側發展區」以提問來協助每一個孩子。

　　「給我一個『感』」、「主角做了什麼『表情』、『動作』」、「把『動作』細膩化，加個『副詞』吧！」、「我要的就是這個──『十一歲的作家，你好！』」、「這位作家，你可以說說方才使用的寫作技巧嗎？」、「喔！寫作鳥瞰法！一雙空中的寫作眼睛，帥呆了！」

　　或許是這一些師生互動，改變了文學教育。

　　五年級上學期結束的寒假作業，五年五班的班級作業是：「琵琶湖自然寫作──三千字散文稿」。

　　黃老師提醒孩子們：要親自在場觀察，要多走幾遍這最美的日子，要帶著筆、紙文字素描，寫不出來時「用摹寫技巧提問自己，像黃老師引導你的技巧一樣，你可以『自我引導』」，「湖濱散記」的教學過程會協助你──成為一個寫作者。

　　賴奕軒寫了二千五百字的「**琵琶湖散記**」：

> 　　某個寧靜的下午，穿過美麗的樹林步道，來到了琵琶湖。湖水清淨的連水草都可以看得到，整個湖的水也不像以前那麼多，雖然有些污染，但還是沒太大影響，湖水仍然很乾淨，就像一面鏡子，把周邊的景色都抓了進去。
>
> 　　湖形成琵琶形狀的兩個小半圓周，乾的可以走上去，躺在那裡欣賞無止盡的天空，因為剛好是晴天，還飄著淡淡白白的雲，所以看完整個人心情很好。忽然，雲海對面有個小破洞，陽光剛好在那裡經過，一瞬間，整個湖面從沉默的氣氛，變到開朗的氣氛，等到陽光一過，又變回沉默的氣氛。
>
> 　　湖旁的三隻小鴨，也出來享受陽光。從涼亭的角度看過去，整個湖成了八字型，雖然感覺前面的那圈比較小，但實

際上好像差不多大，只不過前面細一點而已。從涼亭往下看，
可以看到一群又一群的小魚，在那裡游來游去，偶爾還有大
魚，獨自一人大牌的遊過去，好似自己是大明星一樣，從小
魚群中遊過。只要扔一顆石頭下去，魚群馬上一哄而散的閃
開，然後又更多魚靠過來，好像來看戲一樣，大家都以為石
頭是食物，但確認不是食物以後，又各自回到自己的魚群了。
湖旁的樹，一棵接著一棵，好像原住民一起手拉手，圍著營
火，唱歌、跳舞，真開心！

　　周圍的步道，有許多腳踏車在環繞，也有許多人在散
步、聊天。這邊是去許多景點的通關口，所以有很多腳踏車，
從這邊經過。這邊好像可以去海邊、剛走過的木麻黃樹林步
道等等。湖前的木橋，看起來雖老舊，但它可是個力氣大的
勇士呢！能承載著腳踏車和人們翱翔琵琶湖，安全的抵達對
岸。涼亭後方，有個小沼澤，好像是因為水枯乾加上樹倒的
關係吧！他看起來很孤單、很骯髒，像個流浪漢一樣。當你
坐在舒適的涼亭，看著孤單的沼澤時，就像貴氣公子走在路
上遇見流浪漢似的。在涼亭非常舒服，不但乘涼還可以休
息，真是一舉兩得。如果從空中俯瞰整個湖的話，真的就有
如琵琶一樣，雖然少了弦，但還是很相像。

　　接著來到海邊，欣賞美麗的風景，吹著微微的海風，這
一片大草皮，把每個來這裡的人，都包了起來，順便送給大
家美好的心情。在這片大草皮上，可以放風箏，玩遊戲，追
逐。旁邊有個橘色大相框，站在上面加上背後的風景，簡直
就像一張五彩繽紛的圖畫。旁邊有個茅草屋，裡面非常小，
但很暖和，這裡好像是以前原住名搭設的。站在海岸的堤防
前，看著美麗的浪花拍打著一片金黃色沙灘，形成美麗的沿
海線。前來和肉粽形堤防一起作伴的漂流木，散發迷人的香
氣，使我抗拒不了，前來觀看。如果黃昏時來的話，就會看

到夕陽慢慢下山，當夕陽的光，照射在海面上，那種金黃配上水藍，加上波浪的震動，使兩色結合再一起，就成了一種優雅的節奏，當夕陽下去的那一瞬間，整片海忽然成了綠色，雖然只有那僅僅短暫的兩秒鐘，但那是最美的一刻。大榕樹下的鞦韆，看起來雖然復古，但吊繩卻緊緊的抓牢榕樹，一刻也不敢鬆手，使我們坐在上面的時候，非常有安全感。路旁的店家，賣的東西五花八門，不管是吃的、喝的、玩的，還有行的，各式各樣的物品讓你看的眼花撩亂！還有一家傳統的柑仔店，一走進去，感受到的，是一陣古色古香的氣息迎面而來，令此刻的我也好想要有哆啦 A 夢的時光機，回到爸爸、媽媽那個時代，體驗古早味的世界。雖然只能在外面用眼睛享受，但還是可以大致看到裡面的東西，裡面雖古早，但東西繁多。

　　沿著堤防往新站的方向一直走會到鷺鷥湖，那裡有一座白色的橋，非常的美，在上面雖然不能看到遠方的景色，但卻可以欣賞腳下的鷺鷥湖，還可以看到對面的大花咸豐草，日出時來會有陽光照在湖面上，非常美麗。那裡的路是用磚塊拼成道路，可以騎腳踏車、散步。繼續走下去會到一個有茅草屋頂的涼亭，可以先歇息一回兒，在大花咸豐草的旁邊，有一片草皮，可以在那裡釣魚，還有一個可以休息，可以看得到湖的休息區，雖然沒有遮蓬但因為是設在水面上，所以一往下看，就是水了。天氣熱時，會見到水黽，在跳水上芭蕾，滑來滑去的，好像在散熱。偶爾休息區下還有蜘蛛在下面結絲，捕捉湖邊蚊蟲，當蜘蛛網上已經滿載蚊蟲時，蜘蛛就會邀請水黽共進晚餐，享受著夜晚在湖邊的美麗丰姿。

　　沿著路旁的羊腸小徑，騎著腳踏車，進入農田的田園風光，還有以前老舊的小巷子，想像著過去小孩在這裡玩耍的

情景，還有美麗的舊田，上面有著過去農夫艱苦的痕跡，證實了粒粒皆辛苦這句話！

只要從琵琶湖涼亭往左邊下面直走，會有一個小十字路口蝴蝶復育區。走下去就會看見許多蝴蝶，正無憂無慮的飛舞著。沿途只要摘一片葉子下來，可能就有百分之六十的機率，可以在葉子背面發現蝴蝶卵，至於是哪一種的卵就不清楚了，因為這裡超過幾十種蝴蝶。通過樹林，會經過一個彎彎曲曲、高高低低起伏不定的彎道，如果你是用走路的話，就會覺得很累，像我啊，早就氣喘如牛了；但如果你是用腳踏車經過的話，就會感覺進入遊樂園，坐著刺激的雲霄飛車，開心的衝啊衝啊，瞬間把堆積已久的煩惱都拋之腦後。但如果你是自己一個人，沒有家人或朋友的陪伴，那會是多麼的無趣啊！所以多邀請幾個人一起來體驗這趟刺激又好玩的冒險之旅吧！

只要一通過那彎道的最後一個下坡，就會進入優美的蝴蝶仙境，看著美麗的蝴蝶仙子正在飛舞、聊天、運動，真是有趣！這時如果能化身成為蝴蝶去跟他們遊戲，認識每一種蝴蝶，也認識每隻毛毛蟲問他們的媽媽是誰，也去見識見識他們如何結蛹，又如何脫殼而出化身成蝴蝶，也去看看育嬰房的卵和毛毛蟲，正努力的成長著，他們的食物就是四周的葉子，可是他們一生就是一群，他們一出來就是吃他們出生的那片葉子，他們不會害怕有沒有毒，因為他們的媽媽已經替他們選好了，而他們的媽媽也就是蝴蝶，他們只有兩個工作，就是吸花蜜幫花授粉還有交配、產卵，他們交配時，非常親密，不管做什麼事屁股總是黏在一起，就連飛的時候，一分一秒都不想離開彼此的身體，蝴蝶還真是熱情！

如果你在十字路口不轉彎，直走的話，會先經過一個山洞，裡面會有迴音，如果在裡面彈琴就形成另一種旋律，接

　　著會到一個花園步道，那裡有用木頭的花架，引導你的方向，如果騎腳踏車快速經過，就像在穿越時空，但騎到轉彎時，就必須很努力的向上爬呀爬的，才能通過。

　　經過了這次的重新體會，我又發現琵琶湖的新面貌，也知道了很多自然生態的語言，動態、靜態，也深深體會到，每一個生命，都是珍貴的！

2.

蔡紀韋寫了約二千字的「**再見了琵琶湖**」：

冬末早晨，冷風直吹著我的心口，頓時也凍住了時間，當時一個念頭突如其來的湧上我腦中，就是去看看那許多外來客口中的台東森林公園的「琵琶湖」，傳說中的黑森林。

我獨自一個人默默的騎著單車來到琵琶湖旁，這是我第一次一個人騎腳踏車來到琵琶湖。之前都有媽媽陪伴或家人陪著我，這次我自己終於從家裡出發，騎呀騎，不休息努力的騎了大概三十分鐘，終於到了台東森林公園。那是一個多麼大的森林，放眼望去，無邊無際，讓人心曠神怡，看著清澈的湖水，沒有一點波紋漣漪劃在湖面上，就像沒有經歷過任何曲折一樣，寧靜的環境、優美的景象，真希望能像它一樣無憂無慮。

湖邊成排的木麻黃與木造涼亭，將此地營造出一種清幽之美，近旁的湖水也被周圍綠樹的倒影染成綠色湖光，如此非常美麗的風景，讓我想多待在這清閒的世界，多享受這一秒難得的清靜生活，遠離台東市區的喧鬧吵雜聲。

環繞著琵琶湖行走，看見水中的魚兒輕鬆自在的游來游去，一口接著一口吃著順著湖水漂逸的水草，看起來非常享受的樣子；讓我也想來嚐一口，看看這味道如何？說到這滿堆的水草，在湖泊下多得像一片森林，彷彿湖下世界也如路面黑森林般多采多姿，隨後我看見了非常多的水中生物，像是鯉魚、小蝦、小螃蟹等，而且每一種水中生物都讓我看得目不轉睛，鯉魚優雅自在的游來游去，小蝦碰碰跳跳的鑽來鑽去，螃蟹慵懶的在一旁走來走去，想像著這般悠遊自在的生活，真是讓在一旁觀察的我非常羨慕這樣的生活。

　　後來，我看見了一隻蝴蝶，朝向單車步道一旁的草堆裡，飛呀飛；我連忙追了過去，追著追著，我發現我來到了一個我從來沒注意過的地方，這個地方應該只有不小心騎單車進來才會發現，因為它躲的若隱若現，不在單車步道旁，這個地方是一個半圓的草叢，而且有很多花攀在這個草叢上；我躺了下來往上看到幾道光柱射向我，被陽光照射的感覺非常舒服，不知過了多久我又走回到湖泊旁，因為我感覺水裡還有許多的神秘生物及動物。

　　沿著湖旁走著沒多久，我看到了一隻烏龜慢慢的從水裡爬到陸地上，像是要來尋找食物似的；我跟著牠緩慢的腳步走著走著，走到一棵有著大片葉子的樹，烏龜就開始吃著那棵樹的葉子，我想了想，烏龜應該不會吃這種葉子吧！可能是牠太餓了，所以才會隨便吃，烏龜吃飽後就懶散的趴了下來睡覺，我怕烏龜會乾死，所以我抱著烏龜又再一次的跑回湖泊旁，把烏龜放回去湖中；當我把烏龜放回去時，抬頭一看，太陽照射在湖泊上就像許多碎玻璃一樣，我再一次的仔細往水中看，看到湖中水草中的細縫裡有許多的一閃一閃發亮的小魚，就像是黃金在水中飄來飄去，我還看見水中有非常多一粒粒的小空氣，像是水草在吹泡泡呢！之後我躺在草皮上，往上一看，蔚藍的天空中夾雜著潔白的雲朵，幾分鐘後，不時也有幾台戰機劃過無盡的天空，偶爾讓這安靜的琵琶湖裡出現一些熱鬧的聲音。

　　回到單車步道騎著我的腳踏車，跟著人群走，越過一座橋，來到了海濱公園。這時兩旁美食撲鼻而來的香味，使我的肚子一陣一陣的咕嚕嚕叫了起來，這時才想起，我從出門後還沒有吃東西，拿起我口袋中媽媽給我唯一的五十元，逛了逛一旁的小吃，有黃家蔥油餅、鹽酥雞、珍珠奶茶、粉圓湯跟蚵仔煎等——，我坐在海濱公園中的堤防上，吃著我買

來的蔥油餅和飲料，吹著迎面而來的海風，我躺在堤防上看著小朋友放的風箏，一個、兩個、三個佈滿了整個天空，還有遙控飛機來湊熱鬧，草皮上小朋友的嬉鬧聲，引起我的注意，我慢慢的走到人群多的草皮上，那裡擺放很多造型獨特的雕塑公共藝術品及奇怪的建築物，分佈擺放在綠色廣闊的大草原上，想到舅公曾經說過這裡以前是垃圾掩埋場跟濫葬公墓，真是讓我無法想像以前可怕的海濱公園可以變得這麼乾淨。

　其中一個藝術品讓我不禁停下腳步，看了看，那是一個紅色大框框，就好像一個相框一樣，吸引了很多姊姊跟哥哥們在那裡拍照，真是特別的感覺。這裡還有很多漂流木的藝術創作可以提供大家拍照，有像戰車樣子的漂流木、圓圓像一個大球的漂流木跟一些漂流木雕刻作品等等——我想這麼多美麗又有創意的作品，一定可以替台東帶來不少的觀光客。想著想著就看到一個高大的建築物上有許多人在上面拍照，欣賞海邊的風景；我爬上了階梯，從拱門看了過去，一望無際的海岸線中，好像有一座島嶼，不知是綠島還是蘭嶼，還聽舅公說過如果天氣好，就可以看到這兩座島嶼了；可惜我只有看到一個，不過我還是很幸運可以看到它。我躺在高高的建築物上，有時往上看著天空，偶爾又往著海邊欣賞風景，真是漂亮啊！可惜我只有一個人，不能跟人家一起玩耍，因為這裡真的很適合全家大小來玩，下次我一定要帶媽媽再來一次。

　我又再一次騎著我的腳踏車，沿街逛逛海濱公園，這時媽媽找我的電話出現了，提醒我該回家了；這時的我心情非常低落，好不容易可以和琵琶湖相處，時間卻是這麼短，但這一天的參觀，已經滿足了我的心靈，雖然再看一眼，一眼就要走了，但我依然要跟這座琵琶湖說：「再見。」

陳諺元的三則「**The Beautiful Taiwan**」：

一、翠綠的琵琶湖

安靜的早晨，清晰的鳥叫聲，太陽正在喚醒琵琶湖的「能量」。太陽剛升起來時，陽光照到湖旁的小型叢林，看著小草上的露珠反射的「綠光」，使我感覺到琵琶湖有如小型的「華爾騰湖」。

涼爽的微風，趕走了我的睡意，水面上的漣漪更是讓我啟發了早晨的晨風。我看著太陽的「白光」，看著金絲雀和水鴨的「色彩」，看著夜鷺的羽毛，聽著伯勞鳥的歌聲。啊！早晨在這裡「玩樂」，真是太舒服了。夜晚，琵琶湖有如失去動力的安靜。只有幾隻像「噴火遊龍」的「昆蟲」陪我做伴。

枯萎的樹葉，是最好的有機肥；湖面上的白鷺鷥，是魚兒的殺手；湖裡的水草，是魚兒的躲藏之處。蚊子，已開始咬殺的我的身體，我有趕有打，還是抵不住牠們的攻擊。湖旁我看到雪鸚鵡的遺骸，使快樂的氣氛變成平淡，我拿起牠的「身體」，送牠到「遙遠的國度」。木麻黃的軀幹下有菇類，「她」美麗的色彩，使琵琶湖加了一種「歡樂」。

湖旁的森林，有一隻狼狗，牠的眼神是在顯示牠的地盤，只要我們跨進去一步，牠就會開始攻擊。而蝸牛在慢慢的過著牠悠閒的生活，可是牠被攻擊時，就無能為力，看著牠被攻打後的傷口，有如是在「墳場」遊玩；蜻蜓也一樣被虐待，一群水黽開始攻擊牠，蜻蜓輸了，牠的肉是好像是水黽獨一無二的食物。但是魚兒還是快樂的游泳。

寒冷的天氣，冰冷的雨水，是一些動物活動的好時機，青蛙在湖裡游泳、在人行道跳躍，牠那綠色又光滑的皮膚是上帝賜給牠的禮物，牠強壯的後腳是上帝給牠們的逃生秘

訣；蟾蜍牠粗造的皮膚在顯示牠有毒，牠流出來的毒素是牠保護自己的方法；毛毛蟲正在努力的尋找好化成蝴蝶的地方。而我是在努力觀察他們的一舉一動，讓我好好的認識牠們。雨停了；太陽出來了；彩虹也出現了，她耀眼的色彩，實在美麗極了！我把椅子上的水擦乾，好讓我沉沉入睡以及「休息」。睡醒以後，青蛙已經躲起來；毛毛蟲也回到樹上；然而蟾蜍還是繼續遊玩。

木麻黃和變葉木之間的人行道，騎腳踏車去賞鳥屋聽鳥唱歌和拜訪鳥，只要「待」個五分鐘，是一大享受；看著木麻黃的針狀葉和其他植物；也是一大享受，看著琵琶湖上的漣漪，又是一大享受。

琵琶湖滿滿都是享受，琵琶湖的「幽境之美」是無法抵擋的。全森林公園有哪裡比琵琶湖更好「玩」呢？

琵琶湖

有大自然的食物鏈

有美麗的風景

也有像叢林般的樹林

鹹鹹的海風

美麗的日出

海浪的拍擊

大自然最美好的旋律

她心裡的力量

有如

全森林公園裡的心臟

多麼地強壯

　　湖啊！湖啊！妳是這麼地清澈，這麼地神秘，有樹林相依，明月為伴，讓我們徜徉在妳的懷抱，一起守護這一片「上帝賜給我們的禮物」吧！

二、漁人碼頭之旅

　　走在古老的階梯上，穿過羊腸小徑，我來到了漁人碼頭。漁人碼頭依山傍海，有著雄壯的山和溫柔的海，實在讓人陶醉不已。

　　漁人碼頭的山是威武而內斂的，它不發一言的聳立著，並有寬宏的胸襟，它永遠都穿著翠綠的衣裳，看起來生氣盎然。有時候，它像一位飽受風霜的「老人」，默默的站在那兒，冷冷的看著這個世界；有時候，它又像一位溫柔的小姑娘，立在那兒，任憑白雲飄過、微風吹拂，忽然，山中飄起了雨絲，朦朧的一片，使得山增添了幾許神秘。漁人碼頭的海是活潑多變的、也是廣大的，它深深的「吸引」著我，聽一聽大海的呼喚，像是在訴說海的傳奇。海邊的岩石早已百孔千瘡，像是一位風燭殘年的老人，靜靜著看著歲月的變化，一波波的海浪，帶來了快樂，帶走了憂愁。

　　雨愈下愈大，我撐著傘，漫步在情人橋上，看著海鷗舞著輕快的舞曲，鴿子也相互唱和、歌頌著雨的旋律，我不自覺的輕輕地哼著「再別康橋」、「悄悄的我走了，正如我悄悄的來；我揮一揮衣袖，不帶走一片雲彩。」望著廣大無際的海，真讓我感覺到自己的渺小。

　　雨停了，太陽露出了一絲絲的微笑，圍繞著太陽的雲彩逐漸的轉為黃色，映在情人橋上，反射出一片耀眼的光芒。漸漸的，天空中出現了淡淡的紅暈，浮現出浪漫的氣氛，又見一群群歸巢的鳥兒飛過美麗的天空，使人不禁沉醉在這美好的圖畫裡。

晚風徐徐吹來，吹得海浪沙沙作響，彷彿在嘆息，這美麗的夕陽為何如此短暫」？它如流星一般，瞬間即逝，就像時光一樣，一去不回頭。我懷著依依不捨的心情跟漁人碼頭告別，內心告訴著自己：美麗的事物、美好的外表，只能短暫擁有。唯有及時的努力，確實的把握，才能在瞬息萬變的世界上出人頭地。

成群的海鷗
美麗的日落
它的色彩
無法抵擋

廣大的海
真讓人感覺自己的渺小
聽海浪的撲擊，看海歐的獵食技巧
真是快樂

雄壯的山
威武的力量
她片片的樹林
是依山傍海最美好的樂譜

三、走馬瀨農場的清晨

趁著春節期間，我們全家走了一趟走馬瀨農場。

下著煙雨濛濛的細雨，雨水滋潤了大地上的萬物，蒼翠的青山一眼望去，是多麼的翠綠啊！農場就在半山腰上，雨姑娘為它披上了一件薄薄的輕衣裳，增添一份朦朧之美。

走馬瀨的清晨，霧氣很濃，舉目所見，到處是茫茫一片，晶瑩剔透的露珠，一顆顆的躺在樹葉上，小鳥兒不畏寒冷吱吱喳喳的奏著二重唱。聞著晨風送來陣陣的清香，聽著路邊

清淺流水，潺潺唱著輕快的旋律。不遠處，幾隻白頭翁也在賣弄那青翠的嗓聲，蝴蝶也開著熱鬧的 Party，這一日的開始，處處洋溢著生機，我的精神也抖擻起來。踩著輕快的腳步，來到了靜靜躺在農場一角的蓮花池畔。一岸濃綠的柳樹，依舊迎著北風不停的搖曳著，池塘的蓮花，出淤泥而不染，亭亭玉立的對著大家招手，幾隻小青蛙也唱著呱——呱——呱協奏曲，邀著對面叢綠竹下的鴨子們一起嬉戲。偶爾，躍起的一條小魚，馬上引起牠們一陣聒噪的捕捉，整個池塘馬上甦醒了過來。

雨停了，風兒低低的拂過樹梢，穿過花間，徘徊在高高的藍天下，幾朵淡淡的浮雲，飄過晴朗的天際，一下子就被風吹散了。我獨自在小徑上漫步，小徑旁的大樹，伸出粗壯的手臂，擁抱一樹綠葉。葉兒有深、有淺、有嫩、有墨，遠遠望去，深深淺淺，交織出一片綠色的生氣，枝椏間幾隻不知名的鳥兒正在愉悅的唱歌，快樂的嬉戲，「幾處早鶯真暖樹，誰家新燕啄春泥」，正是這樣的情景啊！

昨日的那場雨，洗淨了花木上的塵埃，嬌美的山茶花，已有數片花瓣，被雨水打落，但枝葉間，仍隱隱約約，流露出一股堅韌的生命力，在清風中微微的顫動著。園中的草兒，早已是綠油油的一片了，像是一群無憂無慮的孩子，露出稚氣的笑靨，正熱情的對我招手呼喚。看著他們純真、與世無爭的眼神，讓我想起「禪」學上所說的「不貪、不瞋、不痴」，只要內心沒貪念、誠實、不執著，就像他們一般過得踏實、自在。感受大自然的生機，我勉勵自己，不要輕忽自己的力量，只要盡力去做，即使不盡人意，一樣能使生命迸出強烈的火花。

綿綿的細雨
洗清了大地
　地球變得
更有生命力

3.

鄭慧珮的「探訪森林中的精靈——與野鳥的邂逅」：

　　和煦的晨光中和一家四口，緩緩騎著腳踏車，迎面嗅著清新怡人的大地氣息，我大口大口的呼吸，一株株青綠嬌嫩的小草，正搖著他們的小手著跟我打招呼。道路兩旁一棵棵台灣欒樹，這時也換上了紅彩的衣裳，一片暈染的紅，彷彿是喝醉的臉龐。大樹腳下的不知名小花，也湊熱鬧的來搶鋒頭，一叢又一叢的姹紫嫣紅，招引蝴蝶、蜜蜂的到來。

　　再往山坡騎去，整個丘陵竟像是被春神披上了魔法的綠色地毯，微微閃亮著金光。神奇的天地，召喚我好奇的心，停住了腳踏車，朝樹林裡走去，菩提樹、光臘樹、羊蹄甲——和不知名的樹，群樹間，清脆婉轉的鳥叫聲，此起彼落，動人心弦。「嘓、嘓、嘓、嘓——」突然有低沉重短音的穿插，尋找聲源，在不起眼的枯木枝幹中，卻有一個個拳頭般大的洞。定眼一看，樹洞裡，竟有隻色彩亮麗的鳥兒，再看其他的洞，一隻、兩隻、三隻，「哇！」內心驚訝著，屏住呼吸，深怕一動，這神奇的鳥兒便飛逝無蹤。他們紛紛的探出頭來或站出身影來，想要一探究竟，有紅、黃、綠、藍、黑在他們羽毛上，「啊！」輕聲一呼——「這就是五色鳥呀！」

　　一身青草般的翠綠、頭部有如大海最底層的深藍、額頭和喉嚨部位像是一顆顆閃亮黃金鑽石的顏色、眼前和前頸有些許的部份紅色，眼部至耳羽上方、嘴部則為烏黑的黑色、腳而是鉛灰色。因為叫聲單調然而大聲，好像是和尚在敲木魚一樣「嘓、嘓、嘓、嘓、嘓——」，還有一身五彩顏色，有如花朵一樣艷麗，因此而被稱為花和尚的五色鳥——這

就是圖鑑裡如假包換、傳說中的五色鳥兒！多麼幸運的美好邂逅。

又傳來一陣陣「嘓、嘓、嘓、嘓、嘓——」的聲音，不停地在耳尖打轉，好像輕輕的敲打森林中的瞌睡蟲，輕聲詢問身旁的長輩，才知道這是五色鳥繁殖季節，每一隻雄花和尚都努力的唱著動人的歌曲，來吸引美麗的女神，並為宇宙展現曼妙的歌舞劇。

他們的歌聲，迴響著森林，像是和尚在廟宇裡敲著木魚；他們的歌聲，迴盪著森林，像是師父在廟宇裡誦念經文，把我的心靈一層一層的洗滌。

更往靜謐的荒煙蔓草與不見天日的森林裡走，突然叢草間有隻神祕又快速行走的「黑冠麻鷺」，牠一身棕色羽毛，頭上參雜少許的幾根黑色羽毛，低調又怕被人發現的行事風格，更引人好奇又想笑。慢慢的走出暗無天日的林子，低矮的灌木叢，居然有幾隻灰黑、長尾巴的小松鼠竄來竄去，真是可愛極了！

終於漫步到有陽光揮灑的綠地，抬頭一看烏頭翁正在木棉花間喧鬧嬉戲，小小的黃雀正唱著屬於台東縣卑南鄉南王曲風的民謠。

再踩上自行車，哼著自己編的節奏，順著下行的陡坡，極速的衝刺；髮絲飄揚，全身舒暢，好個春暖花開的早晨。

4.

江雲嵐放假前和老師商量，可否以台東縣關山鎮為書寫背景，黃老師高興地看著「**戀戀關山**」：

回關山，真好。

每到假日，媽媽就急著帶剛下課的我們回關山，「那是我們的家，安頓身心的地方」，媽媽常說。在我看來，關山的家園都是大大小小棵的樹與很多很多咬人很痛很癢的蚊子外，還有什麼？「還有豐沛的生命力，妳沒看到嗎？」媽媽不可思議的表情瞅著我。「最好是啦！」我懶洋洋的回應著。

回想九年前，我才一歲多，爸媽為了照應回老家住的阿太（很遺憾的，她已在今年農曆年前過世），在關山買了這塊地，當初真的只是一塊堆滿廢土與大小石頭的農地。我還記得外公專程從高雄來看，我們一起搬了好久的石頭，外公不辭辛勞、一手一石的把外圍圍起來，後來圍上鐵絲網，才算是我們的家園。我們還填了十卡車的土來種樹，那些小山丘當時就成了我們躲貓貓的遊樂場。小房子，或爸爸口中的農業設施，也在那時磚造而成，連粉刷牆壁、裝訂窗簾，也是爸媽親手完成的，聽大姐說她還用白色油漆在水泥牆上作畫哩！

兩分半的地種些什麼好呢？結論是想種什麼就種什麼罷！因此，我們灑過整片的油菜花，結果除了引來翩翩的白粉蝶外，牠們的子子孫孫也攻佔整面外牆，嚇得大姐的綠色青蟲夢至今猶存。我們也灑過整片的波斯菊，在當時可是不讓花東花海專美於前的。我們也種過向日葵、香草、四季草花等，春天來時，百花齊開，爭妍鬥豔，有什麼可以奪走大

自然的色彩呢？尤其是在山嵐漫步於山巒間，氤氳裊繞，詩意忽然千軍萬馬的傾巢而出，就讓無聲勝有聲吧！

為了讓土地有經濟利用價值，我們種了很多果樹，舉凡香蕉、芭樂、水蜜桃、西施柚、芒果、蓮霧、釋迦、黃金果、壽桃、柿子、恐龍蛋、紅肉李等，後來就成了外公新品種果樹的試驗場，也成了姑丈公的羊奶樹繁殖場。亂亂種，亂亂長，從山上的自行車步道望下去，家園就像一片森林，嘿嘿！探險去吧！

時間的河流呀流，我們種的樹也漸漸長大，有上百棵呢！像四季都有水果吃的果樹、千紫萬紅的觀賞樹、舞姬蝴蝶的食草與蜜源植物……，我們種的、外公種的、姑丈公種的、自己長的，如果樹木也有聯合國的話，我們關山家園準是最佳代表。

回關山，真好。我的童年在這裡上映。

舉凡一些鄉下小孩的絕活，我絕對是不輸人。我挖過蚯蚓、追殺母雞、找尋雞蛋、捉過泥鰍、網撈蝴蝶、玩夠泥巴、爬上榕樹、倒掛金勾、結繩記事、製作弓箭、結黨械鬥、灌爆蟋蟀洞、驚擾蛇洞、燒過枯木、灰燼作畫、學會騎腳踏車、光溜溜的游泳、水球大轟炸、大啖桶仔雞、毛毛葬花、在盪鞦千上即時作詞曲、打棒球、踢足球、放風爭、種玉米、採毛豆……，我的童年，假期裡要用力的玩，用心的玩，還要瘋狂的玩。

關山園裡太好玩了，所以我絕對不要補習，我要在平時努力收集所有不上課的時間，到關山玩個夠。我喜歡赤腳在草皮上奔跑「你打不到我，嘿嘿」、我喜歡把爸爸當作野豬射、我喜歡一邊控土窯雞一邊用木炭作畫、也喜歡一邊洗水塔一邊游泳、我喜歡下雨天噗嗤噗嗤的雨鞋、我喜歡玩泥巴、我喜歡挖洞設陷阱、我喜歡吹泡泡……我喜歡的，永遠

不夠時間玩完，就又要回台東了。沒關係，下次再來玩。

回關山，真好！不管是春夏秋冬，不管是晴天或雨天。

若在睡覺前，驚聞青蛙大聲喊叫「來不及了、來不及了……」，這準是春天來了。一兩聲的青蛙像是無聊的對話；而一大群青蛙的鳴叫，像是春之圓舞曲，有愛戀、有失戀、有單戀、有多戀，怎得一個「吵」字可以形容，應該是「忽聞群蛙鬧春夜，月迷愛舞秧苗中」，關山有青蛙叫醒春天，真好。

是螽斯還是台灣大蟋蟀，天色一暗即鳴叫不已，像是夏之宴的交響曲，有急急切切的短音呼喚，有悠揚長音的不捨，是尋尋覓覓還是離情依依。我總是拿著錄音機辨音趨前尋找，尋到時竟嘎然而止。真的是「夏夜微風撩得千思萬緒，蟲鳴逐月撥得起伏迭盪」，關山有蟲鳴催眠夏夜，真好！

秋天雖不見滿山楓的紅橙黃綠，不過天清日暖的倒映在剛播種不久的秧苗田裡，天是漸漸涼了。媽媽說往關山北上的台九線，在過了瑞源後，起伏而上的道路與兩旁的風景，像極了賓州 Scranton 近郊的 307 公路，一直線的扶搖直上，是直達快樂天堂呢？還是往桃花源的特快車？依然是「望盡天涯路，那人竟在燈火闌珊處」，關山有王績的「樹樹皆秋色，山山唯落暉」的秋意，真好！

北風忽呼而至，關山通常比台東低四、五度，緊閉窗戶，還是冷風颯颯，寒氣逼人。是誰暖了浴室？是誰熱了泡澡桶？是誰溫了棉被？大家泡得熱呼呼，早早上床窩在被裡看書，是寒冬裡的享受。有熱茶，有電暖器，有書，有音樂，有好心情，關山有「誰共我，醉明月」的意境，真好！

戀戀關山，春夏秋冬，盡在不言中。

5.

我希望
那方小小講台是阿拉丁的魔毯
老師帶領一群孩子探索生命意義
遨遊知識殿堂

　　　　　　——〈老師的十二樣見面禮。簡媜，2011.〉

五年級的暑假。

黃老師還在導師室整理自己的教室小說文稿。

輔導紀錄資料夾中的幾個孩子，讓他一個早上是蟬聲、陽光、音樂、馬齒莧花、涼風吹拂、冷泡茶、思想孩子們。

陳諺元寫著：「2010.3.黃老師買了一些花，叫我和蔡紀韋一起整理花圃。一個月後，我們一起討論養花的成果。黃老師說：『花的葉子下垂，代表土壤的水分太多了；而葉子有一點枯黃時，應該是有蟲或是營養不足；當花謝後，就要拿剪刀把花剪掉當堆肥。』

我要謝謝黃老師教我這些『種』花的技巧。

我相信：人就像花一般，要有養份的灌溉和吸收。有時也要學習像花一般，黃葉掉了，只要再奮鬥，又能開出美麗的花朵。」

郭嘉柔自己寫著：「99.06.下課後，老師叫住我：『嘉柔，找我！』我若有所思的慢慢步去，不正常的扭曲著手指。

老師靜靜開口道：『今天老師說過：『要顧慮到自己的品質！』但老師希望你先別管這個，應該要讓自己試著放鬆，瘋瘋癲癲的，就這樣！』

在這段話後，我才意識到自己緊繃的臉頰和僵硬的手指，多不自然。

我因為這話，放鬆了身心，便瘋瘋癲癲的和朋友玩了起來，表情不再不自然了。」

　　蔣亞涓寫的是：「99.6.3 早上，窗外正下著雨。老師拿起粉筆在黑板上寫著閱讀技巧。老師邊寫邊講，講到了人生道理。他說：『一個人要有品味，但那種品味是由你自己決定。』

　　他又說：「品味是『簡單、樸素』」。

　　他肯定的對我們說：『要去閱讀一張臉，你能夠讀到慈祥。』

　　老師講的這句話，讓我知道，我要去讓我的品質更好，讓我可以和影響世界的人一樣，讓人感覺到慈祥。」

　　蔡君軒那時的一點少女情感信件，被黃老師拿著，她寫著：「99.06.08 那時中午，老師把我的信拿走，並叫我去找他。

　　他用一種嚴肅又摻些溫柔的眼神，跟我說：『不要害怕給別人看到，被看到也不要擔心別人會說什麼。你還會緊張嗎？』我搖頭地看他。

　　其實，那封信給別人看到也不會怎樣，但我還是會害怕別人會笑我。可是聽到老師跟我說了那些話，讓我安心了許多，我不再害怕了！」

　　林怡苓寫的：「99.6.23.今日，窗外霧濛濛，風雨飄盪，老師在黑板上寫著閱讀的技巧和閱讀人生的道理。老師在黑板上寫了兩大部分，一部分表情、動作描寫；另一部分是景物，背景描寫、象徵；而人的人生道理是在於內涵，老師又說：『最重要的是簡單、素樸，加上一張慈祥的臉，這就是最美的了。』他提出歐亨利的寫作技巧，他的方法是使用鳥瞰法，可是要有品味才有美麗的臉，以便把物體寫的生動完美；要尋找一張完美的臉不難，只要靜下心，就可以找到心中臉；多利用閱讀技巧，才可以找出文章中真正的人生。」

　　陳諺元的一篇文稿「夏初的愛情」，是他教室生活的記實。

　　　　早上的陽光從房間的落地門鑽了出來，再加上微風的洗滌，真讓我好想趕快去學校讀書，悄悄的用犀利的眼神看她。

　　上自然課時，用小心的語言來跟她講話，真怕說錯一句話，就傷了她的自尊心。雖然跟她一起坐，是幸福也是驚險的。

　　放學，老師去導護時，我每天把教室的整潔和花圃的花，清洗一遍後，就馬上去她的座位，做一個大掃除，把她的桌椅擦一擦、抽屜書本放好，準備送她一朵鮮豔的「白玫瑰」。

　郭嘉柔那幾天到學校，都會收到小禮物，薔薇花、玫瑰花。那第一天的感受她寫著「玫瑰，粉紅色的感動」：

　　跨過海藍的都蘭灣，進到台東市。一如往常，我倚在車窗旁，迎著微風，看著街道，等著到校。

　　誰也不知道，在一個平常的日子裡，會讓一個小女孩，感到驚奇和感動。

　　來到了自己的位置上，和鯉魚山及小花園裡的玫瑰與茶花道早後，便彎下腰，準備收拾凌亂的抽屜──咦！那是什麼？我輕輕的將它移出來一點。

　　「好可愛啊！」我驚喜的叫著，手上托著一個紫紅色的小紙盒，上頭摻著一些閃亮的銀色珍珠粉顏料，而裡頭有個紅色小瓶蓋，插著兩朵玫瑰。

　　一朵是黃玫瑰，淡鵝黃的花瓣吐出香水般的氣息，大概是我今天太晚來，花開得差不多了，但仍令人感動。

　　另一朵是淡粉桃色的玫瑰，花苞尖端微開，成美麗的水瓶狀，翠綠的梗旁襯了三片墨綠的葉子。

　　我把它放了回去，兩手向前伸直重疊，埋住頭，側看。微笑中，我不免有些困擾，因為到現在，我喜歡的人一個也沒有，如果讓送花的他感到失落，真的很抱歉，不過希望他知道，我非常的感謝他。

八哥在木棉花深咖啡色的枝椏上駐足，回憶的果核靜靜的在那兒傾聽，直到一陣風，吹來，便和你那稚嫩的心靈，一同掉落在一朵碎花旁，但是，卻有一隻幸福的鳥兒，在一旁歌唱。

郭嘉柔的「初夏，最美的戀歌」，從黃老師說過「夏蟬」的生態後，她有自己的情感敘說：

夏天的愛情，屬於夏蟬。

你聽，那在漫長七年中，蘊釀的美麗。那黑黝的腹，一脹一縮，琢磨出初夏的戀歌。不同的節奏，不同的愛情。在地底的漫長孤獨，爬出地面後的短短一個夏，為了那戀人，高歌出六月戀歌。

玫瑰吐盡了香氣，不足溫潤那乾渴的喉，更不比那響亮的戀歌。

那多情的靈魂，是夏夜最亮的一顆星，是夜夜的月圓。

陳諺元更細膩地寫下「美麗的星期」：

清爽的早晨，天氣晴空萬里，教室的窗戶透出一絲絲的陽光，花圃中的玫瑰花在水泥牆邊露出一點點白色的花瓣。

我剛進教室，就看到劉傳藤在他的桌子用紙畫一張地圖，彷彿準備跟郭丞宏來一場世紀大對決；而郭嘉柔一樣沉默的坐在椅子上，我感覺她的腦中正在想一件事，過了一會兒，她拿著資料夾緩慢的走向後門，我想她應該是要去教務處練習講星期三閱讀時間的台詞。

練籃球時，我用最細心的解釋來教郭嘉柔的弟弟，雖然郭嘉柔的弟弟不太會左手上籃，但我還是不厭其煩的教郭嘉柔的弟弟上籃的技巧。

「為甚麼都不會進呢？」郭嘉柔的弟弟有點失去自信心的問我。

「你要一直不斷的練習，才可以進步。」我用嚴肅的表情說，卻不常這樣講他。

郭嘉柔的弟弟驚訝的說：「喔！」

練完球，我換好制服，幫郭嘉柔倒茶，我走到她旁邊，把茶杯放在她桌上。

「謝謝！」郭嘉柔用溫柔的語氣說。

我沉默的說：「嗯！」其實我心裡正在暗爽。因為今天連續三節課都跟郭嘉柔坐在一起。

藝術課時，郭嘉柔正安靜的翻直笛課本，旁邊冒出一句：「升 C 的指法怎麼握。」我不好意思的問郭嘉柔，但我很高興我能鼓起勇氣說出來。

郭嘉柔說：「手指要壓著 0、1、3、4 的直笛孔。」

「喔！謝謝！」我很感激的說。

上自然課時，蔣亞涓跟郭嘉柔說：「陳諺元的習作在描素妳。」郭嘉柔翻開我的習作。

我站在郭嘉柔的旁邊說：「喂！喂！喂！」郭嘉柔和蔣亞涓好像被嚇到了。郭嘉柔好奇的問：「你在畫我嗎？」

我說：「嗯！」。

郭嘉柔繼續問「這兩條虛線是幹嘛的？」

「對位置用的。」那時超緊張的我說著。

大家都放學了，教室只有我一個人，黃老師去導護。我趕快把門窗關一關，跑去郭嘉柔的位置旁，幫郭嘉柔整理書本、抽屜的垃圾丟一丟；也跑步去拿剪刀和教具，先把教具加一點水，放在陽台邊，再去剪那朵白玫瑰，有技巧的放在教具小量杯裡。放入郭嘉柔的抽屜。

隔天，郭嘉柔問起黃老師有關花的事情。

「我不能講。」黃老師逗趣地對她說。

老師問郭嘉柔：「感覺怎樣？」

「很快樂。」郭嘉柔說。

「那就好。被默默的關心是一件美麗的事，一種幸福。我快五十歲了，這種經驗不多見。」老師看著甜甜的嘉柔，說著自己的觀點。

這件事使我領悟到，要追求一個人，不一定要像愛情片所演的用心理暴力來得到她，重要的是「內涵」。

6.

我在自己說出的每個句子裡聽到那個節奏（11/17）。

〈海浪——春天的第一天〉
——維吉妮亞・吳爾芙 1940-1941 年日記節錄

　　夏天，南方的風，從太平洋帶著古典筆記本般的聽覺，緩緩而來。

　　坐在教室的窗台像一面白布，南風、藍色的太平洋，原本不相識的緣分，映襯在這裡。

　　青天、白日、滿地紅的國旗，像被旗竿繫牢的風箏，飛翔變成顏色語言摺疊語言顏色的海面起伏，一波一波的太陽視覺，與一波一波的紅色動感；一波一波的藍青色觸覺，與一波一波的青藍色屋頂樣的中央山脈，輕輕拍著彼此的夏天，從夏天開始的南風開始。

　　樹上的蟬嘶像南風一樣，想把所有的事情都說上一遍，像幼小的孩子對著睡在身旁的奶奶，說上一個故事接著一個故事。

　　深夜的卑南溪也是這樣的一個故事：站在中華大橋上，夜風給的並不算少。

　　翻過這一夜南風著的暑假，北風來的時候，他們即將接近十二歲，離開校園時，這個空間又是：

　　夏天，南方的風，從太平洋帶著古典筆記本般的聽覺，緩緩而來。

　　或許因為你，我才會有微笑。

　　或許因為你，我才會對生命點頭。

　　或許因為你，星星和月光，流水和海洋，卑南溪和我們才會有故事。

　　像一杯巴西聖塔茵莊園的黑咖啡和夏天的南風。

第十章　白色的月亮

一個人若沒有信任，就不會有友情

小六　盧愛揚

1.　曾經失去的信任與微微的風

後院裡
曾經養了一隻雞
突然「走失了」
在餐桌上卻～
卻擺著一盤
香噴噴的烤雞
想起以前
還在後院的角落
快樂的玩耍
如今
牠的「形影」已「漸漸消失」

一隻小雞又蹦了出來
輕快的歌聲又充滿後院的每個角落

　　清晨裡，天才剛剛發亮，麻雀的叫聲從窗戶傳了進來，起床時，雙腳踩在地板上，有如菩薩給了暗示似的，從我的湧泉穴灌入一股能量，頓時我感覺到骨髓正沸騰著氣趕往脊椎流動，讓我精力旺盛。我先去浴室洗澡，換好衣服，趕快去學校。到教室，感覺有一股光芒環繞著我，如耶穌般的慈祥。

　　進教室時，我看到鼻涕男在他的桌子畫一張地圖，準備跟太陽公公來一場世紀大對決，而郭嘉柔一樣沉默的坐在椅子上，我感覺她的腦中正在想一件事。

　　過了一會兒，她拿著資料夾緩慢的走向後門，我想她應該是要去教務處，練習講星期三閱讀時間的台詞。而我跟往常一樣跑去禮堂練籃球。

　　下課時，我常教郭嘉柔的弟弟上籃和投籃，雖然他不太會左手上籃，但我還是不厭其煩的教他。

　　有一次他跟我說：「我的投籃越來越不準。」

　　「我借你看的書不是有說：『如果投球都不進時，就要重新訓練基本動作啊！』」我有一點生氣的回他。

　　我講完這句話後，他越來越準了。

　　「他回家應該有重新練基本動作吧！」

　　「希望他的上籃也是如此。」

　　大概一個禮拜後，他不但會右手上籃，還會左手上籃。我還期盼他能去美國打籃球，雖然台灣的籃球實力比美國差一大截，但是只要努力就能達成目標。

　　像愛迪生講的：「成功，是一分的靈感，加上九十九分的努力。」

　　雖然我跟郭嘉柔的弟弟很好，但是也有跟他起過衝突，當時他的籃球被沒收，我跟他講：「哈哈哈，活該。」

　　一個禮拜後，我拿紙條給郭嘉柔，她說叫我自己拿給他。

　　我想：「她應該是要讓我們和好。」

　　隔天，他很有誠意的跟我說：「對不起。」

　　頓時我很驚訝的想：「應該是郭嘉柔看過，那個對我不公平的紙條，才跟他講的吧？」

　　紙條內容雖然對我不公平，但是，我是為了他的籃球能力能超越我。

　　我跟郭嘉柔的弟弟合好了，過了一年多，我還是無法忘記紙條的內容，是多麼的傷人、多麼的邪惡。

　　「從今以後你就狠狠的恨我吧！我是用你對我的恨意，來激發你的籃球鬥志，否則我講的話就沒效果了，我希望你看過這個紙條，還能繼續恨我，你這個傻瓜。」

　　但是我寫這張紙條時，我沒有想到，他會不會傷心、會不會自暴自棄？還好他沒有看。不然就會像我五年級開學後，大概兩個禮拜，我都沒有尊重別人的心靈。

　　以前，我常常講郭嘉柔：「暴力女」。

　　之後，有一個人跟我講：「你幹嘛這樣說，你知道她喜歡你嗎？現在，他不喜歡你了，你還讓她傷心，說，現在到底怎麼辦？」

　　我聽到當時，我很羞愧，「為什麼我要這樣講她？為什麼要讓她傷心？」我很自責的想，有如被所有人拋棄的流浪漢。

　　過一個月我提起勇氣跟郭嘉柔說：「對不起。」

　　說完我打算從今以後改掉這個性，沒想到我還是犯了，所以當天我被降到一級。

　　　那微微的風
　　　吹斷了我和妳的線
　　　那斷掉的線
　　　正在尋找主人
　　　那斷掉的線
　　　使妳我的活動更加微弱
　　　原來
　　　那是妳和我的友情線
　　　而我
　　　悲痛

2.　愛情讓我有所成長

家長不讓孩子沉醉在愛情中，很少錯誤，但是，愛情有時也會讓孩子成長。

一位追求夢想的男孩
望著美麗的山谷
看著輕柔的白雲
山霧輕輕拂過我的臉頰
山谷有群鳥為伴
雲有藍天相依

我看著妳
有如在仙境般
原來
我一點
一點也不孤單

　　在二零零九年與二零一零年之間的倒數，「五、四、三、二、一，YA！」大家都在喊著。

　　而我則是靜靜的躺著想，想我是不是喜歡上了郭嘉柔？

　　我是喜歡郭嘉柔的哪一點，我想到深夜兩點，唯一的答案只有『內涵』。

　　好幾次，真想傾訴我對妳的真心，卻始終提不起勇氣。在夢中，妳的一顰一笑，都有如天仙般的美麗，讓我心中洋溢著滿滿的幸福，在夢中，細細的傾訴對妳的思念……。

　　我喜歡那樣的夢，明明知道這是夢，可是它卻像最美麗的詩，既美麗又快樂。我真不願意醒來，真怕醒來了，只是靜靜的目送妳離我而去。

　　我一直想要和妳一起，走在那一條美麗的山間小徑，有微風，有白雲，有妳在我身旁，細細傾聽我的快樂和感恩的心。看著白雲，聽著潺潺流水聲，細說著我們的理想和抱負，分享彼此的喜怒哀樂，只要一次，那將是我們的美好回憶，有如醇酒般，越釀越香、越釀越幸福。

　　我不知道她喜不喜歡我？

　　但是，我會以我的能力之內盡量幫助她，問我為甚麼？

　　答案只有一個：我喜歡她。雖然她曾經拒絕過我⋯⋯

　　但是，「生命有高潮，偶爾有低潮，當你心情低落就看看四周，你有健康的身體，沒痛又沒病，閉上雙眼，換個角度想，你就會看見世界多美麗，只要努力去做你一定會有收穫，人生在世，起伏不定，為甚麼我們要悲傷呢？為甚麼我們要糟蹋自己的心情呢？每次的挫折，盡量要往好的地方想，才能重回自信心。」我這樣想，不過在我心中還是有一點陰影，無法撫平。

　　很多人都在猜疑，黃老師是不是在幫我接近郭嘉柔，還常常用微微的警告用詞來打擊我，我還很佩服他們，能想出那麼隱密又傷人的用詞。

　　有一次，我當場翻臉回話：「你們一定要針對我嗎？你們自己去看看，只是你們不知道而已⋯⋯。」

　　「我不是模範生。我能當好這個角色嗎？當個惡混？搞不定，來清場不就好了。我該當好你們所期待的角色嗎？這份榮譽感，我寧可不要，如果我要的話，只會讓她再繼續受傷害⋯⋯」

　　現在，我希望靠自己的『內涵』來完成，雖然我知道自己的『內涵』不夠。所以，最近我都在書桌前過生活，同時也鍛鍊身體，如果讀書大敗，我還可以靠運動來彌補我知識的缺陷。但是，希望不要發生這種事情，成為能讀書、運動、幸福又快樂的人。

　　為甚麼我要和別人一樣呢？考試都要九十五分以上，只要分數平均也能讓人喜歡，你就會閃亮，最後你根本就不用追求她，而是她來追求你，也許，這應該就是佛教所謂的智慧。

　　一朵菊花，
　　不知道愛情是甚麼。
　　只有風兒告訴了他。
　　吹起了漣漪，
　　吹皺了春水，
　　愛情就出現了。

　　原來，世界上還有一個她。
　　相識不知深。
　　相知不恨薄。
　　情難斷，
　　意難了，
　　離愁、情傷
　　令她枯槁。

　　菊花呀！
　　菊花！
　　只有凋謝化作塵埃，
　　永遠，永遠
　　屬於她。
　　永遠……
　　永遠……

3.　當我踏上月光的第一步

我用心良苦的佈置，只想得到她的快樂。結果，我得到教訓。

下午，我去整理花圃，
那棵榕樹吞下最後一口氣，
最後掉落的枯葉，
那
有如妳拒絕我的愛
一樣的痛苦
如果你走去神旁，
問，你是否能回來
是，或許能與她重新來過
否，我心中的鏡子將會破碎。
因為
妳就像我的生命樹。

　　清爽的早晨，天氣晴空萬里，教室的窗戶透出一絲絲的陽光，花圃中的玫瑰花在水泥牆邊，露出一點點白色的花瓣。

　　我送她花、我幫她擦桌子、我幫她整理抽屜、櫃子，很多人以為做這些事是浪費時間，跟笨蛋一樣。但是，不管怎樣我還是要做，因為我想看到她的笑容。

　　我爸媽都說我有曖昧的舉動，當時我不知道曖昧是甚麼意思，所以我只能點點頭，想到當初，我真的很笨……

　　早上的陽光從房間的落地門鑽了出來，再加上微風的洗滌，真讓我好想趕快去學校讀書和悄悄的用犀利的眼神看她。

　　上自然課時，用小心的語言來跟她講話，真怕說錯一句話就傷了她的自尊心。雖然跟她一起坐，是幸福也是驚險的。

　　放學，老師去導護時，每天把教室的整潔和花圃的花澆水，就馬上去她的座位做一個大掃除，把桌椅擦一擦、把抽屜書本放好，準備送她一朵鮮豔的白玫瑰。

　　郭嘉柔她應該知道，我送她花、幫她擦桌子、幫她整理抽屜和櫃子吧？

　　如果她突然問我：「你有沒有送我花……？」

　　那麼我可能已經在救護車上準備去醫院了。

　　我想：「以她的個性，有可能會發生。」

　　我都不太敢看她的眼睛了，那件事發生時，我只能隨機應變，小心、有暗示的回答。

　　昨天放學時，黃老師把我叫過去說：

　　「郭嘉柔偷看你耶！」

　　我只能笑一笑。

　　我想：「她幹嘛偷看我呢？那我在電梯門口前遇到她，為甚麼她還是都不敢看我呢？也許……」當然這只是我的猜測。不過……應該是這樣吧！

　　「當下最美好！」這種是難得一見的場面，真是太美妙啦！

　　以我的經驗判斷，她平常都是很尊重我們，但是，當她當上班長時，她的霸氣完全增加了，就算霸氣十足的班長都管不了我，只有她壓得住我凶悍的個性，只有她能化解我發飆時讓整間教室充滿殺氣的氣魄，真是萬物天生一物剋一物啊！

　　她，有如我的白衣天使，是多麼的純潔、多麼的靜謐。

　　大家說我應該要跟郭嘉柔告白，但是我只希望默默的去關心、祝福她，也不要讓她有壓力，先釀出一瓶陳年好酒，以後一些較複雜的事情再說。

　　以前、陳止月、老 K 以及拉麵王……都曾經喜歡她，代表她內涵的結構很結實，而我對她的感覺剩下 50%，但是，她真的個性

他們都不知道，她的個性我研究了一整個學期才找到，這整個班上應該我和黃老師知道吧！

以前，我上課時都在偷看郭嘉柔，每天睡覺時心思都「跑去看她」，使我的「體力」消耗得很快，我還以為我是全班最糟糕的。結果，紅毛猩猩比我更差，吃飯、睡覺……大概每一分、每一秒的心意都「跑去」看他的「好」朋友，使他的「體力」都花在他的「好」朋友身上，真不值得啊！黃老師都警告過他了，他還是屢勸不聽，之後，他畢業旅行甚至下課都只能在黃老師旁。這次的事件，對我來說是一個很好的課題，使我有所領悟，要用正當的表達來保護郭嘉柔。

黃老師真的有在幫我接近郭嘉柔嗎？我常這樣問自己，他還跟我說怎樣抓住郭嘉柔的心，其實我根本聽不懂他講的話，我只知道很多人都在抱怨。

「老師都在幫助陳諺元……。」

我只覺得這樣讓她有很大的壓力，所以我很對不起她，原來喜歡一個人是那麼的痛苦。我跟老師談過這件事，不過老師覺得他沒有錯，真的超級壞的。

「哼！」

> 荷蓮朵朵
> 潔淨無比——
> 出淤泥而不染
> 誇示無限能量
> 頓時
> 愛人的出現
> 世界再次撼動
>
> 翠綠大衣
> 苗條身軀——

鐵線蕨

無私——

空中永遠——

飛揚

雪白的哈達

夢境正在渲染著

照亮妳我的白光

枝上的三角梅

嬌滴滴的述說銀色

銀色的圓月——

妳我的牽牛花同時綻放

使我們魂牽夢縈的聊天

聊著聊著——

紫色花瓣無緣無故的搖曳起來

飄動的多彩多姿——

容顏多麼的豔麗

笑容多麼的甜美

妳那種呼吸的音符與氣息

我一生都不忘

因妳是我成長的重要人物

寄情在愛河中

但，因我隱瞞我自己

使我不再介入這種甜美的世界

我不再喜歡

使這世界變得黯淡無光——

一起悲痛

一同到達無間地獄

讓我一直對不起妳

4. 好久不見，我想告訴妳──

不要只為自己而活，也要為別人而活。

春天的早晨，在班級的小花圃裡，白薔薇和白六角茶花等綻放出亮麗的花朵。我們一分開，就是兩、三年。其實我都無法面對妳，不知道為甚麼看到妳我都會不自主的緊張起來，我感覺我已經不喜歡妳了，不過自然湧泉將被挖掘──

我知道妳有一個很不一樣的童年，收到很多的禮物，很多的花朵，這樣表示妳人緣很好、內涵很豐富。我沒白白犧牲；有一大群男生正在喜歡妳，可是，真正守護妳、默默關心的人只有一、二個，妳心中也許只有一個。但是，我知道不是我──

我五上時只是默默喜歡妳，直到五下時我開始採取行動，我開始送花、開始幫妳整理抽屜，都是為了讓妳快樂。我知道剛開始有效果，不過久而久之，我反而造成了反效果。妳開始有了壓力、妳必須開始聽那些沒營養的閒言閒語。所以，我做了選擇──

我把我自己的一半能力給隱藏起來，把這次風波結束後我再也不會做任何舉動。

我雖然痛苦，不過我願意為妳而留下這一片淚水──

有一個人曾經想要喚醒我，不過我還是忍耐下來，當時的場面佈滿了火藥味，隨時可能引發戰爭，都是妳的眼神讓我喘了口氣。現在誰也不欠誰，可是我一直依靠妳，我不知道為甚麼──

我寫到這裡再跟妳道歉一次，因為妳一定還能繼續為我打氣，因為妳的氣勢慢慢的消失，妳也許太疲累？我的一時疏忽而受到很多的波折，妳的疲累也許是我而引發的。

妳就是那麼美。

我這兩年的愛情多麼的繽紛、燦爛、純真，因為我見過我的天使。

　　不過有一個男生一直在她身旁，這真的令我不知所措。我和妳永遠無法相依？這是事實。我們一起共享永恆的影片？我想，我將再也見不到她。她可以看出我們擦身而過時我欣喜若狂的飛上雲霄，我的視線完全被她佔據，如同妳的背影，我的愛將不會老化——

　　夕陽是妳的笑容化身的恆星，絲上的露水是我為妳留下的歡喜之淚，希望妳能接受我的祝福，我畢業時會送妳花，妳一定不會介意？是一朵充滿心意的永遠不凋謝的花朵，每個人都無法看到——

　　一隻畫眉在桂花上喞啾著，好渺小！

> 撫摸臉頰，
> 撫摸事物。
> 大地之主，
> 純潔的無形萬物。

5.　那一刻，真冷淡

　　很多人都讓她很有壓力，現在我只能用最正當的方式來保護她。

　　冬天，雖然讓很多動、植物變得冷淡，但是，玫瑰花卻向我們熱情的招手。它那白色的花瓣，像「哈達」般的「潔淨」，有如郭嘉柔的笑容，多麼的甜美。

　　黃老師正在忙著阻止紅毛猩猩的行為。

　　使我深深覺得：「如果我給郭嘉柔那麼多壓力的話，會不會影響到郭嘉柔的學習呢？」

　　現在我只能默默的守護郭嘉柔，真希望郭嘉柔不要把這件事放在心上。

　　原來，喜歡一個人是那麼的辛苦，像今天上英文課時，我排隊排在郭嘉柔的身後時。

　　小堯就說：「陳諺元你很故意耶！陳諺元你不要一直看郭嘉柔啦！討厭。」

　　小堯叫我排到後面時，我剛開始動作，全班就開始拍手大叫，這應該會使郭嘉柔一整天的心情變壞吧！

　　我真的很想對她說：「對不起，讓妳有壓力了，我以後會離你三尺，不再讓妳快樂的心情變壞。」

　　「老實跟你們講，我不算是你們的朋友，你們正在監視我的一舉一動，你們不一定了解我。所以，你們以後來針對我就好了，不要搞到郭嘉柔頭上，再做的話，別怪我做出選擇……。」

　　我憤怒的想講出這句話時，我看到郭嘉柔的眼神，他的眼神化解我差點引起暴動的心態。

　　黃老師說：「要對郭嘉柔大方點。」

　　但是這種情形來看，我只能這樣守護郭嘉柔了。

　　「大方一點個屁！」

　　其實，我的背以前就被郭嘉柔的弟弟踢傷過，傷還沒好時，又被竿子打到，使我的行動受限制了，但是，我不希望讓郭嘉柔知道這一回事，希望郭嘉柔不要擔心我而害郭嘉柔的成績往下掉。

　　「你們應該會嚇一跳吧！」

　　現在我不會對郭嘉柔做任何舉動，像送花……，不要再讓郭嘉柔受到打擊了，也許這就是真正的保護吧。就算我受到委屈，但，就算我有生命危險，我也一直願意當郭嘉柔的盾牌，為郭嘉柔付出，為郭嘉柔抵擋外力的內心攻擊，這就是我對郭嘉柔的用心。

　　「情之苦啊！」

　　「對不起。郭嘉柔。我將放棄妳，讓妳無壓力的走上自己的道路。」

「謝謝妳讓我在這兩年寫下了那麼美好的回憶，再見了『大家』。」

> 妳那深厚的內涵
> 深深迷著了我的心靈
> 我想念著妳
> 希望
> 我們一同走在滿是玫瑰
> 一同思念著對方
> 一同
> 一同緩緩的走向
> 美麗
> 美麗的山谷
> 請妳與我
> 跟隨到"底"

6. 對我來說，打籃球是一種工作態度

盡量不要排斥籃球，只要用心去感受，你會感覺它有一種人生的出發點。

看著籃球選手在球場上的努力奔跑；聽著運球刺耳的聲音。籃球，有著我生命中最快樂的時光；籃球，讓我學習甚麼叫團隊精神和團隊默契；籃球，更讓我知道『凡走過必留痕跡』、『台上一分鐘，台下十年功』以及『謙虛』的道理。

最近有一場籃球賽，籃球隊大部分的隊員都在自我訓練，而我則是選擇訓練我的「耐心」、「溝通能力」以及「從沉睡的大地中甦醒」，慢慢體會「清涼」的感覺，這種感覺是非常的「平靜」、「浪漫」，使我「歡樂」。

　　一般來講，大家都覺得比賽時，精神都要投入在球場上，而我不一樣，我都把精神投入在調整郭嘉柔的弟弟的上籃、投籃姿勢和技巧，這應該就是佛教所謂的慈悲吧！

　　比賽的前一天晚上，我非常的興奮，在五點多時，我就從床上起來「禪坐」、「唸經」一個小時，代表我的訓練真的有效，當時我升到了六級。大概是「禪坐」的關係，讓我比賽的時候一點都不會累，當然，這種訓練只是我的預測。在練習的時候，范老師對我們的這場比賽沒有很大的期望，使我們全隊一個禮拜之內都無精打采的，我們很不甘心，之後，我們還決定要打冠軍，夢想達成了，我覺得團隊的「鬥志」能讓比賽有所轉變。希望學弟們看到這話時，能有所啟示。

　　比賽的中場休息時間，范老師把我叫過去。

　　「阿元，你不要怕跟別人衝撞，你的上籃動作很不錯，不要失去信心。」

　　這句話有如跟榕樹的根一樣，深深的紮在我心裡；這句話讓我在比賽的時候更有活力；這句話使我對籃球的熱愛「更上一層樓」，到達了七層。

　　雖然我得二十一分、十二個籃板、十個助攻、五個抄截，在球隊裡面算不錯，但是，不夠好，原因是，我希望比賽時的平均分數能到九十五分，我給自己打八十分。

　　一開始我爸爸、媽媽不讓我打籃球，但是，我很執著的想。

　　「我一定要參加，我一定要得到這份榮譽，所以我很堅持，因為我是男生，男生該硬的時候要硬，堅持到底。」

　　但是，他們還是不答應，我很失落。我清晨時，偷偷的爬起來，吵醒我媽媽，再苦苦哀求一次，她終於答應了，所以我馬上起來，吃完早餐，一直催我媽媽快一點，難得我第三個到教室，所以我當天講話既自大又有榮譽感（當時我還沒有學到謙虛）。所以，我不想荒廢我當時的努力要求，當然我一直在我的心裡想。

「以後要更好、要一直進步、一直要謙虛。」

　　火的熱氣，

　　折磨著妳我，

　　有如在地獄般的痛苦；

　　火冒出的煙，

　　有如神在拆散我們。

　　但，無論風吹雨打我們都要在一起。

　　因為，

　　我愛妳。

7.　人生的開始、經過與盡頭

一年間，兩人離開了人間，原來，這就是「人生路」。

　　外公去世剛滿一年，奶奶也跟著離開人間，這種情形使我慢慢的走入黑暗的深淵，頓時我才知道，我還沒有完全長大，我還沒有資格跟達摩祖師一同「出生入死」。

　　我的爺爺和奶奶是跟著蔣中正來臺灣的。爺爺打過第二次世界大戰，所以，他非常的堅強，非常的凶悍，可惜我沒有見過他，沒有被他教導；而奶奶他非常慈祥，就算小孩犯了錯，大人正在罵，她還是站在我們這邊，她有如孩子們的「德蕾莎修女」。

　　然而，外公他去世的面貌嘴角是上揚的，他以前是在稅捐處上班，那個時候學歷算是很高，但是他的身體不好，常常洗腎，每一次開刀都有生命危險，他一直面對現實，讓自己一直屬於最快樂的階段。

　　現在我要學習他們的人生過程，學爺爺的堅強、奶奶的慈祥、學外公的智慧，當他們所期望的「救世主」，把世界變得更「美麗」，就像心田上的百合花開所講的。

「我是一株百合花，不是一株野草，唯一能證明我是百合的方法，就是開出美麗的花朵。」

以及筆記四則，這兩篇文章也許都是愛情的選擇吧？（2009年 康軒文教事業 國語課本第九、十三課）

「必勝！」

有一首歌叫「人生路」，它把人生的好壞都用台語敘述出來，出現一種充滿希望、向前衝的感覺。

「浪子也有回頭時，歹子會出頭天，世間沒人靠運氣，提出咱信心，情路雖然袂順利，總嘛也有春天，——坎坷人生路尤原愛行，不管感情路外呢苦，不管人情路外呢薄——大步行向前衝」

人雖然有生老病死，想要讓自己的人生充滿色彩，一定要好好的讀書，像劉伯溫、胡維庸、諸葛亮等等，那如果像 LeBron James、Kobe Bryant、楊傳廣等那一定要一直努力、努力、再努力的練習，這些人都是有所成就的，他們的精神值得我們學習。

> 關愛，
> 慈祥的眼神，
> 想念他們的深深關懷。
>
> 嘖唸，
> 嚴厲的訓示，
> 想念他們的諄諄教誨。
>
> 秋天
> 是想念的季節，
> 您們……
> 您們雲遊四海去了嗎？

8.　大結局

這兩年來，沉醉的感情，兩種都有。

毛毛細雨，柔柔的滴在我身上，這些細雨也許是淚，畢業前的獨自流淚。

當天上的星星都閃閃發亮時，我們必須離別。

你們可以愛我，你們可以恨我，可以告訴我蔚藍的天空已經烏雲密佈。我不願意就這樣放棄，其實你們需要一個擁有藍天白雲的假期，依然堅強，我明白了自己所有的愛——

每天晚上都在做我的夢，跨過整個太平洋，妳是安全在我心中，和我的心繼續下去——

這兩年來我經歷了許多事情，籃球、人生、工作態度、感情問題——，使我成長了許多——

就像在畢業成長營四班所說的：「要畢業了，雖然有些不捨，但是在這六年中我們都很快樂——」

　　在雨水裡的夜神
　　別再哭啼
　　她正在為妳洗去一輩子
　　一輩子無法淡化的
　　塵泥

9.　人生詩篇

　　相遇碰巧
　　電風扇的轉動
　　重現記憶

一切都好
旋轉片刻漣漪
坑坑洞洞

星星看著妳
好歌喉夢想追求
勇氣好一生

到來拓荒者
荒野鑽石之開啟
我的心靈啊

眼淚一絲
重現回憶感覺
愈多愈悲

獨二無一
閃耀擂台戰鬥
將來懲罰

安靜慈祥，
為妳改邪歸正。
只求一句，
當朋友吧……
乞求……

在雨水裡哭泣的夜神，
別再哭啼，
祂正再為妳洗去一輩子，
一輩子無法洗去的。
塵泥──

夢裡的她是誰？
夢裡的她在哪裡？
沒見面但已愛她。
現實中，
為何那麼不快樂？
還再尋找那一個她──

第十一章　和大自然一起散步

小六　陳妍蓉

一、海之歌

　　都蘭，那是一個擁有著「山海戀」的地方，是一個住著山神和海神的仙境，是一個世上最美妙的家園，一個最甜美的夢鄉。

　　晴空萬里，陽光普照，天上沒有一絲白雲，一個早晨從這裡開始。海，漸層的感覺，從深藍紫、到深藍、到深藍綠、到寶綠、到淡草綠、到淺水藍，那是一道冰涼的彩虹，一座橋。細細碎碎的陽光灑在海上，相互推擁、翻擠、泅泳著，在海的心中，陽光一直是個甜美的地方。海上揚起了鹹鹹的海風，那是淚，走遍了天涯海角卻再也找不到心愛的人，信寫了好多次仍沒有回應，他是多麼的希望能幫愛人描繪人生色彩，和他白頭偕老，永遠在一起。溫暖的又是冰涼的，海的溫度是那麼的令人舒暢，泡在水中，心房是暖暖的，心情是沁涼爽快的，是無比的喜樂，那冰涼。雪白的浪花一朵一朵的綻放，那白色的泡沫，那海的唾液，那細細綿綿的小毛毯，它綻放的白光是如此聖潔，潔淨；在那浩瀚的大海上，它是孤寂的。好寂寞。好淒涼。水波輕輕的拍打著岩岸，時而柔撫，時而重摑，好似對它又愛又恨；時常，水波唱著它的搖籃曲：「沙──沙──沙──」，只有這個「沙」，卻千變萬化，百聽不膩。輕唱。踏歌。高唱。「沙──沙──沙──」。「涮──沙──涮──沙──」。「唏涮沙──唏涮沙──」。

　　夕陽西下，滿天晚霞，淡紅色、粉紅色、橙粉紅、淡橙紅，滿天彩霞。海上灑滿了金光，頻頻閃耀，輝煌耀眼，就似那金飾銀飾丟滿了海上，就似那純金磨成的粉厚厚一層鋪在海上。和夕陽共舞，和紅雲歌唱，和它們調和成一種魔幻瑰麗的奇妙色系，目光在

閃耀，淚水在跳動，為眼前這幅美景感動，這是都蘭的海岸，這是我家的海岸，沒有人在關心，沒有人在看，這美景的每日賣力演出。沒有人在看。令人讚嘆的海洋。

藝術之美，大地的榮耀。

一把打開封鎖著童年之門之鑰，打開了人的野性，和大自然共存對話的心靈，人和自然界心心相印，和動物們的平等心態，對眾生的慈愛、慈悲，一夕間的變更，成為了菩薩；廣大寬闊又浩瀚，平靜詳和又瑰麗，心變成了海，海變成了心，海在心裡，心在海裡，一直都是共同體。

皎潔的月，輕悄的升上天，潔白的月光照著大地，一天結束了，一切都結束了，休息的時間到了。晚安了，大海。銀色的碎玻璃在海上漂盪、浮動。

一種靜謐。靜謐。

一種寂寞。這是寂寞。寂寞。

晚安，大海。

二、自然之慰

聽，鳥兒在歌唱。聽，星星在道別。聽，太陽在問早。

清晨，大地慢慢的甦醒，山巒輕輕的張開惺忪睡眼。雲霧散，空氣變得清新，鳥兒上枝頭，發出細小悅耳的啁啾；冠鷲在天飛翔，牠雄偉的叫聲彷彿可以震撼全世界。長滿雜草的沙坑上，點綴著一顆顆慘白褪色的安通煙管蝸牛之遺骸，散發著絲絲幾乎感覺不到的淒涼；一粒粒乾黃色的非洲大蝸牛卵，也失去了生命色彩，死亡的乾枯凋零，填滿整顆蛋；沙子冷冷的灰色將這凍冽的墳場添加了一份悲傷。白玫瑰穿插在深暗綠的莖葉上，好比那珍珠鍊子的晶瑩圓潤，更多了那聖潔芬芳的神聖之美。沙漠玫瑰挺著那肥胖的莖，那兒儲著生命的甘露及神賜的甘霖，以嘉許他在沙漠中堅韌而不棄的

生命；瑰麗妖艷的粉紅，溶化在嬌嫩的花瓣中，調和著自己的色彩，不斷的滑動穿梭，探尋著「雅」和藝術之美。

用你已很久沒好好嗅過鼻子仔細的聞一聞吧！讓青草和著泥土的清香在鼻子中流竄、跳舞；嗅嗅那溼稻草的潮溼味，嗅嗅那花兒的甜美香氣，再嗅嗅那鹹鹹大海的味兒吧！傾聽，大自然的美妙聲音。讓風兒親吻你的肌膚，讓他唱著他的歌來催眠你急躁的心靈。讓鳥兒表演一場恬靜的啁啾聆聽，平靜那因不安而緊皺的臉皮。

在一個美麗海岸邊；踩著柔軟的沙灘。

腳上滿佈被蚊子肆虐的紅點，我的腳在爬滿馬鞍藤的岩石上吃力的走著，渴望踩到眼前柔軟閃亮的沙子；觸碰閃亮的「星星」沙。我打滾。我尖叫。我微笑。我看著它，發現了星星沙中的星星：石英！好似灰灰的雲朵乘著一點閃耀的小星星。我撫著它，我將臉頰旁的頭髮往後撩，鼻頭湊近沙子磨蹭而咯咯的笑著，微笑的臉上之雙眼比新月還彎；我盯著手掌旁的「鐵沙」，被灰沙子襯托成了時尚的摩登藍。我試圖用指甲慢慢的將它括起，爾後把它當成了珍寶般的捧在手心中，撫摸搓揉。

自然。

出乎了意料之外，喚醒了溫暖的回憶，慢慢埋藏，埋葬記憶……你將遺忘，煩惱。你將擁抱快樂。知道嗎？苦澀的記憶往往就和咖啡一樣，自然其實和之中的奶精一般，在平靜之中，巧妙的中和了苦澀，使咖啡變得更芬芳香醇。晦暗的心情、悵然的心緒，就因此停滯在那兒生悶氣？希望有人會來做無謂的安慰？那就錯了！上天在錘煉你，你應該虔誠的讓自然淨化。

你的心
再次的得到了
自然的
安慰

三、玉琵琶

　　我喜歡湖，也喜歡海，我喜歡水所表現的美和藝術。

　　在森林公園往一個曲折而充滿芬多精的森林步道走，讓那浮動的葉影在你身上飄動，讓徐徐涼風吹入你的心中，一直到身心平靜時，翠綠的琵琶湖就會在你的眼前展現。聳高的松科植物及一大片的木麻黃，濃密而纖細的針葉垂吊在褐色的枝椏上；當眺望著它時，會變為流速緩慢的綠色瀑布，充滿了堅韌又柔美的感覺，更似古詩那句「清泉石上流」。厚厚一層鋪滿泥地的針葉長久浸在水中的潮溼味兒，鑽入了鼻尖，雖然這感覺讓我感到不怎麼好，但琵琶湖的美景也讓我漸漸淡忘了。輕輕的拾起一粒石頭，丟向水面，「噗嗵」的一聲，湖面濺起了水花，隨後是一個美麗的漣漪；漣漪碰漣漪，一個個漣漪結合在一起，一個優雅的幾何圖形。湖面靜的恰似一面明鏡，它映照著天，也照著自己；琵琶呈現了一種美景：「魚在天空游，鳥在水裡飛。」，可見它照得多麼清楚：成群而翠綠的木麻黃、雪白而純潔的雲朵以及亮藍無比的藍天……；因此水面又是何等的平靜。看著那澄淨清澈的湖，內心不免平靜下來……但被這突然的一驚，又回過神來！水底怎麼會有陸棲的雜草？不可能！我用力的揉揉雙眼，集中精神再望了一次——不會錯的！它渺小的身軀直挺挺的聳立著，鮮綠的葉片在水中浮動，它的葉片和陸地上大多的植物一樣是水滴形的闊葉，而莖幹也一樣是咖啡色的。我笑了。在這時，我又大聲驚叫了起來！為什麼自己剛剛沒有發現？我不斷的問著自己。究竟是什麼？一大片水底大草原！草兒們神態自若的擺動著苗條的丰姿，而沒有什麼垂死的狀態。在水底森林中，吳郭魚在其中自由穿梭、快樂悠游。看著這美麗的情景，不禁微笑，發出了輕而淡的笑聲，看不到、聽不到，但確實有。掃視著湖面，發現了一棵姿態奇特的木麻黃——他正吃力的伸長了枝

幹俯身輕吻著水面，那種含情脈脈，那種甜蜜寂寞……多麼的美妙溫柔……

　　一隻美麗高雅的白鷺鷥從我的眼前掠過，又白又柔的羽毛，看似天鵝絲絨般滑順，皎潔雪白。我看著牠，牠只是靜靜的划向回家的路，比船槳划破水面還輕，銀白的無一縫隙，或比蝴蝶輕輕的從海藍的堤岸，跳下，不濺一絲浪花地在空中泅泳。

　　快樂的談笑聲、腳踏車的鈴鈴聲，鑲嵌在這個玄妙的空間裡。身體中的細胞輕聲嬉笑，溶解在藍天的曲樂裡，被洗滌的晶亮透明，快樂的演奏著山嵐的迴旋曲。濃稠綿密的樂曲在耳旁盪漾徘徊、穿梭划行，輕輕的划破了澄淨的水面，留下了一圈圈的漣漪。

　　琵琶湖啊！琵琶湖！你可要珍惜你那絢爛美麗啊！你可要珍惜你那柔美的樂曲啊！你可要珍惜那……永不褪色的真情啊！

四、春雨

　　濃濃晨霧在時間的流逝中，因瀰散而縹渺，此刻讓人感到些許羅曼蒂克。這時，一道曙光射入一片霧中，吃力透過朦朧的白紗，到了我跟前柔撫我的眼皮；光線，沿著臉頰與空間的柔美界線一點一點的往下流動。

　　早晨，山嵐被雲霧穿插滲透；暗藍色的山脈襯托雪白的雲朵，就似水墨畫表達的詩情畫意；幽靜秀麗，風光如詩，景緻若畫。綿綿細雨，輕輕的下著，又濃又密；一片牛奶般的乳白。

　　春雨。

　　晨。

　　冬天靜靜的、慢慢的，走了；是否和候鳥一同飛走了呢？還是和梅花一起凋零了呢？春天，揪著冬天的衣角，輕輕的、悄悄的，來了；是乘著黃鶯的翅膀飛來的呢？還是從牡丹的口中綻放的呢？春雨隨著來了。

雪白的梅花，口中吐著血塊色的花蕊，接連花蕊的溫潤花瓣那兒，也被花蕊渲染；現在，牡丹委婉的將她再次送回冬天的懷中，輪到她優雅的綻放了。牡丹，春的代表；粉紅、白滲粉紅、血紅、暗紅……在花瓣上翩然起舞。一片緋紅。她柔潤嬌嫩的雪膚，集中翻折成一大團的繡球，大朵大朵的，花香四溢，好不美麗。春雨隨著來了。

這是春雨圍繞的二月。

那一天，我想到了雨水。我打開窗戶，細細的雨珠跑了進來，觸碰到了頭皮的酥麻感，就像把人點醒一般的覆蓋在我的頭上。伸出雙手將屋頂上落下的雨接住，捧在手心入神的端詳；整個人似乎變成了一個斷了線的傀儡，動也不動的注視著雨水中屋頂上的灰塵，欣賞它的曼妙舞姿；乍看之下，我捧著雨水的動作和空間構成了一幅畫：沒有燈光的照射，只有窗外的光，透了一點進來；我側身捧著雨水，空洞的雙眼沉迷於水中的塵埃；心臟彷彿在沒有空氣的身軀中停止轉動，「一個不會動的傀儡。」一個奇異而空洞的聲音自內心發出，我驚的頭顱抽動了一下。我回過神來，微笑著把水灑出去。這時，我才感覺到四肢冰冷，凍冽的冷風又再次的向我襲來。

我依然佇立在那裡欣賞風景。烏頭翁成群躲在柳樹樹梢上，一起取暖；啾啾的叫著，互相慰問，增添了家中的溫馨感，就是皮膚被凍裂了，心中也感到些許的溫暖。

細細的、綿綿的、霧霧的、溼溼的，這是春雨。下雨的時候，山脈的靛藍色渲染了天、及自己的稜線。雲霧交織成的飄逸薄紗，這個世界看起來靜悄悄的。傳到耳裡的聲音，只有沉悶的呼吸聲和怦怦的心跳聲，一種聽覺的隔離，奇妙的感受。

春雨給了我一個奇特的回憶，珍藏在心底。

五、自然手札

1 葉的拚湊

　　樹葉，被風輕輕的吹掃下來，漫天飛舞。地上，有著各種顏色的葉子所鋪成的地毯；有滲透著淺黃害羞的紅葉，有散發著青春活力的鮮綠嫩葉，還有乾枯衰老黃葉片，都拚成了多彩多姿的薄地毯，令人讚美的薄地毯。

2 風，這樣子過

　　操場上，小朋友跑跑跳跳，每一個小角落，都彌漫著令人精神大振的活力感覺。

　　花架下，桃紅的三角梅，正輕鬆的仰著頭，看著湛藍的天，呼吸著新鮮的空氣，想著今天會有什麼心情？這時，風來到她的身旁，輕輕觸碰她的髮鬢，並和她談天說地，使得三角梅小巧的身軀強烈的搖擺，好像隨時會斷；大家知道，有一天，風這樣過。

3 木的安慰

　　我仰著頭，讓散漫的頭髮隨風飄逸，茂密的樹葉在我的臉上化為葉影，清晰的印在全身上下。一陣風，輕輕的吹來，柔柔的撫著我的背脊，葉子「沙沙」的伴奏，樹枝的尖頭在我旁邊的位子上方垂下，好像想要把我層層的包裹住，我也很想抱住樹枝在它身上吸吸量少的芬多精，在那兒沉睡一小時。

4 夏之戀

　　夏天的愛情，屬於夏蟬。

　　宏亮的戀歌響起，夏蟬深情的歌唱使火紅的鳳凰花甦醒，使夢中的伴侶露出了臉龐。

　　秋風乍起，桂竹飄香，生命結束了。

在這個世上，夏蟬得到了一份滿願，
就是證明了在他短暫的生命中沒有遺憾，
因為與夏天的戀情在腦海中永不腐朽
伴著他的心靈直到永遠

5 初夏，最美的戀歌

夏天的愛情，屬於夏蟬。

你聽，那在漫長七年中，蘊釀的美麗。那黑黝的腹，一脹一縮，琢磨出初夏的戀歌。不同的節奏，不同的愛情。在地底的漫長孤獨，爬出地面後的短短一個夏，為了那戀人，高歌出六月戀歌。

玫瑰吐盡了香氣，不足溫潤那乾渴的喉，更不比那響亮的戀歌。

那多情的靈魂，是夏夜最亮的一顆星，是夜夜的月圓。

6 櫻花

粉紅色的繽紛，一種色彩鮮明又清淅的視覺的享受。

粉紅的花瓣，嬌嫩柔潤，令人渴望摘下又不忍下手；灰暗的水泥路邊緣長滿了青綠色的地衣，上頭點綴著櫻花妖艷的粉紅，那種妖艷，令人感到櫻花好像擁有不枯竭的生命；那青綠而鑲著粉紅和枯葉的土黃，色彩永遠繽紛，因為從不有人蹂躪踩踏過。

7 天空

都蘭的天空，平常是淡藍色的曲調而晴朗無雲。時而，被帶著淺灰且色彩暗淡的烏雲覆蓋，傾盆大雨傾瀉；朦朧中，只看到灰冷的天空淚水潰決。雨停了，空氣由如天空一樣清新。經過雨水的洗滌，天空看起來更美了。

和往常一樣，淡藍色的曲調。

8　散步

　　或許有著這麼一天，你可以獨自一人散步，想走多久就走多久，你擁有足夠的時間，可以看看大自然。

　　一天下午，我打算一個人偷偷的到附近散步。過了幾條巷子，轉了幾個彎，我走到了一個有著細小景色的小小巷子。兩旁矗立著古老的建築，鳥兒的啁啾在空氣中溶化。老式的石牆上有一層厚厚的青苔，一旦心情煩躁，只要將臉頰輕輕靠在牆上，清涼會漫遍全身，鼓動的血液會慢慢寧靜。

　　或許有這麼一天，自然會平靜你那煩躁的心，得到一份寧靜。

9　信箱

　　在昨夜的雨後，我漫步到花園的信箱去收信。

　　我輕輕的走到白玫瑰前，撫著那特殊品種的寬大花瓣，緩緩的嗅了嗅。那嬰兒皮膚般的花瓣和香水般的氣息，幸好，昨夜的雨沒打壞它。我收到一份欣慰。

　　依然高大翠綠的小葉欖仁，我收到樹下一片陰涼。摘下火紅的朱槿，輕輕的舐了舐，以從味蕾爆開的甜蜜完美結束。

　　明天，我會收到什麼？

10　花，耳語

　　一.大花咸豐草
　　柔撫，花瓣似明月般皎潔，像水那般柔紉。
　　二.沙漠玫瑰
　　痴肥的莖，存滿了生命之水。瑰麗的艷紅，在和花瓣說話。
　　三.雪茄花
　　雪茄花，那淡粉紫在我眼前閃爍。片片綠葉如此小巧，隨風飄搖。暗紅的莖，在視線中蔓延。

四.七里香

乾褐色的枝椏，在舞，在動。雪白的七里香花，大朵的，散著它那清淡的芬芳，在綠葉之下，嬌羞躲藏。

六、自然小品文

1 〈生命〉

冰冷的早晨，充滿了鳥兒的悲鳴。一股鮮血的腥味，喚醒了這個淚水洗滌的上午。山嵐的色調不再溫柔美麗，早晨的涼風不再沁入身體，一整天自然都不再活潑深情。

一張冰冷的面具，附著在爸爸的臉上。他那雙大手拎著一隻無知可憐的雞。牠那無辜的眼神，純真而渾圓的眼睛，不知道眼前那支利刃要對牠做什麼。爸爸左腳踩著牠的雙翅，右腳踏著牠的雙足；左手用力的將那布滿羽毛的脖子往上掰，右手使勁的拔著牠脖子上的羽毛。那小生命不知所措的掙扎，並以那百感交錯的雙眼凝望爸爸。爸爸的嘴脣終於掀起，對雞說：「做牛做雞沒完沒了，投胎後去做有錢人的孩子。」利刃一刀一刀的割著牠的脖子，我別過頭，淚水滑過臉頰，我真心祝福牠，真心的為牠禱告。

牠的雙腳仍在踢蹬，頭顱仍在抽動搖挑……最後的掙扎……鮮血一滴滴的從牠體內流失，生命也跟著凋萎……再見了！爸爸剪斷了牠的氣管。再見了！淚浸溼了弟弟的臉龐。再見了！眼皮緩緩的蓋上……

2 〈透映雪白〉

夏日，微風在臉頰集合、破碎，吹著花苞的希望，輕輕的、輕輕的顫動。蟬鳴，拌著雲彩，映出這清純、這恬靜。

雅致，這花名。

　　青花瓷盆上抹著深藍色的底；清白色的梅花慢慢扭曲身體，優雅的攀著、攬著瓷盆。瓷盆上，淡青綠的梗莖，隨著清風，唱著搖籃曲的搖著。一片片深綠的葉子，就如瀑布般的從梗上傾瀉而下，葉尖害羞的向內窺視，護著瓷盆、土壤、花根。

　　潔白的、纖細的。

　　珠蘭花瓣，柔弱的在風中顫抖，但花蕊卻自信的面向窗外的陽光；花絲成純白，接近花粉囊時微微染成桃紅。花朵上，鑲一顆顆晶瑩的水珠，反射出璀璨的陽光。

　　深厚的葉片，是友誼嗎？意味深長的青花瓷，暈散的模糊過去是你嗎？珠蘭，是純潔的愛情嗎？花瓣上的水珠啊！你透映出的，是雪白的倩影，還是黑色的暗影啊？

七、自然小詩

〈離別〉

枯草旁

黑色的海邊

銀色曲調

一漂

一沉

道別

黑布

啊

離別

〈木棉〉

春天的

木棉

在鳥鳴中
綻放
細小的
笑聲
慢步在心尖

等你走過了
橘紅的
身旁
飄落的
啊
那不是
落花
你可曾看過
我碎裂的
心

〈盼望〉

狗兒玫瑰
在每夜的夢中
嗚咽
因為思念
最後破碎成
咕嚕咕嚕
顫抖的
沙啞的低泣
片片陽光和
清冷的天空

和她作伴
但她仍
盼望
有一天

〈刻〉

在我離開前
希望你
用最迷人的笑靨
在我心頭
刻下
永恆

〈題目未定〉

美麗的
晴天
鳥兒
在深綠
和翠綠之間
輕快的跳躍
閃過了一抹微笑

灰雲
悄悄的
矇住了雪白色的
碎花前
鳥兒
披著顫抖的
羽翼

在巢中
低鳴

寒風
夾雜著大雨的剎那
散亂羽毛
灑過了一絲
冰冷淚水
朦朧了窗帘

窗外的雨
依舊
不知是雨
還是淚

〈星空下〉

夕陽的歌聲
傳到耳畔

天空
綴著星光
抹了一絲黑
鬼魅一般的
安靜

悠長而嘶啞的
哀鳴
撕裂了
寧靜
森林
哭了

殘破的
樹影
被凍冽的
冷風
啃噬
搖著逐漸衰老的
身軀
傾聽森林的
哀鳴

星星在漣漪上
跳躍
在水花上
閃著
在森林的
眼中
閃著

〈在雲霧中〉

當雪白色的雲霧
從都蘭山尖撲流而下
那小小的生靈
便向那飛去

山中並無遠眺那般純白
只是迷迷朦朦的蓋在眼前

當天使的羽翼一揮
煙消
雲也散了

〈山的孩子〉

狡點的光芒
在你眼中
閃爍
你拉滿弓
感受顫抖的弦
那側面容顏
刀鋒般的

夜歌到了你耳畔
生物深望你
你卻
一心的想得到
深到刻進你心坎的
森林之吻

〈慢步在風上的女孩〉

金色花瓣
飄落在黑色短髮
那柔柔的眼神
融化指上
細雪的冷光
啊
用你微風般的調歌唱吧
在風中
那頭髮
慢慢的飄揚

〈百合〉

山谷中
白浪掏空
清淡香
濃霧般撲在
雪白海上
等著
送給
心中最美的歸屬

〈鏡〉

美麗
清澈又閃亮
她的背影
是眼底的夢
當你遠揚
眼神掠過
那
破了
碎了
的臉頰

〈那天，在海邊〉

悄悄觸碰你的心看看
成群海鳥飛過
就乘著羽毛和風
划破海面
她的絲絲黑髮

從海藍回憶
輕掃而過

〈童年小鳥〉

花凋了
明天依然綻放
星星落了
隔日就亮起來
但是童年小鳥為何
一飛就不回來
螢火蟲啊
今晚你會不會
回到
童年小鳥
的
回憶
小巢

〈追著回憶〉

要走了
才發現
還未道別
都蘭山神
和那波波浪花
相依著遠望

抹去離別的淚水
想和你到永遠

> 再見
> 片片白雲
> 湖上的漣漪

八、朋友，散心，回憶

　　陽光沿著百葉窗透了進來，溫暖圍繞著。一種百感交集的感覺網住身軀。

　　我抬起灰冷的瞳孔想著，去散散步吧！輕輕的轉開門把，「我出去了！」。

　　走過人來人往的大街，只尋一個靜謐的地方。越過擁擠的人潮，往安靜的鐵道走去，葉陰印在臉上，透過皮膚將沁涼注入全身，我揚起嘴角，心舒服多了！走進第二條鐵道，發現一個小咖啡店。院子裡開滿了玫瑰，沿著木梯走下去，三隻土狗輕柔的搖尾；咖啡店的氣氛不一樣，柔和的黃色燈光搭配麵包味和咖啡香，簡單的設計卻達到雅的境界。坐在木椅上，在芬多精中合上眼，丟去所有的煩惱，只想在大自然中找一位朋友談心。一雙咖啡色、有漂亮花紋的眼睛緊緊盯著我，接著探出由白色和橘色上彩的身軀，是一隻美麗的小貓。我伸出食指輕輕的摸了摸牠的脖子，那柔軟的粉紅色舌頭輕輕的舔了舔我的手背，我逗著牠玩了起來。咖啡店老闆將牠取名為葉之秋，是一個很美的名字。從牠的身上，我感覺到了綠葉的陰涼，秋天的涼爽和小生命的好奇。

　　陽光圍繞的天氣，印在貓毛上的金黃色，使得牠瞇起雙眼，露出天使般的表情；心是以暗灰上彩的話，那柔嫩的表情會為心添加一份暖色系。咖啡站老闆有時端出他拿手的玫瑰牛奶奇諾，給和葉之秋玩的起勁的我。啜了一口，玫瑰香和牛奶香在鼻腔中徘徊，滑順的沿著喉嚨流進全身。之秋歪著頭，眼中的美妙花紋閃出暗草綠的顏色。只要將一朵浮在牛奶上，沾著奶泡的玫瑰花乾送給牠，便以爪子撥弄著那份好奇。

　　轉過頭，一隻年老的黑色土狗，閃著一身黑緞似的長毛，臥在草地上。是兒時都蘭山上的玩伴——玫瑰。黑色的垂耳旁，鑲著隱約的金黃色，明亮的眼睛閃著相同的色彩。我的外套就在椅子上，但給予溫暖的不是它，透過指間的溫暖交流。牠幸福的瞇起眼，年老鬆弛的嘴角輕輕揚起。手指上的每一個細胞，在柔軟的長毛中收集著，每一個童年的回憶，一點點也行。耳朵仔細的聽牠的每一個聲響，或許是曾經在都蘭灣沙灘上，稚嫩的追逐聲，可能是竹雞的叫聲，引來曾是純真女孩的我發笑。好溫暖，這種追憶的感覺。在這綠意盎然的鐵道，朋友，散心，回憶。

　　聽，耳畔輕輕響起了童年的聲音。你找到童年音樂盒的發條了嗎？是水晶般清澈的笑聲，是海灣追逐回憶的聲音，也是那曾經，躺在山中祖母綠顏色的聲音。

第十二章　如何審題

東方的太陽，金黃色的楓樹林間，
金黃色的葉落，金黃色的葉影還在意識，
身軀是篩落的思念。
樂山產業林道落了形成條紋的幻象，
一葉，翩翩飛舞的冬季。
眼前尋到五色鳥的主動，
真實的順序像一扇門，
閃動的、可以觸摸的禮拜

——白佛言

1.

六上期末考前二週，黃老師和許維恩聊著，該補完的國語習作和該訂正的頁碼，他都摺起痕跡。

許維恩左閃右躲的眼神，加上不好意思的晃動動作，對著黃老師說：「我很不喜歡寫字。」

「喔！我知道。」黃老師並未指責他。

他們兩人的人際關係，維持著良好，許多動手工作的事，許維恩從未推辭，而且工作態度很棒。

「我非常喜歡柔道和籃球。我喜歡運動。」許維恩說著。

「那我期待看到你拿柔道藍帶和柔道黑帶。畢業前要送給我這份禮物，讓我充滿希望。」

「不可能啦！那怎麼可能？」許維恩好似取笑自己地說著，畢竟各科學科成績，讓他會這麼說也是正常的。

「世界上的一切，都是可能的。老師對你有信心。」黃老師很認真地對他說話。

「真的嗎？」他再次確定老師的話而問著。

「真的！你的運動知覺非常好，而且你喜歡的東西，就會一直努力，所以這一方面會有成就。因為我也是這樣，我可以不理會別人的看法，努力完成自己的夢想。所以，我在和小朋友的相處上，有一些成就。」黃老師更認真地對他說話，用他自己的生活實例、信念與他對話。

他離開老師時，忘記說聲謝謝，被黃老師喚了回去，要求他說聲謝謝。

「謝謝很重要！尤其是對自己的柔道教練！」他對他說。

「謝謝！知道了！」許維恩笑容燦爛的綻放著，他回到同學群中，馬上又玩了起來。

2.

期末考結束後，黃老師在黑板上寫著。

上課主題：如何審題？

作文題目：「時光隧道」。

他對著五個小組的孩子們說著：「面對一個作文題目，你是如何進行審題的？」

「步驟一、步驟二、步驟三、步驟四——」唐可歆從第一組送上解答，全班跟著起鬨地朗誦起步驟二、步驟三——

他們習慣黃老師的固定教學用語，也常用這些教學語句，對老師吐槽、延伸、耍著玩，當老師點頭時，他們又笑成一團亂。

直到黃老師比著剪刀樣的食指、中指動作，他們才會即時收斂，因這意味著「電影剪片」，大家都喜愛「一刀未剪」的電影，所以讓著黃老師。

　　「你是如何進行解題的？你是如何進行思考的？」陳明群在第三組碎碎有詞地說。

　　「真了解我！不愧是大雄！」黃老師在這麼近的距離，聽到了。他反而開玩笑地，反問全班同學，「還有呢？」

　　「你是如何進行閱讀的？步驟呢？」蔡育泓說。

　　「你是如何進行文章摘取大意的？」徐敬敏說。

　　「步驟呢？一個作者是如何進行寫作構思的？」林怡苓說。

　　「你的感覺很重要！說說你的感覺？」陳諺元說。

　　黃老師聽孩子們模仿他的動作、用詞，他看著，直接傻笑對待地說：「我真的這麼強？」

　　「喔！又來了。那有每次都在自誇自己說：『我怎麼這麼棒？』、『我怎麼這麼優秀？』、『我怎麼這麼年輕？』好，要別人來說好不好？」陳明群攤開雙手抖著無可奈何，「不要臉的老頭！」他對著小組的同伴說著，爭取群眾支持者。鄭慧珮、蔡紀韋、陳諺元大笑地支持贊成。

　　「好了。眼睛、耳朵──」

　　「看老師！」

　　教室在老師的懇求下，靜聽黃老師要說些什麼？

　　「黃老師面對一個題目的『閱讀』或『審題』時，通常都會有這幾個步驟：」他在黑板上寫下；

　　步驟一：觀察。

　　步驟二：想像。

　　步驟三：譬喻。

　　步驟四：心靈圖片、人生看法。

　　孩子們知道這是上課綱要，邊聽邊抄寫著筆記單，因為他們預估今天的回家功課，一定是「如何審題？」

不快速地抄下綱要和教學細節，回家按步就班地如法泡製，難免被加上一項作業：「請把如何審題的思考表白，打成三千字文字稿，傳回老師的 E-mail 信箱。」

如果是這樣的作業，狂叫、起鬨、拗脾氣是沒用的。因為他們的老師會給上一句：「工作態度是你進入社會地位的憑證。」

譬喻修辭是一個協助摹寫修辭具體化的技巧，譬喻修辭如果使用的是一個完整的子句，那更可以令讀者感受到意象的情緒氣氛，或者令讀者看見行動者的心靈圖像，黃老師以「時光隧道」為例子，問著孩子們：「這『時光隧道』像什麼？」他要孩子們說出譬喻修辭。

幾個小組裡的小老師先給出答案後，其他同學也跟著說了：

1. 像回憶、記憶，回憶藉由著小精靈悄悄的進入回憶。

2. 像過去、未來，過去的往事隨著時光隧道中的小小精靈，慢慢的回憶，慢慢的走過；而未來則在睜開眼的剎那，才叫做未來吧。

3. 像人生過程，人的一生，悲、歡、離、合，樣樣都是鍛鍊自我的必經考試，過了這一段，不是才能真正體悟人生的涵意嗎？而這些珍貴的人生考試、經驗，都將由小精靈永遠封存於腦部某處的「時光隧道」。

4. 像歲月、光陰，人會老，記憶也會老。或許當你老的時候，你忘了！你忘了甚麼叫做年輕；忘了當年的活躍、年輕時的那股衝勁。但小精靈卻會帶領著你，回到那時充滿自信、有骨氣的你。

5. 像時間、時空，像旅程，當你進入了腦部某處的時空隧道，你或許已經不記得了，你會覺得自己彷彿喝了夢婆湯，一切茫然不知，但記憶即使已經老了，卻永遠也抹滅不掉的。

6. 像流水，回憶如流水般，緩緩流逝，流入腦海、封存於腦中的時光隧道。

7. 像沙漏，回憶、經驗是由歲月一層一層的搭起來的；時光
隧道也是由沙漏一點一滴的堆積而成的。

8. 像高速公路，時光隧道如高速公路一般。每個人都在跟經
驗賽跑，一次一次又一次的追尋著自我。

9. 像夢想，很多人永遠都在摸索自己的經驗，也有很多人永
遠都在累積自己的經驗，而把這方面當做自己的理想、
夢想。

對題目的審題過程，都在陳雲愷的速記簿中，黃老師說：「作
者分成十二個自然段落書寫，黃老師依著小事件把它歸納為六個意
義段落。教學時我會一次呈現一個意義段落，讓你慢速度地感受文
字意象，讓你聯想自我經驗，讓你預測作者接下來可能會寫些什
麼？作者的文章佈局是如何進行的？」

3.

「我們的思想是我們生活上唯一會留下的標記，其餘的皆會
隨風而逝。」

湖濱散記作者──梭羅

意義段（一）：〈時光隧道〉　第1

1 或許有一天晚上，窗外的星星也會特別的亮，腦部某處一
個小小的精靈，他也會帶著你去時光隧道。

意義段（二）：〈時光隧道〉　第2、3、4、5

2 夜晚，大家都睡了。我睜著眼，無聲的躺在床上，直到眼
酸了，靜靜的合上眼……合上了眼，我把自己關在一個
黑暗的小空間裡。唔，這不是黑色！顏色變了！爸爸拿

著一個深褐色的吉他，盤坐在白色的磁磚上，我走上前，坐在爸爸前面。

3 「唱歌給我聽！」我輕輕的叫。

4 「好。」爸爸慢慢的回答，伸手撥弦，開口唱：「咔哇撒奇！咔哇撒奇！一朵小野菊。隨風搖曳嬌小美麗使我想起你……」

5 這一首歌，敲醒了我心中鏽了的弦，童年就像首曲子，一首一首的傳出來。

意義段（三）：〈時光隧道〉 第6

6 在時光隧道中，我繼續往前走。籬笆上，開了第一朵秋天的朱槿，鮮紅色的花瓣在我眼前閃爍。我伸出手，撫了撫花瓣，並用嘴脣輕輕的蹭了蹭。我滿意的對她笑笑，將鼻子湊近花裡嗅了嗅，用食指抹去了鼻頭上的花粉，走了。一隻綠色背脊的鳥兒，停在她身上。

意義段（四）：〈時光隧道〉 第7、8、9

7 一隻小小的、黑黑的台灣土狗，熱情地向我撲來。

8 「玫瑰！」我忘我的大叫。我跑向前，抱住她。我抓抓她胸口的 V 字形白毛，搔搔她的腹部。她只是微笑著望著我，吐著舌頭輕聲的喘息。

9 這是時光隧道的盡頭。

意義段（五）：〈時光隧道〉 第10、11

10 一位黑黑的女孩，仔細一看，她是我就讀都蘭國小時的朋友。我們光著腳板跑，跑進了刺刺的青草地，跑進了黏黏的泥巴裡。我們快樂的抓蚯蚓，我們塗了滿臉的花瓣泥。

11 我睜開眼，這一切很快樂，現在感覺起來很虛無，或許
　　這就是時光隧道。

意義段（六）：〈時光隧道〉　　第 12

12 「爺爺，幫我摸背。」一隻溫暖的大手撫著我的背，這
　　不虛無，這是真的。

　　黃老師和孩子們從各個意義段落中，感受心靈圖片。因為是慢動作的閱讀控制，孩子們必須停格在作者的每一個摹寫現場，身歷其境。

　　他和孩子們一起從文本細節中，找出和主題「隧道」相關的意象象徵，有形狀、有顏色、有動作、、有心情、有感覺的不同類別，因此黃老師以班上孩子的寫作當作一次教學文本，讓小作者的意象思維跟著主題而統一性地呈現：

> 「腦部某處一個小小的精靈」、「腦部某處一個小小的精靈」、「靜靜的合上眼……」、「合上了眼」、「我把自己關在一個黑暗的小空間裡」、「開口唱」、「這一首歌，敲醒了我心中鏽了的弦」、「將鼻子湊近花裡嗅了嗅」、「黑黑的台灣土狗」、「吐著舌頭輕聲的喘息」、「一位黑黑的女孩」、「現在感覺起來很虛無」、「一隻溫暖的大手撫著我的背」

　　最後，黃老師把首段「或許有一天晚上，窗外的星星也會『特別的亮』」和尾段「一隻溫暖的大手撫著我的背，這不虛無，這是真的。」擺在一塊，讓孩子感受文章寫作的「首尾呼應」效果。他還特別提出小作者點出的人生思想是：「一隻溫暖的大手撫著我的背，這不虛無，這是真的。」中的「溫暖的大手撫著」、「這不虛無，這是真的」把人生的隧道點起萬盞燈，如星星一般亮閃。人生的不寂寞，是因為「一隻溫暖的大手」陪伴著。人生的不孤單

是因為記憶終生，深深刻痕的美麗印象，成為自己唯一性的永恆詮釋——「這不虛無，這是真的。」存在作者自己的經驗世界被感知著。

黃老師伸手，示意郭嘉柔站起來，回答：「作者當時創作時，有這麼想嗎？」

「我當時沒有想到這麼多，只是很想寫下來而已。」郭嘉柔笑答。

「寫作時，生命中的『支援意識』會躍然紙上，有時連作者本身也很難解釋，這不可思議的美學。」黃老師說完，補充著旅行文學作家保羅‧索魯說的一段話：「你得找出自己的經驗。跨步出去——寫作之於他，就像是一條回家的長途之旅。」

他發下「時光隧道」全文，要孩子不許與人交談地，默讀一次。

4.

〈時光隧道〉

1 或許有一天晚上，窗外的星星也會特別的亮，腦部某處一個小小的精靈，他也會帶著你去時光隧道。

2 夜晚，大家都睡了。我睜著眼，無聲的躺在床上，直到眼疲了，靜靜的合上眼……合上了眼，我把自己關在一個黑暗的小空間裡。唔，這不是黑色！顏色變了！爸爸拿著一個深褐色的吉他，盤坐在白色的磁磚上，我走上前，坐在爸爸前面。

3 「唱歌給我聽！」我輕輕的叫。

4 「好。」爸爸慢慢的回答，伸手撥弦，開口唱：「咔哇撒奇！咔哇撒奇！一朵小野菊。隨風搖曳嬌小美麗使我想起你……」

5 這一首歌，敲醒了我心中鏽了的弦，童年就像首曲子，一首一首的傳出來。

6 在時光隧道中，我繼續往前走。籬笆上，開了第一朵秋天的朱槿，鮮紅色的花瓣在我眼前閃爍。我伸出手，撫了撫花瓣，並用嘴脣輕輕的蹭了蹭。我滿意的對她笑笑，將鼻子湊近花裡嗅了嗅，用食指抹去了鼻頭上的花粉，走了。一隻綠色背脊的鳥兒，停在她身上。

7 一隻小小的、黑黑的台灣土狗，熱情地向我撲來。

8 「玫瑰！」我忘我的大叫。我跑向前，抱住她。我抓抓她胸口的 V 字形白毛，搔搔她的腹部。她只是微笑著望著我，吐著舌頭輕聲的喘息。

9 這是時光隧道的盡頭。

10 一位黑黑的女孩，仔細一看，她是我就讀都蘭國小時的朋友。我們光著腳板跑，跑進了刺刺的青草地，跑進了黏黏的泥巴裡。我們快樂的抓蚯蚓，我們塗了滿臉的花瓣泥。

11 我睜開眼，這一切很快樂，現在感覺起來很虛無，或許這就是時光隧道。

12 「爺爺，幫我摸背。」一隻溫暖的大手撫著我的背，這不虛無，這是真的。

5.

放學後，黃老師對陳雲愷招手，示意有私人話題要對著他說。

他笑著走向黃老師，說：「老師！有什麼事？」圓鼓鼓的雙頰和清晰的眸光，讓這位上了年紀的老師感受著：年輕真好、有夢最美。

「雲愷啊！回去後把『如何審題』的上課過程，嘗試用教室小說稿紀錄下來，老師想用你的稿子放進新書『Be-tween 這樣幸福』

中，這可能要拜託你了。」黃老師坐在藤椅上，仰頭望著長大的陳雲愷，像對一位研究生說話，像對一位未來的學者說話。

他專注地聽完，詢問著老師：「什麼時候交稿？」

「不急。兩個星期後給我就可以了。」黃老師笑著想像一件創作藝術品般的神情說著。

他看著他愉快地離開教室後門。

陳諺元在一旁聽完，說著：「為什麼你叫他寫？」

「這孩子的發展快速，從作業上已經可以判斷，他掌握住老師的教學精華了。」黃老師得意地說。

「那我呢？」陳諺元好奇地問了自己的學習。

「你掌握了我的宗教心靈和詩情。」黃老師不假思索地回著。

「那她呢？」陳諺元特地幫郭嘉柔問起。

「她掌握了我的文學哲思和監控性的讀書方法。」黃老師自信地回著。

「以後的發展是工作態度和意志力的問題了。如果生平無大志，就無法鵬飛九萬里。」黃老師自言自語地說著，陳諺元的淺笑中知道老師說的是莊子，他聽進去了。

「要注意幾個人：『佛陀、達摩、老子、莊子、頂果欽哲仁波切、蔣揚欽哲仁波切；葉朗、宗白華、歌德、尼采、海德格；金庸、葉維廉、簡政珍、簡媜；東西方藝術家（音樂、美術）、古董的顏色質感；書法、國畫的線條空間；侯文詠的讀書方法』」黃老師唸著，陳諺元複誦了幾次後，嘴裡叨唸著開始關窗戶。他要老師打完字後給他一張書單。

黃老師知道這孩子一定又會找時間，偷偷的到誠品去買書。他會回來告訴他，又買了什麼書。

陳雲愷開始進入個人創作領域獨處自我，黃老師還想設計他以「貝殼」為題，寫下一篇有感的散文稿，他們師生兩人互相期待著。

第十三章　貝殼

小六　謝伯偉

清晨，「鈴──鈴──！鈴──鈴──！」鬧鐘的吵雜聲，喚醒熟睡的我，我揉揉惺忪的眼睛，盥洗完換上校服，享用完媽媽準備好的早餐後，背起沉重的書包，坐上爸爸的老爺車上學去。

車窗外，太陽從海平面緩緩升起，東方的天空已呈現魚肚白，陽光如金粉灑在嫩綠的樹葉上；路旁的小樹上，一對情鳥在枝頭上盡情的高歌，美妙的歌聲揭開了今日的序幕。

一到教室，黃老師如往常一樣，沖泡一杯香醇濃郁的咖啡，坐在導師室的電腦桌前面，看似對著螢幕發呆，其實是在靜靜品嚐著一人獨處的美好時光。

教室中的同學們，三五成群的聚在一起聊天、說笑。你一句，我一句，吵到快把屋頂給掀開了！

「我在裡面忙，你們在外面講話。」黃老師不太高興的邊走出導師休息室邊唸著。

全班頓時安靜了下來，黃老師才又安心的走進導師休息室。

俗話說：「牛牽到北京還是牛！」黃老師才剛走進去，全班又開始鬧哄哄。像菜市場一樣，真受不了！

「噹──噹──噹！」打掃鐘聲響了，終於度過漫長的早自習，又要進行全校的掃地時間了！

來到我們班的掃地區域，準備開工打掃了。

「唧唧唧──」，樹上蟬兒高聲鳴唱，編織美妙動聽的「快樂頌」，打破了世間的紛紛擾擾與煩躁，為炎熱夏天喚來了一片美妙的音符。

讓我無法理解的是夏蟬漫長五年的一生，只為等待繁殖下一代的十四天，卻在秋天來臨時，劃下美麗的休止符，為何牠們的生命如此短暫！

夏季進入了喧鬧的高潮，已鳴唱二個禮拜的老蟬，悄悄地與人世間告別了。牠輕如羽毛的身體，隨著清晨的微風，緩緩地墜落樹下。不知情的我們，一如往常一樣，拿著笨重的掃地用具，無聲無息的踏在步道上，開始進行「狂風掃落葉」般的打掃工作。突然間，我們班的「刺客」陳貴舜拎著老蟬的屍體，往他的「天敵」洪皓銘身上狠狠地丟去，軟弱的洪皓銘，只能裝作若無其事的樣子，毫無反抗的能力。這一幕讓人看了既生氣又難過。

可憐的老蟬嘶鳴一生之後，反抗不了宿命往生了，還讓人拿它的身體當作「武器」，唉！陳貴舜怎麼可以為了消「心頭之恨」，而拿老蟬的屍體出氣呢？我在心裡禁不住的暗罵著陳貴舜！翻箱倒櫃，我才找到那隻無人關懷的老蟬屍體，把牠放在陰涼的小樹下，一個不易被發現的神秘地方，希望牠可以在天堂好好享樂、高枕無憂，再為天堂增添一點兒夏季的節奏。

「噹──噹──噹！」鐘聲再次響起，但這次是上課鐘，大家進入教室坐好。為了不分心，我暫時拋開剛才在掃地區域所發生的事情，好好的專心聽黃老師上課。

黃老師的眼神透露出如包青天審案時的嚴肅，全班頓時屏氣凝神，那種氣氛連一根頭髮掉到地上都聽得見。

黃老師快速的如非洲豹般的踏上講台，在黑板上飛快的寫下四個大字「如何審題？」，並以班上郭嘉柔的作文「時光隧道」為上課例子。

黃老師問全班同學要如何審題？大家鴉雀無聲，過了一會兒，黃老師發現我們竟然一問三不知！連平常反應最靈敏的郭嘉柔、蔣亞涓也答不出來。我又重新把視線移到黃老師的身上，才發現黃老師早已氣得滿臉暴筋。

「你們到底要不要上課？」黃老師不耐煩的大叫。

全班還是沒有人回應。

「再不回答，我這塊就擦掉，不上了。」黃老師生氣的說。

「老師，讓我們小組討論嘛！」吳冠志天真的大叫，不過也來的正時候，打了個圓場。

黃老師見有人回應，雖然沒有具體回答，不過還可以接受，就讓我們小組討論。

以下是我們這組第五組所討論的結果：

1、聯想跟題目有關的事物。

2、回想自己跟題目有關的經驗。

3、想像當時的意境。

4、了解題目字詞的意思。

過不久，黃老師似乎發現其他組別根本沒有認真討論，只好拖著沈重的腳步再度踏上講台，為我們班講解「如何審題」，並且以郭嘉柔的作文「時光隧道」為例子，他開始講述著：

第一、用譬喻具體化抓進綱要：

1. 像回憶、記憶，回憶藉由著小精靈悄悄的進入回憶。

2. 像過去、未來，過去的往事隨著時光隧道中的小小精靈，慢慢的回憶，慢慢的走過；而未來則在睜開眼的剎那，才叫做未來吧。

3. 像人生過程，人的一生，悲、歡、離、合，樣樣都是鍛鍊自我的必經考試，過了這一段，不是才能真正體悟人生的涵意嗎？而這些珍貴的人生考試、經驗，都將由小精靈永遠封存於腦部某處的「時光隧道」。

4. 像歲月、光陰，人會老，記憶也會老。或許當你老的時候，你忘了！你忘了甚麼叫做年輕；忘了當年的活躍、年輕時的那股衝勁。但小精靈卻會帶領著你，回到那時充滿自信、有骨氣的你。

5. 像時間、時空，像旅程，當你進入了腦部某處的時空隧道，你或許已經不記得了，你會覺得自己彷彿喝了夢婆湯，一切茫然不知，但記憶即使已經老了，卻永遠也抹滅不掉的。

6. 像流水，回憶如流水般，緩緩流逝，流入腦海、封存於腦中的時光隧道。

7. 像沙漏，回憶、經驗是由歲月一層一層的搭起來的；時光隧道也是由沙漏一點一滴的堆積而成的。

8. 像高速公路，時光隧道如高速公路一般。每個人都在跟經驗賽跑，一次一次又一次的追尋著自我。

9. 像夢想，很多人永遠都在摸索自己的經驗，也有很多人永遠都在累積自己的經驗，而把這方面當做自己的理想、夢想。

第二、想像能力：

1. 本身之外聯想：

① 山洞。

② 隧道。

③ 大自然：花、草、樹、動物、貝殼。

④ 環境：黑暗、陌生、熟悉。

2. 本身想像：

① 內觀察：本質、內容物。

② 外觀察：顏色、形狀。

上課上到一半，一旁的吳冠志，心已經飛到九宵雲外了，一下子要上廁所，一下子又跟賴奕軒傳紙條。黃老師似乎已經發現吳冠志上課不認真，停頓了一下，拿起講桌上的茶杯，細細的品嚐了一下，等吳冠志回過神，才繼續講課。

第三、心靈圖片：

第四、摹寫技巧八感：

「噹──噹──噹！」時光飛逝，又到了肚子唱空城計的時候了！黃老師也把審題的基本步驟交給我們以後，才讓我們吃飯。

一如往常，每到吃飯的時候，一定又吵到快把屋頂給掀開了！

黃老師笑嘻嘻的說：「根本就是在菜市場吃飯嘛！」

大家似乎更大膽的造反了，把音量放得更大，黃老師只能無奈的直搖頭。

光陰隨著沙漏中的沙子流失，下午上課鐘聲響起。

「依照早上課堂中所分析『如何審題』的步驟，審題『貝殼』這個題目！」黃老師就在課堂上宣布。

這下慘了，同學們開始不安，個個面有難色，沒辦法也只好開始思考。

經過幾番思考及回想老師早上所講的內容，我已有了一點眉目，趕緊記錄下來；以下就是我個人對於審題『貝殼』的思考模式：

第一、用譬喻具體化抓進綱要：

1.堅固。2.時鐘。3.笛子。4.錢。5.吊飾。6.鴉舌帽。7.耳環。8.眼睛。9.輪胎。10.耳朵。

第二、想像能力：

1、聯想：①水珠。②洋芋片。大自然：樹。環境 ：艱苦。

2、本身想像：①內觀察：光滑、白色。②外觀察：凹凸不平

第三、心靈圖片：

以現代化科技來說，這並不是一場以高科技設備輔助的演講，沒有光彩奪目的電子視訊，但是老師只用一個黑板和粉筆，就能簡單編織而成精彩的課堂，讓我們全部沈浸在充滿了濃厚文學意味的氣氛裏。

我個人深深感覺到，以前在閱讀一篇文章或一本小說的標題，只是走馬看花，並沒深入體會、思考。但自從聽完了這堂獨特的演講，讓我體會到，原來讀題目也能讀出一番風味。黃老師的 Special 語文哲學，深深影響了我，也為我的語文能力刷上新的風采。

〈貝殼〉

街道上來來往往的人群嬉笑聲、車輛引擎聲，打破靜謐的清晨，喧鬧聲此起彼落。東方已呈現一片魚肚白，鳥兒歌聲四起，唱出了人生的悲歡離合。

太陽悄悄地躲藏於地平線之間，彷彿露出半個頭，望著這世間的萬種風情。陽光如金絲般，灑滿了整個海平面，波光粼粼。一條魚兒躍出水面，連游向外化了開來，在這充滿生氣的早晨，掀開了今日的序幕。

懶床沉睡是週六、週日不變的事情，睜不開惺忪的雙眼，又掉進夢裏，在夢中，一個身影快速的奔跑著，我尾隨著它，進入了一個超乎自然的國度。

啊！一道刺眼的白光，接著呈現在眼前如影片般的景象，開啟了一段令我回味的童年往事，時間巨輪持續倒轉著……。

車子停好了，那是我們家的車子。海浪拍打著沿岸的巨石，幾艘漁船的引擎已開始運轉了，漁夫們打算出海捉些魚，賣個好價錢。岸邊有些人則站在巨岩上，持著釣竿打起瞌睡來了。雖然我在夢境中，但我很清楚那是我們要去撿貝殼的某一天。

沒錯，影像果然與猜測的一模一樣，我穿著一件短短的T恤，一條長褲，踩在漂流木上，一步一步準備往沙灘走去。

一波又一波的海浪，拍打著巨大的岩石，水花全往身上衝，那種快感，彷彿在汗流夾背的夏天沖澡一樣，無比清爽。我注視著沙灘上，在滾滾白色浪花退去之後，各種貝殼散佈在海灘沙粒中，在另一波海浪衝擊捲走後，又會帶來許多不同的貝殼；這些貝殼就隨著潮來潮往，四處漂泊流浪他鄉。

　　或許，人生如貝殼，隨著海浪的漲潮、退潮，出現了各種不同的變化，註定各自擁有的不同命運。

　　再一個大浪打來，我來不及閃避，突然間我的手臂一陣刺痛，痛楚全湧上心頭，我再也忍不住的大叫起來，爸、媽緊張的跑了過來，察看我的情形。

　　我痛苦的說：「超痛的，這比被世界級冠軍拳王揍了一拳還痛！」

　　爸媽被我的玩笑逗笑了，但還是連忙翻轉我的手臂，發現原來是一隻大隻的寄居蟹，大姐說笑地說：「你惹毛寄居蟹大哥囉！」

　　我生氣的抓起牠，童言童語的說：「你夾甚麼夾啊？小心我折斷你的大螯！」

　　牠真的是一隻超大隻的寄居蟹，牠的殼真的好漂亮，我從來沒有見過這麼完美無缺的寄居蟹，於是，我小聲的對爸媽說：「讓我帶牠回家養好不好？」

　　媽媽說：「我們家沒有適合牠的地方啊！帶回家一兩天就會死了，不是更殘忍嗎？」

　　爸爸也補了一句：「更何況我們也不知道，牠到底該吃些甚麼？回家不是適應能力不好，極可能會讓牠餓死，不是嗎？」牠背著的貝殼還真是個華麗的窩，爸爸說這貝殼的原主人，一定是個美麗的貝類生物。

　　大自然就是如此，每個生命都徘徊在開始與結束，我內心就想起沙灘上，隨著海浪潮來潮往的貝殼們，牠們的主人是不是也走到生命的盡頭，留下美麗的貝殼裝飾沙灘呢？

　　我仍不氣餒，不斷向爸媽請求著說：「拜託啦！我會好好照顧牠的。」我知道，當小孩子真心懇求時，有百分之九十九都會答應，而這就是小孩子的「撇步」之一。果然不出所料，爸媽禁不住，只好答應啦！

　　我歡歡喜喜的帶牠回家，放在小魚缸中，每天起床，第一件事就是摸摸牠、觀察牠，有時候還是會被夾，但那種痛是苦中帶甜的滋味，一點也不痛了！時間過得好快，不知不覺已經兩個禮拜了，寄居蟹依然好好的。某一天早上，我跟往常一樣抓起牠，想逗逗牠，可是牠卻一直沒出來，過了一段時間後，依然沒跑出來。這時我心裡已經知道為什麼牠再也跑不出來了，我默默的把牠的軀體抓出來，哀悼地最後一次撫摸牠，把牠美麗的貝殼留下來，在我無聊時，就一直把玩著牠，懷念著牠……。

　　時間持續倒轉著，影像默默的轉回空白時間，忽然一個聲音從耳邊傳開來：

　　「伯偉，快點起床了啦，已經很晚了！」原來是媽媽的聲音。

　　「好！」我不情願地慢慢爬起床來，看著一切，看著書桌上那個美麗的貝殼，我知道迎接我的又是嶄新的一天。

　　沒錯，人生如貝殼，隨著浪的漲潮、退潮，出現了變化，每個人都有他不同的命運……

第十四章　暑假，自己的生活

> 杜威指出：「藝術家所以成其為藝術家，其主要的特徵便是在於他生來便是一個實驗者，由於藝術家必須透過屬於尋常世界的工具和原料，以表達他那強烈的個人經驗，所以他被逼得非變成一個實驗者不可。」
>
> ──劉文潭。藝術品味 p.129

1.

七月份暑假，老師和學生們都在玩，暑假自己的生活。

黃老師的生活步調大致一樣：白天到學校導師室打文字稿，下午回家看從 SEVEN-11 買回家的 DVD 歷史連續劇，晚上在茶語工房當一位侍者泡茶、與朋友聊天。

他深信工作習慣是在固定的時間，做固定的事。習慣往往會成就一些小事，工作的態度往往會成為自我的一個信念，與信仰無關。如果信念與信仰同步，那一定是一種生活中粹鍊下來的核心價值。

時間是會發酵與醇化的慈悲，品賞則是一種飲之太和的智慧。

剛放暑假的前二週，他先用一斤的小電焙爐，自家電焙一九八三年份的台灣霧社高山烏龍茶。焙完之後放入瓷器甕中，瓷甕底部以備長炭鋪底、防潮、去雜味。一個星期後的焙火褪去後方可沖泡，以免傷胃、傷神。

這是他為姐夫準備的茶，他姐夫偏愛烏龍茶的山靈氣息。植物在春天的百花齊放裡，彼此交互作用的花香，是抿起嘴唇啜吸一口茶湯，讓茶湯有張力地在口腔裡，快速通過雙顎、雙頰，再從鼻腔微微向外呼氣，這會感受到春天彌留下來的花香、果香，圍繞在鼻

腔的每一吋細胞。甜是植物本身轉化的糖分，和刺激唾液腺分泌的唾液，所混合的既滑且甜。若經過長時間的自然氧化作用，這香甜就有著全發酵茶的紅茶甜香。

這二十七年的老烏龍茶，是從翠玉綠般的茶菁開始存放的，烏龍的高山茶香，一直都在自然氧化發酵的香醇世界底存留著。

像一種封泥的記憶，時間會打開封印的歷史，隱約出現的是閱讀。

閱讀的層次感像意境，人生哲學的層次，往往影響閱讀的視界。

閱讀一杯茶湯的歷史美感，閱讀自己的遊戲化，像夏日清晨被陽光叫醒的典禮方式。

這一些都是活潑存在的。他想起原料的活性，關鍵在於製茶師傅的茶作過程，掌握著葉脈細胞的活性開放，葉脈細胞在顯微鏡下，像睜開眼的貓的眼睛一樣，亮活地進行著呼吸作用，誰掌握住這「活水」的變化，誰就是高級茶作師。

這成品的原料像一篇作品，在小學教室被稱為原型教材，教學者針對原型教材進行閱讀、擬定教學主題、教學目標時就成為教學教材。

在教室中的實務教學推展歷程，也如同選擇什麼茶壺、水溫、情境、浸泡時間，而沖泡出不同的茶湯，分享在每一個品茗者面前。

品賞茶作師的創作物，品賞泡茶師的創作物，從入口的結果，推論茶葉之前的每一個細節因素，以「果」追「因」的自然科實驗操作遊戲。

教學亦是如此類化。

昨日凌晨四時，他坐在茶房與姪子泡茶、聊天。聊末那識中封存的累世記憶檔案，聊累世的生命景象觀察，聊內觀的修持方法，聊「見佛陀心中心之歡喜光，遍諸一切眾生」的實務操作，聊「空觀妙有」，聊「體用不二」的佛教實踐者。

今日凌晨三時，他坐在茶房與粥讚的老闆和女朋友泡茶、聊天。聊自我放逐與自我追尋，聊粥讚老闆養了一隻法國鬥牛犬，黃老師養了一隻日本柴犬，他們都有自己的人生事件簿，至於為什麼養狗？各有千秋。

這天粥讚的老闆說著教導鬥牛犬游泳的經歷。

黃老師一聽到「教學事件」便洗耳恭聽。

2.

那是一泓清泉。

緊鄰台東海濱公園的琵琶湖附近，有一處台東市立游泳池。這自然泉水湧現的基地，讓許多老人家和世代在這兒享受太上皇似的避暑山莊。

「在市立游泳池後面，地底下的泉水源源不絕，我每天下午都會帶著『阿肥仔』到那裡洗澡、泡冷泉、教牠游泳。」粥讚老闆說著。他的眼神現出得意的晶光亮閃，繼續往下說：「第一次去的時候，先讓狗兒站在水中低水位的高處，抱著牠，用手瓢掏一些泉水，潑淋狗兒的胸毛、前頸。讓狗兒習慣不怕水後，再依次慢慢地引導牠，一步一步地往深一點的地方送。幾經教育訓練後，狗兒自然就會玩水了。」

「『阿肥仔』現在玩瘋了！我讓牠站在浮板上，牠的腳會往前蹬，像划船一樣，一蹬一蹬的動作，笑死了。」他的女朋友接下說道，「回家的時候，你會看見狗真的會微笑。很溫馴的仰著四肢睡覺，四腳還會因著做夢一般的，連續滑動狗爬式的姿勢，還會說夢話！」她胸口戴著一個中空圓形玳瑁，玳瑁周圍鑲著白色象牙，很雅的一件配飾品和她的表情接合著，「有夠古錐的！」

黃老師靜聽著感動，心想：「愛上幸福！愛上你，整個心思繞著你，轉動。像地球的自轉、公轉——」他知道，在愛的世界裡，

無論是人、事、時、地、物，都是這修辭類疊法的破折號，無窮衍義，「破折號叫做：『轉、轉、轉──』」。

他們倆人離開茶房後，黃老師看看自己的柴犬「巧克力」，牠低下眼簾的弱勢者眼神，讓人不知該如何不疼牠，黃老師心想：「今天應該可以如願以償──泡冷泉、教狗兒游泳。」

3.

這一天，他還沒有行動。他在茶房等待六點鐘的太陽高度，七點鐘的太陽高度。一個小時的時間，太陽可以爬高三十多公分。

這時的陽光特別新鮮，嫩嫩的。

樹影在圍牆上的斑駁飄動，柔柔的。

烏頭翁鳥的叫聲不多，卻是響耳。

小烏龜啃食小池子中的蓮葉，微微的顫動。

玻璃屋上頭的淡色紫藤，垂在風中。

今年的紫色經驗特別潦草的字跡寫著，在這靜默的三年之中，一朵一朵的心靈跳動，直至今天的狂草書寫。

七點鐘過後，他開始躲著陽光。躲到學校班級的導師室前，先停在正氣路津芳冰城的斜對面，等著中西式早餐屋的老闆娘，為他手作兩份「烤吐司夾煎蛋、小黃瓜」，聽說她的手作豆漿是一份一份的手打，許多學校的同事和附近的上班族，都願意在這兒等著，彷彿等著是一份幸福。

一份手作豆漿，是把煮熟的黃豆放到果汁機裡，像打果汁一樣，打成汁液就是一杯豆漿成品。

喝著手作豆漿，他注意到綿綿細膩的漿泡，在口腔中的立體感與黃豆的香味混聲一般的特殊感受。

第一次接受到手作豆漿的全飲食觀念，他認同堅持的毅力是知識與經驗契合的力量，讓人一路走下來的。

　　黃老師拿過早餐，騎著小摩托車就到學校避暑。

　　夏天的南風毫不留情面的從太平洋吹來。他的導師室有他習慣的窗簾絲布，他喜歡自己到市集挑布料，用自己的感覺挑自己喜愛的薄紗。

　　濛濛的，等待風來的吹動。

　　從三樓看著南邊的天空、南方的渲染的雲絲、想像爬上五樓頂端，親見南方的太平洋藍色、夏天的南風吹拂窗紗的講究，讓你知道世界是動態的。像深夜剪起腳指甲的清脆聲音，讓人俐落地知道，生長是永續的密碼，無畏年齡。

　　若是昨夜下過一場夏雨，倚在北邊的女兒牆遠望中央山脈，可以見到白綿綿的層積雲，一層一層的堆高成一連綿的雲山，乾淨的天空、乾淨的雲朵、簡單的泥燕在空中滑行夏風、下午六點鐘左右，有時可以預約塞尚的法國印象。

　　他這天手沖一杯巴西聖塔茵莊園咖啡豆，這一星期前焙火已退的咖啡，令他垂涎。聽著日本小野麗莎乾淨的歌聲，既簡單也未免奢華的思想左右著。坐在教室後門，享受早上的南風、享受寫作前的冥想、享受咖啡、享受自己。

　　獨處的校園，一面靜謐。

　　他寫作停頓的時刻，會在教室走動，看著黑板上的教學紀錄，看著每一個學生的座位，笑著走動。

　　他寫作停頓的時刻，會走出教室，享受長廊的夏風掀動他的衣角，整理教室走廊女兒牆上的小花圃，端詳白色玫瑰、白色薔薇的雪白、紫色薔薇的心情，閱讀花花草草比閱讀一個人群的生態來得有趣。繁褥的枝條、草葉細長之中，有簡單的花瓣，有陽光的顏色。

　　下午三點了，西曬的陽光已然躍入教室，該是他回家避暑了。

　　回到家，開了舊花格木門，嘩啦啦的銅輪滾動著聲音，像鴿子飛出飼養籠一般奔飛啪噠，他飛回家也有這樣的自由心情。

小院子熱鬧的迎接，「巧克力」柴犬的前腳搭在他的腰下。這是牠的寂寞。或許這也是牠的內心自由，熟悉與信任的情感國度，謂之自由的個體。

他帶著自己的柴犬，前往暑假該走一走的地方，如法泡製地教這孩子游泳。

他掌握情緒學習優先於智力學習的慢慢微調，等待是一種智慧力的顯現。像一個五歲學齡前的孩子，在這階段情緒學習滿足的孩子，提早學會是個講理的孩子。他的正向思考，亦是幫助自己的人生歸因，肯定自己的努力過程。

「巧克力」從緊張、害怕到願意碰水，這第一次的經驗，像小孩子第一次的上學一樣，在期待中又愛又怕受傷害。

回到家後的「巧克力」已經開始期待明天了。

4.

凌晨，他下樓啟亮茶房的淡黃色燈光。煮水沏茶，普洱大樹綠茶配合雲南滇紅，以二十五年以上的宜興純手工朱泥壺為身段，等待日本南部鐵器做的老鐵壺，茗煮水蟹眼的情貌時刻，夜空高明的星閃稀稀疏疏的，燃點的八分水沉香，上面舖起泥泊爾三千公尺的松脂、松葉混調的香末，空氣中有了松脂的森林味道，閱讀鄭明娳教授的「現代散文」，閱讀她在翫賞散文的解析角度，以作家文本實例中的列舉，讓黃老師在夜燈下獨享她的創作物。

水蒸氣急欲發表地從氣孔冒出，他合上書本，舉壺注水，約莫二十秒的時間倒出第一泡茶湯，雨前大樹原料的滇紅花香瀰漫起整個夜色，鮮麗亮紅的湯色在燈光下透著光，有個欣愛它的人。他啜飲、啜吸一小口，鼻腔中煙迷著花蜜香。伺候一旁的冷拭布，微輕地來回拭擦朱泥壺，油脂亮眼的泥料，見著時間養成的古典美色。質樸的八杯標準壺造型，雅麗的少婦般朱泥紅，含蓄著時間在

那胚土上的高溫收縮比率，還有文人在這修養的沖泡、擦拭、過往的思想，雖是客居、點綴、烘托的客體，在燈光下誰是過客？難說得明白。

　　五、六朵拳背大的蝴蝶蘭，雲般的淨白吐露著粉紅的舌瓣，這夜的涼風萬物息靜的散步著，爽微的肌膚間有它的行跡道途。

　　興緻來時，他會坐在來訪友人的位置上，閱讀這一處氣息流動的覺受。

　　青花瓷、唐代漢白玉雕塑的一百六十五公分立身觀音、明代銅塑五十八公分的古銅色禪坐觀音、懸吊垂莖四十多公分的大蝴蝶蘭、水墨寫意的荷花素描、海水藍的老琉璃念珠、透明茶桌底下的日本舊合室格子拉門、塌塌米的藺草顏色、老木料刨新的十一支木樑、十大片膠合透明的強化玻璃、日本舊木格窗落地門外的筆筒樹、白杏樹、滿樹的金絲山杜鵑花、溪岸石板舖地的呼吸感、一小排孤挺花、一棵黑松樹、小水池邊的傘形草、二株日本吉野櫻花、屋樑空隙間放的宜興紫砂壺、朱泥壺、普洱茶餅、瓷罐中的老茶密談、黃連木雕作的杯墊、青瓷響杯、隨意雜放的書堆、佛經和小世界外頭鄰家休息燈號的街巷。

　　夏天這般靜。

　　靜極的可以入坐調息心靈。

5.

　　他捨不得睡眠研磨一份暑期的雅興，在茶房等待晨涼的微曦。

　　光線是如此慢慢擴散開來的。街巷中的晨行者，是這樣慢慢打開鐵門。

　　嘎啦──嘎啦──的鐵門聲，融在清晨的活動底，沒有突兀地。開車上佛堂禮佛的國中退休老師，他太太在庭院來回走上半個小時、上聖母醫院的醫師、對面老奶奶家的燈在四點鐘時早已亮

起，她騎摩托車去買早餐，不一會兒就會回來。五十公尺附近的社區老婦人，牽著大狼狗兒散心。

這裡有著老人家的祥和、不爭，魚尾紋、額頭紋、法令紋如是清楚明白的表示，六、七十年的光陰寫真。

像日暮斜陽，因為生命的滋潤，平靜的心湖讓光線折射得，如老葡萄酒一般醇甜、和順。

彷若沒有時間的移動，一切均將無趣。

這回他們像老子所說的：「君子無所爭，而莫能與之爭。」的獨體世界，用一張臉寫完這一章人生試卷。像小學生的暑假作業，一天寫一天，把日子定下來，固定成儀式。

儀式的本身就是個人的歷史意義。

六點鐘的陽光已經讓人無法睜開眼睛直望。

黃老師的腳步，願望在海濱公園，這是 2010 年 7 月 13 日的晨記。

這一泓泉清的冷泉，徹徹底底的潔淨，清瑩見底的軟石旁還偶有佳作地冒出泉泡。二對婦人穿著下水衣在水邊洗滌衣物，聊著媳婦這次不回台東，孫子也不回來。

他先是在岸上看著透明如水晶般波動著的水質發呆，聽著婦人們的話題，看著婦人雙手洗衣的熟練動作，這一些景象該是 1970 年代的童年記憶。

「阿娘」帶他在嘉南平原的水邊印記。

他喜愛看老婦人工作時的笑容，聽聽缺乏知識階層的鄉土話題、家鄉的俚語，讓他很活躍的活在個人的潛意識中。像這泉水，自然的中央山脈文化所孕育的乾乾淨淨。

他穿著愛迪達運動黑短褲、吊帶型排汗衫、棉質 T 恤、拖鞋、一頭散髮，像個無業之人，閒散的瘦長身軀，沒人知道他，他也不知道他，因為彼此不認識，所以只要和善地點點頭，各玩各

的。他像個客居者，只用眼睛看看、耳朵聽聽、享受清涼在肌膚的滲透感，才是今年的教育發展任務。

　　他下水，水深約莫九十公分未及腰，寬度二公尺，湧泉不停歇地流入東太平洋。整個人連頭埋入水裡靜置漂浮，雙手洗洗頭刺激腦部穴道，彷彿冷泉潤浸肌膚的一切活化功能，能立竿見影的讓你明白，體內的內臟活化。腦部的思維重量一片片的脫落下來，不見了。

　　或沉或浮半個小時，或聽或笑的婦人閒聊。

　　他起身，濕著全身。在大同路郵政總局側門的郵便車出入口對面，一對八十歲的老夫婦，正攪動一大鍋的地瓜稀飯，熱騰騰的蒸氣敘說人潮。

　　沒有招牌、沒有冷氣、來的大都是老人、準備上工的工人。他點了二碗地瓜稀飯、純手工豆腐塊、十來片嫩薑、一顆鹹鴨蛋，合計新台幣三十元。難怪這裡經營的時間是早上六至八時，貨物全部清空。

　　老闆閒時還會像頑童一般穿梭在人群裡，都是認識的老人，說的還是閩南俚語，逗笑趣鬧，語言使用完全掌握在經年累月的歲月熟練著風趣。

　　聽不見年輕人的三字經，取代的是雙關語句。

　　「喔！今天這麼早啊！沒菜了，只剩稀飯──客人都跑了，都吃飽了、跑了」，語句在此遮止。老闆樂得四處走動，對每一個熟識的老客人哈啦幾句討便宜，「有錢大家賺，錢賺不完。」他老伴忙著搖稀飯讓客人帶走，沒空搭腔。

　　剛停下摩托車的另一老人搭腔著：「喔！今天太慢來了，菜賣完了，剩下醬瓜、花生、鹹鴨蛋！」

　　「你走路像小螞蟻一樣，那有菜可以吃。」這裡沒有便宜的話匣子可帶著走，老闆說著。他老伴直笑著老伴打上幾回人際關係。

黃老師一坐下來就時而盯著老板瞧，他看著稍微駝背、沒了上下排牙齒的老頑童，每天這樣玩耍著生活。

「走路要走好，要看地上。」他對著剛提起稀飯要回家的客人說。

「喔！漂亮的妹妹，你來早了。沒菜了！」他對正要入內的女客人說。

「阿公！阿公！再見！」一個婦人載著兩位幼稚園的孩子經過門前，小孩子不停地揮手，不停地叫喊，直到這老爺爺揮手答腔為止。

「我的孫子，遍滿天下！滿街都是。」一九三一年出生，受過日本小學六年教育，八十歲的他，對黃老師哈哈大笑地說著，「啦啦過，一時過一時，一天過一天，一年過一年，日子也是這樣，比較好過」。

黃老師想著：在這裡可以找到文學的各種修辭學工夫。順暢的節奏、川流不息。

6.

他和朋友的說辭中有一份慈惠的真摯。

他說的話底，有著回復現場的真實感、自己的生活受用，和文學的情景交融一般。

這深夜十一時，四個大男人，脫去知識教育的頭銜，穿著四角內褲下水。

一個約六十歲的老婦人正在中游洗衣服，有個學生家長帶著一大籃衣服做第二次清洗，順著泡泡冷泉。徐老師和他是舊識，在水中聊個起勁兒。

另一位酒氣微薰的成人在教自己的小孩游泳。

　　從美國教育專家，布魯納的教學目標來檢視，以動作技能學習的目標類別觀之，剛才那土法煉鋼的語法：「對，一直往前游，撥水、撥水、換氣，有進步了，再游、再游！」那是建立錯誤的學習類型。

　　沒有示範者的講解、示範說明。

　　示範中該特別提及，該注意的動作技能重心位置。

　　讓孩子依著老師方才的示範動作，印在腦中為一組學習意象，做出動作。

　　老師身在一旁做完全介入性的指導式練習，孩子根據教師提供的語文訊息、學習基模意象，調整、檢視自己是否做出正確的動作。

　　老師和孩子討論，教學內容化為現場實務的肢體感覺如何？你注意到了什麼？

　　接著，老師慢慢放手，作半介入性的指導式練習，把學習的責任慢慢過渡到孩子自己的身上，學習者必須自己揣摩，自己主動建構這一組新的技能基模，教學者負責點撥式的提供關鍵性技能。

　　下一個階段是學習者的獨立練習階段，從一個依賴學習者，到一個獨立學習者的反覆練習，如果教學者不斷地提供教學思考表白，而要求學習者以動作、以語文表達，提出學習者思考表白的歷程，這教學者和學習者，會很快地在學習監控歷程的學習層次上會面。

　　如果教學者特意要求一個學會技能的孩子，按照老師的教學步驟，教導同儕技能學習，這位教學者已經站在培育未來的師父做準備了。

　　「這項技能的歸因是你自己的努力？還是別人的努力？」導引孩子強調「你自己的觀察學習、控制學習方法，協助你自己學會的。」讓孩子相信，自己的努力可以學會許多事。

　　從此教師與孩子互為人生學習的夥伴，他們成為朋友的分享關係。孩子走向自己的道途，教師默默的退居幕後，祝福這個孩子。

他們彼此又多交了一個朋友。

徐文勇老師一接手，那孩子已快速地，進入新的學習領域。

「難怪人家有資格當老師，附小的老師真不簡單！」那家長直說。

「他去當科任老師了！」同行者說著，他看著黃老師，對那家長說：「在那邊矇著頭水母漂的是──附小資深低成就教師。他也去當過科任老師，周遊班級，居無定所的跑上跑下，在樓梯階層練身體。」

「喔！這一場精彩啦！」另一位同伴搭著話，「我的孩子能和他們倆個科任教師玩起來，那就超級幸福啦！」

「低調、奢華──」黃老師說著。

「極簡風！」四個大男人異口同聲地，道出語句接龍。

「低調、奢華──極簡風！」笑聲的迴音盪起。

「喔！這水真清涼。頭一泡入水裡，思想就不見了。」黃老師站起身子，在夜風中低語，「上天的禮物，有夠美的。蘇澳冷泉真好笑！」

「幸福是──簡單、方便、沒消費、高格調、高享受、泡出生命的流動本質！」他說完話，又做他的水母漂，安靜的身體，漂浮著水想像。

溝池邊的一棵柳樹垂下低姿態的枝調，柳葉在風中聽海的聲音。

「觀音，海潮音，勝彼世間音。」黃老師心念起佛經觀世音菩薩普門品中的偈語，天空下是慈悲的印記。星星在遙遠的蒼穹中閃爍。

7.

第二天，他在學校打了一些字。下午五時帶「巧克力」泡冷泉。昨夜他們約好今夜十一時再聚冷泉。

這夜，七時到九時急驟雨。

黃老師在家看恭親王奕訢的歷史劇，他有感受地清楚著：「皇權思想體制下，要聽話、乖乖地順從，才能有權力結構下的方便利益。歷史和現在都是一樣的，學校權力中心運作和歷史也是一樣的政治學原理原則。」他想到一則作家寫的故事：「一頭母羊好鬥，跪下來吸乳，是因為牠的習性需要，並非孝養跪親。我們錯認表象所看見的一切行為。」

九時後，無雨。大地氣氛冷涼。

十一時，徐老師在茶房外等待，這天只他們倆個瘋子來到冷泉區。黃老師蹲在岸邊嚮久不語，他盯著池底的礫石發呆，一面活漾的水玻璃，如此清澈見底的水晶模樣，讓世界在它的角落無聲無語。

下過雨的湧泉水位更高、更活躍，冒著的水泡知道中央山脈釋出的美學基礎，清清的高山之歌。

他倆跳入水中，仰漂、水母漂，游個一兩回。肌膚散放出的溫度，讓身旁的冷泉水也溫溫的，不好玩。黃老師上岸，等夜風吹拂肌膚乾燥時，再度下水，這下又好玩了。冷泉甜甜的冷，心頭上轉著厲害，急速收縮的細胞活化了身子，水是活的，人的氣色乾淨地活著，天地之間的奧義說不完、道不盡。

「在這裡泡水的人會長壽。」黃老師說罷。

「我知道長期在這裡泡泉水的，幾位認識的老人，臨命終時，都是沒有掙扎的馬上離開塵世，完全的善終。」徐老師說著。

黃老師深信他。

這從小時候開始觀察到中年的實際經驗，說給誰聽呢？

回到茶房後，他和徐老師以朱泥壺，泡了一壺二、三千年茶樹的原始森林野生茶。

「為什麼茶湯自然地這麼甜？」徐老師嘖嘖稱奇地說話。

這 2010 年，雨前春採收後，取名「仙山茶霸」的普洱青餅，在茶語工房有一個別名「大方廣佛」。這是引用華嚴經的經句。

徐老師離開後，黃老師拿起「達摩禪經」用心持念著。

「慈無量——悲無量——喜無量——捨無量——」

這夜，輕安。

8.

那一天，他又到粥讚吃「連從粥」，洪老師吃他的「瑞廷粥」。因為洪老師的四位二專部學生，在那裡指名要吃，她們老師吃的那一種粥，因此江湖上有了「瑞廷粥」。

黃老師在為學生介紹「手藝」，這一門專業「知識」與專業「經驗」的熟練化「手感」時，他對孩子們說著：「一碗粥，可以是一門藝術表現」。他的學生便在那兒點「連從粥」。

粥讚老闆的媽媽是位妙好人。她兒子曾經在嘴邊滑過的幾個人的名字，她記得。那一份對待早已是對待家人一般的溫馨感，她喜歡笑，那笑容是工作態度上所延義的生命自足。

老媽媽特地端出一小盤「嫩薑」，請這二位大男人吃賞。黃老師用牙籤插起一小塊，知道這是老闆手作的，他不說話，因為好吃的東西不多話，一下子工夫，吃完了，像吃水果一樣。

老闆說這「嫩薑」是「子兒嫩薑」，每一株嫩薑的側芽長成像拇指、食指一般大小所摘下的，浸泡梅子汁液醃製而成。黃老師說：「活潑爽口，清靈淡雅！」老闆也跟著微笑了。他定製五罐，準備寄送到台北給姊姊消暑。

那晚，他在正一百貨買了黃色小籃子、南僑水晶肥皂、嬌生香皂、二個肥皂盒。來到溝池約晚上十一點，已有六個人在這兒泡冷泉、洗衣服。

黃老師放下籃子、穿著四角內褲、赤裸上半身、即時下水浸泡全身。他在池旁洗起衣服，熟練的動作像他的媽媽。因為小時候他常跟在媽媽身旁，所以女孩子會的世界，都是教育家班都拉的社會

學習理論「觀察學習」而習得的。洗頭髮、洗澡後，他才做水中漂浮的鬆弛運動。

這天的冷泉冰涼，他提早回家。看了日本作家夏目漱石的作品「夢十夜」，分別被十個不同的導演，以不同詮釋角度，一回夢一回電影的拍攝，拍成十回電影。他還真得看不懂，但他喜歡這電影。

清晨四時醒來。他下樓煮茗。拿著二十多年老土的紫砂壺，沖泡一九八〇年代的普洱青餅，三十年的老茶餅讓人汗流浹背，低頭倒出茶湯的同時，額頭上的汗水直落塌塌米上，不可思議的通氣暢脈，眼神輕飄如神仙一般飛揚之感。燃香末、持念佛號、持數鳳眼菩提念珠、閱讀幾則「指月錄」、禪坐些許時刻。

七時他出現在池子，泡涼。這會兒，天青色，無雲。淡清藍的天空令他仰漂的看這一片，無思、無慮的天遠。

二碗地瓜稀飯和老闆的語言事件，他邊吃、邊看、邊笑。

他覺得幸福是有感地「自找的」。

他到學校打文字稿。

9.

這晚，他十一時過後才出門。

他在池旁洗衣服、襪子，手感的動作，讓他想起他的媽媽。

他自覺很幸福。

媽媽的表情、動作都印在他的腦子裡，媽媽的價值觀都浮現在他的生活當中。也因為今夜只有他自己一個人在這裡泡水，他可以完全享受獨處、獨語的內在世界。

台南縣將軍鄉忠興村，這個務農的家族，住著桂竹、黏土攪拌稻殼糊上竹片牆的茅草屋，竟有一位知識份子在一九三四年出生，日據時代佳里鎮北門高中畢業的學子。

父親的人文素養、個人道德一直是黃老師心靈上的天空。

他們倆人的親子關係，建立於彼此在人生思維上的思考表白。

父親當過三年四個月的人像畫師學徒經歷；他的父親雙腳、雙手行動不便，所以他們父子的相處互為依賴。黃老師像父親的徒弟，當個人生學徒。

一九九一年，黃老師在兒童日報發表教育小說「開學日」，喜歡閱讀「讀者文摘」的父親看完兒子的創作，表明以他的孩子身為一位小學老師為榮耀。

這算是在父親那兒取得離開師傅的許可證。

一九三九年出生的母親，受過二年小學教育，她認得報紙上的三個重要字眼「黃連從」，他兒子的名字。她拜託她的先生唸報給她聽，黃老師的母親在先生的朗讀聲中，自然落淚。

休息一陣子後，她會發表教育故事中的人生評論，她無法忍受弱勢者被欺負、被揶揄。她會以自己的受教育經驗，舉出人、事實例，做為例證。黃老師也同時分享，她的漚汪國小教育故事。

黃老師常提醒母親：「不要太激動。」

他的母親也告誡兒子：「不要太激動。」

一九八三年台東師專的畢業典禮前一天，他媽媽出現在台東。

黃老師帶著媽媽到學校的游泳池，觀賞他的鐮刀式跳水，仰、蛙、蝶、自四種游泳姿勢，讓他媽媽回家告訴他的爸爸：「你兒子會游泳。」

他一直透過不同的方式和能力表現，要讓自己的父親認同他。這和教室中的學生生活一樣，取得一種社會地位的重要性。

社會地位的建立，有不同的生活類別，黃老師私下反思自己生活經歷的同時，讓他隱約看見：小學教室的哲學基礎。

回到台南縣鄉下，黃老師的母親告訴他：「你們校長看見我，知道我是黃連從的媽媽，就跟我說了一大堆：『你們連從很聰明、很不聽話、很搞怪、很有意見──』」。他笑著聽媽媽的場景對話敘述。

「唉啊！校長，你不了解我們連從啦！有閒到我家看看，你都做不到我們連從所做的一切乖巧啦！」他媽媽說，「我是這樣回你們那個白白、嫩嫩、肥肥的校長的。」

「你校長不是學特殊教育的嗎？學特殊教育的要『慈悲啊！』」他媽媽反問自己的兒子。

「喔！漂亮。」黃老師答著，「博士被鄉下不識字的婦人洗臉。」

他心頭溫溫的，他清楚爸爸、媽媽對他的知心、了解勝過於他自己。

到剛任教的學校報到前，他阿爸、阿娘給了他三條戒規：

一、學校的錢、學校的帳目不要碰。

二、不要和校長爭執、吵架。

三、上班不要遲到。

想起這一段，他潛入冷泉水中，慢慢的放鬆身體，做水母漂。

黃老師給自己二個女兒，頒布的家訓，只一條：

「禪坐。」

他再也清楚不過了。

走過心理分析學派，走過輔導、諮商，走過哲學體系，一大堆的名字在黃老師的世界整合著小學教育，他期盼所有的孩子：「做一回自己，反樸歸真。」

了解自我的一條道路，只有「禪坐」這個途徑，別無他法。

10.

他把每天的生活固定下來，這是暑期生活儀式。

夏雨滂沱之後，他還是在冷泉的世界，悠然自得。

「爸！你買的那條珊瑚項鍊很實用呢！我明天去台中找妹妹，媽媽也會去。今日一句：『心平氣和！』」

「沉、寂、無思、勝妙，再則應對、應用。『體』『用』不二，自在心迴轉──」黃老師回了孩子的簡訊。

深夜，幾個男人又在冷泉池中，泡涼。

「南僑水晶肥皂洗澡、洗頭，很棒！」這夜，他們證實徐老師說的。

原來趣味和快樂，在於生活上的一點點新發現。

11.

記憶在流動，透明的世界在流動，燃點香末──隨著夏天的氣流走動，它移向一個可以焊接上的空間。

他想到了建築空間的移動方式，內隱的世界流動與外顯的世界流動，是視覺、是開放、是移走、是氣息川流、是小視窗、是擋、是靜止的色彩視覺、是剝落、是對比、是步階、是腳印、是苔蘚、是聲音、是陰影變化、是下來的光線渲染的小角落、是沉思與靜謐的白色、是音符波動木頭的迴音、是一個老時間的褪色年代、是一種心境，蹲下來的心境。

天空中的雲朵，雨絲在泥地上的消逝，一篇一篇夏季的首尾應合文本。

這個夏天，他和女兒走著故宮博物院 2010 年的密教佛像展。

台北的夏天街道令人不想說話。八月的天空顯得亮藍，他女兒的紫色洋傘想為他遮暑，他說：「爸爸的皮膚已經很黑了，皮膚的感受對我影響不大。妳遮！」

她則默然的笑。

他們進入密教佛像展覽場地的靜默。

他看他的。她看她的。

感受是個人的私有領域，可內隱、可外顯。

　　一件件精密的工藝在銀雕塑上刻畫紋飾，陰刻、陽刻的圖騰象徵，是雕塑造像師，一片虔誠輕敲細打的佛唱。

　　鎏金的工藝與立體雕塑技術，難能思索的西藏唐卡線條，如此柔軟的慈悲流動，折服了他們這二位念佛人。

　　二十年前的兩部貝葉經，讓他親證西藏部族的雕刻文化，不知一輩子可以陰雕幾部貝葉經？

　　他喜愛看人的時間，看完成的藝術創作物，思索專注態度下的生命內隱知識，讓人一敲一打、一筆一畫、一雕一塑、一念一刻的創作自己的信念世界。

　　「許多人在娑婆世界裡，用自己的身體，用自己的時間，完成一種生命創作！」他想著。

　　藝術是這樣流動著，愈明白時間的流動，就愈明白：

　　「恭敬地，跪落下來的雙膝，何等尊貴！」

　　他們持念著佛號。

　　他回到台東的泉清世界，深夜十一時的水，甜甜的。

　　水源清澈見底，太平洋的浪濤，鼓浪著聲響。天地之間只有一個聲音廻盪。

　　他躍入池中清涼，泡在透明的金剛持世界。光亮與水對語，清涼滲透著肌膚，滲透著內臟運動。他在水面上仰漂，呼吸自然的節奏。

　　他像洗衣婦一樣，看著柳葉輕飄，日日月月，暑假自己的生活。

第十五章　教育即生活

克羅齊指出：「畫家之所以為畫家，乃是因為他清楚地看到別人僅能隱約感到或瞥見，但看不清楚是什麼的東西。」

藝術品味──劉文潭，p.235

1.

學弟張清斗的碩士論文題目是：「黃老師教學案例之研究──以教室小說為例」。

學弟和他約好，在台東訪談他的「教師知識思考」，也聊一聊自己的論文發展。

執教二十三年的張老師和執教二十八年的黃老師之間，有一些教學對話即將進行。

學生放暑假期間的八月十七日（二），下午四時張老師的車子，已在台東市傳廣路的茶語工房前，停下車程、停下腳步。

一棟三十年前的 RC 結構建築，被黃老師切割、改造，設計得和往常不同。這一棟房子，可以讓人覺受到時間的有感痕跡。

日式建築卸下來的兩對檜木大木門、四扇推拉式檜木花格露地門、舊檜木木料刨新重做的木窗戶、綠色的庭園設計、攀爬的葡萄和紫藤綠意，吸引著行人的目光。

張老師放下行李。在茶房裡，他坐在褟褟米上，左顧右盼地端詳茶房中的簡單設計，每一個物品和物品之間，彼此成為生活空間的映襯。

人物席地而坐地放入這空間，這空間成為一幅人物、山水。可以令人物入境、入淨，寧靜而致遠。

他為學弟煮水、沏茶。

　　他準備「2008 年雨前春臨滄區大雪山茶語（明心見性）」、「2009 年冬景東區無量山千年野生茶（了義聖諦）」二款茶合在一起的泡法，茶湯如落月一般的曦明清淨，整個人的心情為之轉動著明朗。

　　張老師沒有注意到黃老師批茶前，取出的茶名，他注意到茶名的書法字體，清朝書法家何紹基的集字。

　　黃老師偏愛的書家顏真卿行書、傅山、何紹基、鄭板橋、金農、吳昌碩、黃庭堅、鍾繇，偏愛的水墨畫家石濤、鄭善喜。

　　黃老師特愛「線條」在畫布上的空間感染力。一條柔和的線條可以改變人在生活上的視覺，或阻、或擋、或圓、或柔、或闊、或特寫一境生活象徵。

　　他對普洱茶的決斷力只有「生」、「死」二字，「生」為鮮活，「死」為閉塞。自此先決條件，再細分為不同的品賞美學概念。

　　黃老師聽聞茶人說過：「老普洱茶是活的古董、能喝的古董」。

　　他想著：這是否像日本作家祥見知生在〈手作的溫度〉一書中提及，見到日本高知縣陶藝家小野哲平作品時，說：「哲平先生的話很像螺旋，在身體裡轉了一圈後，再繞回腦海。這些話經過一段長時間的沉澱後，深深地停駐在心裡的某處。那時我聽到那句『對藝術的憧憬』就是這樣的感覺。」

　　這「長時間的沉澱」、「深深地停駐在心裡的某處」、「對藝術的憧憬」是否就是品茗普洱茶的一般覺受？黃老師深深好奇著。

　　或者品茗過程也是一種「美感經驗」。

　　依劉文潭先生說：「美感經驗，是一種獨特完整而純粹的經驗。杜威強調說：『即使哲學家，如果錯過了美感經驗，那末他便無望了解什麼是真正的經驗了。』、十九世紀德國哲學家謝林也說：『審美的哲學乃是哲學的器官，而美學則是哲學家的王冠。』、藝術在杜威的心目中，它一方面超越了現實證據的範圍，而保持了活生生的目的感；一方面又超越了僵化的習慣，而保持了活生生的意義。」

　　十六世紀末，日本千利休以「和」、「敬」、「清」、「寂」四字為茶道精神與宗旨。普洱茶品賞的前輩，台灣鄧時海先生對於普洱茶品賞的境界，把品賞定為十一字訣：「甘、甜、滑、醇、厚、柔、順、活、亮、潔、稠」。

　　黃老師由此想著；「中國人的茶道精神與宗旨究竟是什麼？」

　　他還是困惑地提出：「和」、「清」、「簡」、「圓」、「禪」

　　「和」為心平氣和、飲之太和、氣定神閒、閒情逸致。

　　「清」為心清見天水清見田、皓月長空、湧泉之上善若水、清朗。

　　「簡」為抱樸歸一、簡單樸實、藝術醇化過程的單純線條。

　　「圓」為大圓鏡智、體用不二。

　　「禪」為自然單純呈現的生活意境，此生活意境為「大方無物」。

2.

> 詩人雪萊的名言：「道德最大的秘密便是愛，或是自我們的本性中走出，使我們自己與存在於思想、行動或個人之中，但不屬於我們自己的美合而為一。一個人必須熱烈而廣泛地想像，而後始能達成至善。」
>
> 藝術品味──劉文潭，p.137

　　黃老師想著；「中國人的教育精神與宗旨究竟是什麼？」

　　黃老師想著：「小學教室的教學現場中，所發展出來的『教學案例』小說稿，也可以說是生活中一種藝術品味。」

　　如此說來，「教學即藝術」就變得有跡可循，可以是一個提供閱讀的文本創作物。

他思想起 1985 年，實際踏入小學殿堂，執教的第一年。他在南投縣仁愛鄉親愛國小泰雅族、布農族部落想著：

「我要教出一些怎樣的孩子？」

「這一些孩子社會化的過程，要具備那些『可以帶著走的能力？』」

因為這樣的「自我提問」，他的教學概念不斷地同化、調適。他在主動建構小學教育的諸多可能。

他走了二十八年為著「自我理答」。

他借助古人的審美概念：「貞德妙逸、恬淡和靜、清雅亮麗、宏健圓潤、氣潔高遠、志淨寬達」觀照生活。

良人與良茶都有不同的茶湯表現樣式，他們卻同時指稱在共同的審美內涵之中。

「2008 年雨前春臨滄區大雪山茶語（明心見性）」、「2009 年冬景東區無量山千年野生茶（了義聖諦）」、「2010 年雨前春景東區大貝山大樹茶（玉虛清靜）」、「2009 年孟庫區冰島大樹茶（滇紅袈裟）」、「2009 年雨前春雙江二、三千年仙山茶霸（荷華三摩地）」沖泡的這三款茶，有不同的茶湯表現，卻是相同的「恬淡和靜、氣潔高遠」地，在身體發生變化。

他們倆人在茶房：聊個人最近生活、聊論文題目、聊晚上十一時泡冷泉。

他們似乎進行著「異分母相加」的過程，找出最小公倍數，把人生的單位切割成同一小單位的同分母，「通分」的對談共識。

他們的簡單晚餐，吃王子麵店的筒仔米糕、籠蒸豬腳湯、清燙地瓜葉。這家的生意特別好，五、六個工作人員忙進忙出。

黃老師對張老師談及，世代經營的個人精神生活。

究竟他們的人生要的是什麼？

他們對自己的人生成就，是如何界定的？

何為社會成就？

回到茶房，真是「飄飄何所似？天地一沙鷗。」他們開始聊論文架構。

張老師想以雛型法，先理出一個教學案例「用一句完整的話，敘述你的學習」中，黃老師的「教師知識」有那一些？再以這初步的「教師知識雛型」，對照第二案例「畫出信心」，印證黃老師的「教師知識」基模。

從依據 Shulman（1987）提出「教師教學知識基礎」七個不同領域的理論：「學科內容知識、一般教學知識、課程知識、學科教育學知識、教育情境知識、對學習者及學習的知識、教育目的、價值、哲學以及教育哲學和歷史背景的知識」開始，鳥瞰黃老師在實務教學現場，所逐步建構的「教師知識」基模。是否必須精鍊、擴充地，修正薛爾曼的「教師教學知識基礎」理論？

黃老師說：「明天早上到學校打字，在教室大黑板上談這一個區塊」。

收好茶具。

他們躺在床邊，開小燈夜談、反復聽西藏音樂「神香」，一夜沒睡。

西藏藏傳佛教鎏金佛像展，正在台北故宮博物院展出，這 2010 年的宗教盛事，讓台灣人見到，因為地域關係，獨自從外界出離、發展成為獨特的佛教閉關修行基模，當成全人類發展的精神禮物，由第十七世達賴喇嘛把這文化傳承奉獻在大家的眼前。從器物、造像工藝上的工作態度、工作信念、虔誠喜樂的內修工夫，展現著慈悲與智慧結合的空性思想。

他們兩人都已獨自看過這場展覽，此時讓梵音嫋繞著月夜寂靜，恰如其分。

這個夜，輕輕鬆鬆地軟綿。

3.

　　好的故事幾乎都擁有某種異質生命的對照效果。

〈故事效應〉楊照。P.65

　　八月十七日（三）。清晨六時，他們散步東商校園，讓清晨的腳程走在綠色的草皮上逗留。

　　圍牆旁種的一排阿伯勒行道樹，二個月前的串串黃花，引著走過這兒的人留下印記。

　　黃老師指著還留在枝芽上的一倆串黃色花瓣，對學弟說：「我愛嫩鵝黃的透明般亮麗顏色。」他說起自己的教育故事：「1992 年，我在台南縣鯤身國小，特別向校長要了一班二年級的學生。我想實際瞭解數學科的教學問題，為何螺旋式的課程設計，會讓孩子們的數學平均成績逐漸低落？數學教育那裡出了問題？」

　　他還說：「那時教二年級的孩子摘寫大意、做文章基架分析表、小組討論。最有趣的是教自然科單元『空氣、養小動物』。」

　　他讓小孩子拜託自己的媽媽，為自己準備兩隻小鴨子。剛孵化小鴨子身上的絨毛顏色，就像阿伯勒花瓣的嫩黃色，你看了只能對生命啞口無言地：「感動、狂歡生命的奇蹟」。

　　班上的一個孩子，第三天就帶來活生生的具體操作教具「小鴨子」。

　　「我一看到小鴨子，整個人就不行了。」黃老師敘說著。

　　「從導師時間就開始出雙倍、三倍價錢，要向她買。她就是不賣。可以借你玩賞，就是不賣。我向她懇求般地敘明理由，說要：『帶回家，讓小鴨子在大浴缸游泳，陪我女兒洗澡，讓我這個當爸爸的，在一歲的女兒面前神氣一番。』她卻說：『自己去佳里鎮市場買。』我說：『老師也要上班啊！』她說：『你不會叫你媽媽去買

喔？』最後，我在中午放學前，在她耳邊低語：『你今天不要寫作業，小鴨子借我玩一天，明天還你。』她說：『一定？』我說：『生死不改。』兩隻小鴨子就在我的教室桌上。她特別交代：『不可以把牠玩死喔！』我說：『我這麼厲害！都沒有把妳玩死，怎麼會把小鴨子玩死？』其他同學不服氣地說：『不公平。』我問她們：『你們現在有小鴨子嗎？』她們不理睬我，揹書包回家前，說著：『討厭、偏心、可惡、每次都這樣威脅人家。』」他們兩個大人在行人步道上，比手畫腳，哈哈大笑，路人不知他們怎麼了。他繼續在學弟面前演說。

「回到家，我躲過我媽媽。叫『阿妹』到樓上，我在她骨碌碌的眼神中，拿出兩隻小鴨子。女兒直叫：『好可愛喔！摸摸、抱抱。』我說：『小鴨子陪妳洗澡。噓！小聲點，不要讓阿嬤知道。』小女兒拉著我的手，直走浴室。我放滿一缸子的水，放了小鴨子，她們玩了兩個小時。阿嬤聽到阿妹一直在叫、一直在笑，上樓一看，說著：『阿妹！妳爸爸瘋了！』阿妹直對著阿嬤笑：『阿嬤！小鴉鴉，好可愛喔！』我媽媽說：『生眼睛，也沒看過人家這樣當爸爸的。什麼都讓她玩！』」

「當爸爸的，真的很神氣、很偉大。」他對學弟說。

他們兩人從台東高商的人行步道，走向南京路、正氣路。一路上閒聊的話題，盡是個人的生活故事、個人生活觀點的實踐。

好似只有自己體驗的生活哲學，才是自己生活長出來的翅膀，才會飛翔。

黃老師喜歡日本的清貧思想，簡單的一種精神和歌。

4.

故事是我們理解世界的縮寫。

〈故事效應〉楊照。P.77

清晨七時，他們停在正氣路中西式早餐屋。

叫了一樣的手打豆漿、土司夾蛋。

黃老師和以前熟識的家長、學生打招呼，那學生已是高二的大孩子。

黃老師一進門見到他，便舉手做出童子軍的舉手禮姿勢，對這大男生說：「偉人！你好。」

孩子的媽媽知道，黃老師喜愛和所有的孩子逗趣，轉頭微笑、點了點頭。

孩子的媽媽主動起身，幫黃老師從老闆娘的工作桌上，一份一份送來剛點的早餐。他笑著低聲說：「謝謝。」

張老師喝下第一口「手打豆漿」，驚訝地說：「真好喝！這怎麼做出來的？」

黃老師說：「電鍋煮熟的黃豆和一份糖，放進果汁機裡，像打果汁一樣，一份一份地打。」

「這是全飲食，這樣吃比較健康。」老闆娘見黃老師對學弟說明著，便主動地說。

「喝起來沙沙的口感，和豆漿泡沫的綿密契合在一起，黃豆的清香味還能停留在口腔裡，這是早晨的一口清香。」黃老師說出這口感。

回程的路上，黃老師對學弟說著：「這是一種專業。『專』門的行『業』。老闆娘經過自然科的『操作變因』、『控制變因』的實驗歷程，控制這手感豆漿的份量，所得到的實驗結果。」

這是自然科的生活應用層面，如果小學老師善於應用列舉的『教學表徵』做教學說明，孩子進入社會，便能在日常生活中，操作出一種新的產品。

一般的早餐店，不在豆漿上花這時間，一杯一杯的搖起來送給客人。

這裡要一份一份的手打，專業中有一份自我的要求、自我實踐、自我堅持的毅力。

這符合布魯姆教學目標，情意類的高層次目標：『因應、接受、反應、選擇一種價值取向、公開表達自己的價值取向、堅持自己的價值取向、自我實踐。』」

學弟聽學長這麼敘述，對於教師專業更有一個明朗的生活例子可說。

上午八時，他倆到東大附小打電腦稿。

黃老師和往常一樣，手沖黑咖啡。張老師已打開自備的筆記型電腦，準備開始工作。

他倆手上各是一杯黑咖啡，邊喝邊聊。

黃老師走上講台，拿起粉筆開始進行敘說，邊說邊在黑板上記下說話的綱要。

他注意著學弟給他的列問：「為何你在造句子教學，花了很多時間？這之間有什麼特別的思考？」

「一位小學教師，進入課堂進行教學。他是孩子成長形塑的『已社會化的社會人』之範例。在這教室『小型社會』中，進行『身教』與『言教』。他是領導人，具有領袖氣質，領導這個班級的『工作目標』、『情緒目標』。他掌握著這個小型社會中的一切資源，運作一個公權力結構，進行資源分配、資源共享。他像一個國王掌握的類別沒有兩樣。帶領這裡的人民（學生），過著一種社會（教室、學校）生活。」黃老師開始進行演譯說明。

「這個教室社會有古文明、歷史、文化、宗教、哲學；政治學、經濟學、軍事學、行政學、社會學、計算學、語言文字學、心理學、藝術學（工藝、建築、繪畫、音樂、文學）；人文學科、理工學科、醫科、自然學科──因為這一些累積的文化資產，都是因應人類的生活實用而來；人才培育亦是為豐富人類美好的生活，因應而生。」

「小學老師懂得的，就是這麼多的複雜學科。」

「他既是國王、謀士、將士、平民，懂得多、懂得雜、懂得鬆的生活綜合。」

總地來說：「他是形塑學生個人生命意義的典範人物。」

黃老師從鉅觀的歷程，鳥瞰身為一個小學老師的自己。

若從微觀的歷程做簡單的思考，一個個體的成熟度，當具備四個向度：「知識性成熟、情緒性成熟、社會性成熟、道德性成熟」。

5.

一個國小教師的基本能力要求，要學會「教什麼？」、「怎麼教？」。

「教什麼？」是屬於「學科知識」；「怎麼教？」是屬於「教學知識」。

亦即他必須知道「各個學科的學科內容知識、各個學科的學科思維方式」和「教學知識的進行教學推展步驟；掌握教學內容的教學目標（認知類目標、技能類目標、情意類目標）；操作具體物、半具體物、抽象符號化，以完成學生的概念形成到概念辨認的學習歷程；學生最後以陳述性語言或步驟性語言，表述自己的學習。」

「教師思考著，每一個學科均同時扮演著『內容學科』、『工具學科』的雙重任務。教師必須做出教學決定，現在教室中，進行的是教導『單元內容次目標』？抑或是教導『工具學科』？教師有意

識地監控教導『技能基模目標』，以便日後做為其它學科，可類化、移植的共通性『一般化技能基模』。」

黃老師開始在黑板上，寫下：「造句教學」。

他和學弟討論「句子教學」的「學科知識」和「教學知識」。

「句子教學」的「學科知識」，是學生能造出一個「結構正確」、「內容正確」、「關聯詞正確、通順」的句子。

在這樣的句子評量上，我們說孩子在造句子上的表現做對了。我們都給一百分，那在句子教學上，有五、六個孩子都是一百分，他們之間如果要加分的話，則必須有更細目的評量標準，做為評量。讓孩子在一個句子的內容表現上，有不一樣的自我監控評量標準。

例如：「句子的生動」、「句子的優美」、「句子的具體」、「句子的豐富」、「句子的節奏」、「句子的統一」、「句子的完整」、「句子的意象」。黃老師把這造句子教學的能力指標條列出來。

這建構式的螺旋式課程設計，當教「句子」是語文科的教學基本單位，由此教導國語習作或測驗中的「造句」、「照樣造句」、「照樣寫短語」、「替換語詞」、「換句話說」、「擴寫句子」、「長句縮短」、「摘寫段落大意」、「摘寫全課大意」、「習寫短文」、「看圖寫作」，這一些複雜的類目習題，被放入語文科的基本能力要求，並做過度練習。但是到了六年級的孩子，他的書寫沒有明顯的成長，依然造出平庸的句子。「閱讀」、「寫作」就更是一般的可想而知了。

黃老師列問張老師：你有聽過「教閱讀句子？」、「教寫作句子？」

張老師默然以對。

因此，我帶一個新的班級，便是從「造句子」教學開始。

重新教導孩子在語文科上的認知、技能、情意。

由此再擴大語文科的六年課程設計知識，字詞、句子、段落、篇；文章形式探究、內容探究；文章的閱讀、文章的寫作。

最後的語文做為，豐富人生思想的生命異質性對話，透過內省智慧達到建構人文、人本的生命內涵，以此做為一個「人物」。

我在「許願魚」一書中，第十三章「用一句完整的話來敘述你的學習」，主要是簡單紀錄下，如何教導學生以「陳述性語言」做為表述能力的學習過程。

回到「句子教學」的「結構正確」來說，「結構正確」是基本的句子形式基架「主詞（名詞、代名詞）＋述詞。」所完成的。在教學中選用一個形式基模替代「主詞＋述詞。」就成了「主角（名詞、代名詞的主詞）＋怎麼樣（，）＋又怎麼樣（，）＋結果（。）」

此「句子結構」由簡單句的「主角＋怎麼樣。」、「主角＋怎麼樣（，）＋結果（。）」進層到複雜句型的「主角＋怎麼樣（，）＋又怎麼樣（，）＋結果（。）」循序漸進。

而「句子通順」當思考「關聯詞」的使用是否正確。

「內容正確」的判斷規準，端賴句子試題的兩種樣式是「形式字」？「內容字」？依此造完的句子，回到日常生活用語，檢驗是否表情達意。

黃老師停下在黑板上的紀錄，走向坐在學生位子上的張老師面前，繼續述說：

教「造句」的時候，我有一條教學方向。即是把「造句教學」當成「內容學科」，要求學生造出一個結構、內容，正確、通順的句子。並且把評量標準條列在黑板左側，當成監控目標的達成。

接下來，我把「造句教學」當成「工具學科」進行教學，我的目的便成教會孩子，分析、應用造句子的「技能基模」。

這書寫表述的「技能基模『主角＋怎麼樣（，）＋又怎麼樣（，）＋結果（。）』」，變成了支援各學科陳述表達的「一般性技能基模」。

例如：應用「一般性技能基模」幫助自己，寫下自然科「白色粉末」單元的操作型定義：「白色粉末（主角）是用眼睛看（怎麼樣），它是白色的粉末（結果）；用手摸（怎麼樣），它是細細的粉

末（結果）；用鼻子聞（怎麼樣），它是沒有味道的粉末（結果）。」這其中還包括「操作工具」和「定義內容」兩者組合的型式，方是「操作型定義」。

　　例如：應用「一般性技能基模」幫助自己，寫下社會科「放眼看世界」單元的內容：「八大古文明帝國（主角）是由北美洲的馬雅文化（怎麼樣），亞洲的中國文化（怎麼樣），印度的印度文化（怎麼樣），歐洲的兩河流域文化（怎麼樣）、希臘文化（怎麼樣）、羅馬文化（怎麼樣）、非洲的埃及文化（怎麼樣）、中東的伊斯蘭文化（怎麼樣），所發展出來的古文明帝國（結果）。」

　　例如：應用「一般性技能基模」幫助自己，寫下數學科「乘法」單元的內容：「乘法（主角）是幾個做為一倍（怎麼樣），乘以有幾倍（怎麼樣），算出總數的計算方式（結果）。用數學符號表述則是（一倍有幾個）×（有幾倍）＝（總數）」。

　　其它學科，或是生活領域的學習，都可以以這「一般性技能基模」協助陳述、統整學習的。

　　這是語文科扮演「工具學科」的特殊任務，建立語文敘述的技能學習基模，應用在協助各學科教學的「技能基模」。

6.

　　那語文科的學科內容，有它的學科思維方式，這思維方式即是「傾聽」、「說話」、「閱讀」、「寫作」四個向度，做為溝通、紀錄、表達思想與生活表述美感的文本敘說樣式。

　　而學會「閱讀句子？」、「寫作句子？」便成為孩子在語文科學習課程上的，基本課程設計。

　　所以先教一個班級的孩子學會造句「正確」、「通順」。

　　又因為要閱讀作家的文本，也想要像一個作家寫出文本，因次教師在教學上，就開始加入這樣的教學能力概念指標。也是以「一

般性技能基模」的結構為主，加入如何教導學生學會「句子的生動」、「句子的優美」、「句子的具體」、「句子的豐富」、「句子的節奏」、「句子的統一」、「句子的完整」、「句子的意象」。

　　黃老師把這造句子教學的能力指標條列出來，寫在黑板上。

　　「句子的生動」：是句子的敘述中，注意控制「副詞」的使用，形容「動作」的副詞，可以幫助動作更加細膩化。只要副詞（──地）＋（動詞），如此句子的生動性即刻產生變化。例如：咦！那是什麼？我輕輕的將它移出來一點。「好可愛啊！」我驚喜的叫著

　　「句子的優美」：是句子的敘述中，注意控制「形容詞」的使用，形容「名詞」的形容詞，可以幫助所書寫的「名稱」更加優美化。只要形容詞（──的）＋（名詞），如此句子即開始具有優美的情感變化。若是副詞（──地）＋形容詞（──的）＋（名詞），那句子表達的雙重情感，更能感染讀者。例如：玫瑰吐盡了香氣，不足溫潤那乾渴的喉，更不比那響亮的戀歌。

　　「句子的具體」：是句子的敘述中，加上修辭學的「摹寫技巧（視覺、聽覺、嗅覺、味覺、觸覺、臉部肢體的表情動作、心覺）」和「譬喻技巧」。使不在現場的讀者，也能透過書寫的文字閱讀，具體的看到、聽到、做到、聞到、接觸到、察覺到。加上譬喻，讀者會如親臨現場一般的，跟著作者揣摩每一景、每一物、每一人。例如：「他意識著一位女同學站起來。她拍了拍裙子，說：『我覺得我們被侮辱了，我超生氣的，而且他們還在網路公開，我覺得很丟臉。』她看了老師一眼，坐下。

　　『喔──』老師把她的感受寫在黑板上，問：『所以你們寫紙條互罵囉？』他們抿著唇，兩眼發直。」

　　「句子的豐富」：是句子的敘述中，採用了「特寫鏡頭」書寫或增加「延伸相關內容」的書寫。例如：咦！那是什麼？我輕輕的將它移出來一點。「好可愛啊！」我驚喜的叫著，手上托著一個紫紅色的小紙盒，上頭摻著一些閃亮的銀色珍珠粉顏料，而裡頭有個紅

色小瓶蓋，插著兩朵玫瑰。一朵是黃玫瑰，淡鵝黃的花瓣吐出香水般的氣息，大概是我今天太晚來，花開的差不多了，但仍令人感動。另一朵是淡粉桃色的玫瑰，花苞尖端微開，成美麗的水瓶狀，翠綠的梗旁襯了三片墨綠的葉子。我把它放了回去，兩手向前伸直重疊，埋住頭，側看。微笑中，我不免有些困擾，因為到現在，我喜歡的人一個也沒有，如果讓送花的他感到失落，真的很抱歉，不過希望他知道，我非常的感謝他。

「句子的節奏」：是句子的敘述中，加入了修辭學的「類疊、排句、對偶、押韻、層遞、回文」都能造成句子的節奏感。例如：「這張不知如何形容的面具，是傷心，是生氣，還是絕望？」

「句子的統一」：是扣準句子的敘述主題而發展的。例如：咦！那是什麼？我輕輕的將它移出來一點。「好可愛啊！」我驚喜的叫著，手上托著一個紫紅色的小紙盒，上頭摻著一些閃亮的銀色珍珠粉顏料，而裡頭有個紅色小瓶蓋，插著兩朵玫瑰。一朵是黃玫瑰，淡鵝黃的花瓣吐出香水般的氣息，大概是我今天太晚來，花開的差不多了，但仍令人感動。另一朵是淡粉桃色的玫瑰，花苞尖端微開，成美麗的水瓶狀，翠綠的梗旁襯了三片墨綠的葉子。

「句子的完整」：是句子的敘述中，有至少三個推展內容，即是（怎麼樣1）、（怎麼樣2）、（怎麼樣3）。例如：老師的臉皺成一團，眉毛緊促，拿著教學棒撐著地。

「句子的意象」：是句子的敘述中，能具體的在讀者腦中，形成一幅心靈圖片，或見到情境的景、物、人物、行動。例如：老師皺著眉，坐在木椅上沉思，他嘆了一口氣，問：「你們知道老師的心情嗎？」

7.

　　「這一些『句子的生動』、『句子的優美』、『句子的具體』、『句子的豐富』、『句子的節奏』、『句子的統一』、『句子的完整』、『句子的意象』等等，每一項都是一個教學內容目標。」

　　「因此在教學推展過程中，身為教師的我，開始有意識地發展出一個，教導孩子學會一項技能的『技能教學步驟基模』。

　　我在教導任何一項技能目標，都是按照這樣的流程，來幫助孩子形成概念、辨認概念。並且常要求孩子步驟化地，寫下如何做出來的思考表白。」黃老師對著學弟口述著。

　　張老師很好奇地，請黃老師在「技能教學步驟基模」旁，條列式地寫下步驟。

(一) 綱要說明：示範者講解授課綱要、說明。

(二) 分段技能觀察：示範中特別提及，該觀察的分段技能重點。

(三) 意象學習：讓孩子依著老師方才的示範動作，印在腦中為一組學習意象，做出動作。

(四) 教師完全介入性的指導練習：老師身在一旁做完全介入性的指導練習，孩子根據教師提供的語文訊息、學習基模意象，調整、檢視自己是否做出正確的動作。

(五) 師生學習討論：老師和孩子討論，教學內容化為現場實務的內在感覺如何？你注意到了什麼？

(六) 教師半介入性的指導練習：老師慢慢放手，作半介入性的指導練習，把學習的責任慢慢過渡到孩子自己的身上，學習者必須自己揣摩，自己主動建構這一組新的技能基模，教學者負責點撥式的提供關鍵性技能。

(七) 學習者獨立練習：學習者的獨立練習階段，從一個依賴學習者，到一個獨立學習者的反覆練習，如果教學者不斷地提供教學思考

表白，而要求學習者以動作、以語文表達，提出學習者思考表白的歷程，這教學者和學習者，會很快地在學習監控歷程的學習層次上會面。

(八)教導同儕技能學習：如果教學者特意要求一個學會技能的孩子，按照老師的教學步驟，教導同儕技能學習，這位教學者已經站在培育未來的師父做準備了。

(九)技能學習的歸因：你學會這一項技能的歸因是你自己的努力？還是別人的努力？」導引孩子強調「你自己的觀察學習、控制學習方法，協助你自己學會的。」讓孩子相信，自己的努力可以學會許多事。

(十)師生互為學習夥伴：從此教師與孩子互為人生學習的夥伴，他們成為朋友的分享關係。孩子走向自己的道途，教師默默的退居幕後，祝福這個孩子。他們彼此多交了一個朋友。

「體育科、藝能科的技能學習也是如此嗎？」張老師詢問著說。

黃老師把正在準備的一本教室小說「Be-tween 這樣幸福」第十四章「暑假，自己的生活」檔案，先列印出來，讓張老師安靜地閱讀「技能教學步驟基模」。

「一個國小二年級的孩子，透過鋼琴、小提琴教師的教導，他能上台表演有難度的曲子？」黃老師問起。

「一個國小二年級的孩子，透過游泳教練的教導，他能游出仰、蛙、蝶、自四式游泳姿勢，並且每天游一千五百公尺的訓練課程？」

「一個國小三年級的孩子，透過桌球教練的教導，他能擊敗成人選手？」

「這一些都是肯定的答案。孩子可以學會高難度的技能。」黃老師說著，「那我們的教育那裡出了問題？語文學習是我們每天都在接觸的。閱讀課外書籍，也是都會區許多孩子，天天都在接觸的。但是我們的『閱讀、寫作』能力卻普遍低落。閱讀上，大多數孩子

以量取勝的瀏覽閱讀，而無法進入分析閱讀、比較閱讀、綜合閱讀。寫作上，表達人生思想的有感作品少見。但是我們在語文科課程設計上，記敘文文本篇幅是很多的。」他把彼此在小學教育的經驗說了出來。

因此張老師整理了黃老師的兩個重要教學基模：

一是「一般性技能基模」，說明著可做為類化在各個學科，協助孩子學習的「工具學科基模」。

二是「技能教學步驟基模」，交待了一個教師「怎麼教」的教學流程步驟。

黃老師補充著：「可做為類化的『工具學科基模』，還有『文章基架』、『發問技巧』、『理答技巧』、『小組討論技巧』、『資料儲備表』、『一般性讀書方法』、『閱讀技巧』、『寫作技巧』。」他說著：「這一些『工具學科基模』的熟練度，可以讓一個班級的孩子，在班級教學中，散發知識討論、知識建構的深度教學。」

「這一些熟成的『工具學科基模』，運用在語文科學科內容知識的課程設計上，是可以讓孩子讀出作者思考在『篇、段、句子、字詞』的形式探究、內容探究的文章意涵、文章主旨。更能讓學生跟著文章人物的生命發展，進一步地依照情節段落，體驗替代性的人生經歷、人生思考，這亦是文學扮演角色中的文學功能。我在『教學河戀』一書中的第五章『模仿貓』、第六章『美麗的秋天』，就是在紀錄這樣的教學景況。」

黃老師把這樣的內容，簡單地寫在黑板上的「學科知識」欄位。

8.

> 故事突顯生命共通的細節，藉由單一生命戲劇性的變化對
> 照，將巨大縮小，同時讓巨大能夠被我們看到、聽到。

〈故事效應〉楊照。P.81

他停了下來。他想聽一聽張老師的論文構思。張老師在黑板的左側，以綱要的樣式，寫下論文思考：

A、 案例文本陳述知識（以雛型法先建立一個基模）

B、 閱讀案例文本歸納教師知識

B-1、單一案例文本理出教師知識類別（用一句完整的話，來敘述你的學習）

B-2、跨篇案例文本對照教師知識類別，並擴充教師知識類別基模（畫出信心）

C、 訪談案例文本作者，對照已修正的教師知識類別

張老師也把沈羿成（2010）引用 Shulman（1987）「教師教學知識基礎」和引用 Cochran，DeRuiter 與 King（1993）三人對 Shulman 的學科教學知識加以修正的理論依據，依序在黑板的上方排列出來。

因此黃老師的這一些敘說，便可以直接掛在這個知識結構底下，被鳥瞰清楚。

沈羿成（2010）引用 Shulman（1987）提出「教師教學知識基礎」涵蓋七個不同領域：

一、**學科內容知識**（content knowledge，簡稱 CK）：指教師所具有任教學科的專門知識，對所教的學科知識、概念的理解。

二、**一般教學知識**（general pedagogical knowledge，簡稱 PK）：指各科均能運用之一般性教學原則與策略，如班級管理的策略、規準、教學原則、教學策略或提問引導技巧等。

三、**課程知識**（curriculum knowledge）：指教師對學科領域的教材及課程整體結構的理解與掌握。

四、**學科教育學知識**（pedagogical content knowledge，簡稱 PCK）：指學科內容知識和一般教學知識與對學生特質知識之整合性理解，乃為教師所獨有的領域。

五、**教育情境知識**（knowledge of educational contexts）：指教師對學情境的了解，如對教室環境、校行政運作、社區特質，和文化的認識等。

六、**對學習者及學習的知識**（knowledge of learners and learning）：對學習者學習過程中身心各種狀況、特質的了解，如學生的心智發展層次、迷思概念、學習動機，和先備知識等方面的理解。

七、**教育目的、價值、哲學以及教育哲學和歷史背景的知識**（knowledge of educationalends, and valaus, and their philosophical and historical grounds）。

　　沈羿成（2010）引用 Cochran，DeRuiter 與 King（1993）三人對 Shulman 的學科教學知識加以修正，融入建構主義的觀點，提出了「學科教學理解」（pedagogical content knowing）的模式。他們強調教師知識具有「主動建構」的特性，其內涵分為四個部分：

一、**「情境脈絡知識」**（knowledge of environmental contexts）。

二、**「教學知識」**（knowledge of pedagogy）。

三、**「學科內容知識」**（knowledge of subject matter）。

四、**「學習者知識」**（knowledge of students）。

　　這一天，他們倆人的互動、對話、敘說，都紀錄在教室黑板上。準備這天的收工，下午三點是今天的午餐時間。他倆來到傳廣路的

「粥讚」吃廣東粥。老闆的媽媽,為這二個外來的孩子加菜,一盤牛肉、一盤青菜。

「日本禪師铃木大拙筆下的『妙好人』,就是這樣活生生的『念佛人』。」黃老師說,「她七十多歲了,對待她孩子的朋友,都是這樣招待。」

他們回到茶房,倒頭便睡。晚上在茶房,轉移話題,聊日本人的文化集體潛意識、日本人的社會教育。

夜間十一時,他們在冷泉區泡冷泉、洗衣服。

回家聽西藏音樂「神香」、睡覺。

9.

八月十七日星期四清晨,他們倆人起得早,散步一小時。

黃學長突然問張老師,說:「星期二、星期三,張清斗來我這裡,黃老師對張清斗的教學流程安排與思考,是什麼?」

這樣的提問,讓張老師有點兒為難。

「你必須用鳥瞰法,看到每一個流程段落,然後再思考黃老師『教育的本質是什麼?』答案會自然浮現,有一天。」黃老師說著。

這天,張老師在學校,開始把昨天所紀錄的速記稿,想辦法謄成一個資料儲備表,呈現在黃老師面前。

文本閱讀師徒制			
學徒		師父	
讀者		作者	
Shulman(1987) 教師知識基模	讀者列問	教學案例	教師知識基模
一、學科内容知識			
二、一般教學知識			
三、課程知識			

四、學科教育學知識			
五、教育情境知識			
六、對學習者及學習的知識			
七、教育目的、價值、哲學以及教育哲學和歷史背景的知識			

凌晨一時，他們泡冷泉、洗衣服。

回家聽江蕙 2010 年的新專輯「當時欲嫁」。

黃老師興奮地對學地說：「如果畢業歌，選江蕙的『莎喲娜拉』。歡送歌，選江蕙的『唉呦唉呦』，這一定特別有意思。」

10.

八月十七日，星期五。

他們依是清晨散步，到早餐屋、買手打豆漿，到學校沖咖啡、打字。

張老師在學校對著黑板和他自己的資料儲備表，把之前閱讀「用一句完整的話來敘述你的學習」、「畫出信心」的論文書寫札記，重新檢視後，放入論文的正文部份。

他們這天下午二點即離開學校，午餐在「正記美食」點了滷肉飯、燙青菜、炸扁食湯。

「炸扁食湯」這是一道特別的做法，把大顆的扁食油炸過，吃起來香脆的口感和軟 Q 肉餡，在嘴裡發出碎裂的聲音，每一口都是幾個節奏混聲的。

下午，他們窩在茶房，喝 2000 年的野生純料雨前茶，這已是十年轉化的茶湯，讓細胞的擴張張力更大，因為經過時間的自然發

酵，茶氣沉潛在下丹田的盤据作用更加顯著，不一下子工夫，兩人的全身汗水淋漓。

他們聊起生命夢想、生命實踐、生命毅力、生命態度、情感之愛的類別與評量、生命成就、社會成就、生命在文化集體潛意識的錯置概念。

這天，家中的喇叭鎖突然打不開。黃老師打了電話給開鎖店。

「你用扁型螺絲把，往喇叭鎖，強力一壓，再轉動。如果還打不開，再打電話給我，我再過去。」老闆這麼說著。

黃老師照著做。無論如何使力，都是徒勞無功。

他打了鎖店電話，老闆拿了工具邊說明、邊工作，鎖打開了，不用換新的。

黃老師付了一百元。直向老闆說聲：「謝謝！謝謝！謝謝！還好你撥空過來。」

老闆很客氣地說：「沒什麼。再見。」

黃老師便和張老師以「開鎖的生活例子『談專業規準』。

「專業」是一個「專」門的行「業」。也有它的基本行業規準，例如：「專業服務態度」、「專業能力」、「專業精神」、「專業倫理」、「專業道德規範」、與「人文素養」。

我在被服務的過程，老闆的行業說明和實作的效度，是有效的解決我的問題，這是「專業服務態度」、「專業能力」。

「專業精神」是基於對自己行業的敬重、自尊、研究、創新的生活毅力。

「專業倫理」是執行這個行業本身的行規之規範，操行、責任、職場實踐、對服務對象之尊重與同理心等，均是。

開鎖的老闆，必須接受社會的道德規範，和警察局的列管。他不能以這專門技術行竊、隨意進入他家門戶、傷害他人。這是「專業道德規範」。

　　老闆的技術能力和對人群的關懷能力，是兩個不同向度的能力評量。「對人、事、物、自然界有著關懷的『慈悲心』和掌握知識能力的『智慧力』」稱為「人文素養」。像「美麗新世界」的作者赫胥黎，在「自由教育論」一書裡，所表述的「良好的目的，必須透過良好的手段，方能達到。」這表述，提供一個觀照視點：除了起心動念的動機外，還要選擇良好的手段、方法，才是至臻於「人的教育目的」。

　　因為這個生活例子被閱讀出來，所以這個晚上，他倆開始思索著：「發展教師『文本師徒制模式』」。

　　「如果這是一個可行的模式，那我們小學教師的專業發展細目，便更有一個依循的方向。」黃老師說，「我們更可從前輩那裡，流傳下來的故事，留下來的文字。向他們學習『如何當一個好老師』。」他們開始描摹這個可能的模式。

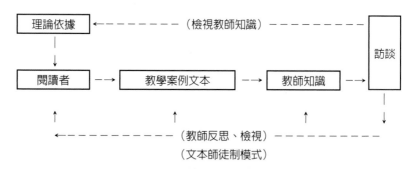

　　凌晨二時，他們泡冷泉、洗衣服、睡覺。

11.

八月十七日，星期六。

工作習慣依然是固定下來的。早起、散步、在家泡茶、打文字稿。

這天在學校，張老師把昨夜討論的「文本師徒制模式」再和黃老師研究一番。黃老師覺得「教學案例文本」的釋義範圍，應採廣義的「文本」。

「如此，從生活中的實際經驗，便可逐漸歸納出與教育課題相關的『教師知識』。知識是生活經驗不斷建構、系統化的過程，『學科知識』是這樣的經驗分類、經驗歸納、經驗系統化，最後以一套完整的知識系統化架構被提出。我們所學習的各科學科知識，是知識傳授者，以演譯法把知識有系統地，呈現在我們眼前。既然知識是在生活中被提出來的，那麼我們在學習各個學科時，我們也盡可能的『還原』到人類的生活景況中做思考。我們不斷的列問自己：『人類是如何在做思考的？』、『數學家是如何在做思考的？』、『文學家是如何在做思考的？』『修辭學是怎麼來的？為什麼要有修辭學？修辭學對我的生活有什麼幫助？』」黃老師希望，教學是學科與生活經驗相印證的歷程，他一直期盼知識學習能「還原」到原初的現場故事，被聆聽、被體驗、被想像，孩子在一個「有感的世界」理解知識學習、知識的生活實用，所以他這麼對張老師表述著：

「個人的實用智慧、內省智慧是這樣發展出來的。理論是生活經驗的系統化、知識的系統化。同樣地，教師教學經驗的系統化，也是一門專業知識。小學教師努力在教學經驗系統化的過程，取得合法的知識。質性研究的被重視，便是一個被認定的合法知識。」

聊起「文本師徒制模式」的一些實例，時間已在下午三時。張老師還在電腦前整理知識，黃老師接了徐老師的手機，大夥兒相約在更生路的「彩虹廚具」喝黑咖啡。

12.

在這裡喝咖啡的人士，都是有一套自己品賞咖啡的標準。從咖啡莊園、生豆烘焙的溫度變化曲線圖、楊家一公斤烘焙機風門的掌握、烘焙豆的試飲、煮一杯咖啡的技術與思考，這一些經驗都在這兒，被當成公開的經驗知識，彼此分享。

黃老師對學弟說：「有一個晚上，這一個小園地，向咖啡生豆進口商，下訂五十公斤生豆，平均每人約訂了五公斤生豆。這一群人在『玩』味生活的樂趣。」

「如果小學教師，也是這樣一個共同的團體。大家在『玩』味教學生活的樂趣。那這『公開的經驗知識』，會是教師專業化的重要基石。」黃老師有感地說話。

他倆忘了今天還沒進早餐、午餐。徐老師提到「卑南包子」，他們三人才出發前往卑南，排隊買包子。

在徐老師的車上，黃老師小聊「自然科操作型定義教學」、「自然科與人生課程結合之教學」。

黃老師說著自己的經驗：「教孩子學會，自己以敘述句寫出『操作型定義』的教學，當在敘述句中提醒孩子，注意『操作』、『定義』二個項目。『操作』是選用的操作工具或方法的敘述。『定義』是操作後的結果內容敘述。放入句子基模就成了『主角（主題）＋怎麼樣（操作工具、方法）＋結果（操作後內容）。＋又怎麼樣（操作工具、方法）＋結果（操作後內容）。』」

「例如：白色粉末（主角）是我用眼睛看（怎麼樣操作），它是白色的粉末（操作結果）。用鼻子聞（怎麼樣操作），它是沒有味

道（操作結果）。用手摸（怎麼樣操作），它是細細滑滑的粉末（操作結果）。」他一邊說，一邊提取監控技能協助敘述。

他還說：我曾經問孩子，

「我們學過定滑輪、動滑輪單元，你的人生是要扮演一個定滑輪或動滑輪？為什麼？」

「我們學過自然科和社會科單元，你要自己蓋一棟房子，你會如何設計和思考，讓房子是符合綠建築（陽光、空氣、水）的設計？」

「請對你現在的人生下『操作型定義』？」

「請應用自然科的『操作變因』、『控制變因』方法，泡出一壺好茶！並做出實驗紀錄表！」

黃老師愈說愈來勁。

難怪他說：「只要談到小學教育，我的眼睛馬上會發亮，三天三夜講不完。」他樂活在自己的教學生涯。

這幾天下來，他們兩人所談的生活課題，都會聯想到小學教育。

或還原、或應用、或舉出鮮明的教學表徵、或理出個人教育哲思、或談一些班級中的孩子故事，真是印證了美國進步主義教育思潮，杜威先生提及的：「教育即生活」。

13.

八月十八日，星期日。

張老師在茶房將「文本師徒制模式」定案、打字、輸入電腦。

收拾簡單的用具，他們在茶房泡茶閒聊。

下午四時一起吃炸扁食湯、滷肉飯、燙青菜，張老師即回程。

日子還是一樣。張老師回彰化後，黃老師星期一又到學校打字。他想在學校開學前，把這篇「教育即生活」的紀錄稿子脫稿。

他在學校想著：「開學第一週要派的回家功課。」

　　「做出數學第一單元：『質數和質因數』的知識架構表，並舉
出數學例子實作。」

　　「請對國語第一課『陸游和鄭燮』的二首詩，做比較！」

　　想到這，他便得意地在教室走動、思考，不知他在笑些什麼？

第十六章 追憶

小六 田雨蕙

1.

童年一定會過去，但童心就不一定。

——李敏

海浪曾經有過快樂。沙灘曾經有過腳印。海浪的白浪，永遠快樂的追逐著。

我們彼此追逐，一起快樂的玩在一起。太陽畫破黑暗的夜晚，黑暗的天，被太陽金黃色的光，畫出了一道金黃色的光芒。

太陽把金黃色的亮粉灑在黑暗的海浪上，海浪上有如金黃色的薄紗，藍藍的又有金黃色的亮粉，淡淡的，好漂亮。

不知道，沙灘上存在著多少笑聲。

不知道藍藍的天空、白白的雲，藏著多少笑聲。

不知道一切可不可以靜止，靜止在最快樂的情節？

不知道時間可不可以停止，停止讓我們追逐，追逐一切？

當我要上一年級的前一天，我走到廚房問媽媽：

「媽媽，我可不可以不要上一年級？」

媽媽一邊切菜一邊說：

「當然不可以，如果妳不去讀書，媽媽會被警察抓走。等妳上一年級，一定可以交到很多不一樣的朋友。」

可是我說：

「我喜歡我以前的朋友，而且我不知道怎麼交朋友。」

「等明天妳去上一年級之後，你就會慢慢懂了，而且老師會教妳很多，妳在幼稚園，老師沒教妳的知識喔！」媽媽輕輕摸著我的頭，說。

我的眼眶已經有淚水開始在打轉。

我聽完媽媽講的話，就說：「喔！」

我的心已經慢慢的忐忑不安，淚水快從我的眼眶掉下來，但我告訴自己不可以哭，因為明天開始我已經不再是幼稚園的小朋友，而是國小的小姊姊。我將手慢慢的把眼淚擦掉，走向客廳，看著電視，心裡想像著上國小的恐怖。到了晚上，媽媽特地上樓陪我和弟弟睡覺。

「上國小沒有很可怕，快點睡覺，明天才有精神。」媽媽看見我睡不著而說著。

但是我心裡還是很害怕的把眼睛閉上，想著可怕的國小，就睡著了。隔天，就是我上小學的第一天。媽媽把我叫醒，叫我去刷牙。刷牙時，看著鏡中的我就要到不同的世界，眼淚就不自覺的掉了下來。換衣服時，聽見爸爸唱著校歌，臉上還笑咪咪的，他根本就是幸災樂禍，但我不理他，還是一樣一直哭。

到了一樓，爸爸說要拍照，我只好用衛生紙擦著淚珠，讓他拍照。拍完照，我就去吃早餐，那頓早餐在我嘴裡已經沒有味道，因為味道都已經被我的淚水蓋住了。吃完早餐媽媽說她要幫我綁頭髮。她一邊綁，我一邊哭。

媽媽用她溫柔的口吻對我說：「不要哭了啦！以後還有更多比小學更可怕的事在等著妳。」

媽媽開車載我到學校，陪我走進大門，但我一點都沒有開心的感覺，只有想回家的感覺。在走樓梯時，我看到好多大哥哥、大姊姊開開心心的走樓梯，有的還跟老師一邊聊天、一邊走樓梯，我心裡想著：「為什麼他們那麼開心，小學又不好玩，怎麼還這麼開心？」走到教室看見我從來沒見過的老師和同學，心裡早已

存放不下的淚水，突然有如甘泉一樣，從眼眶流了出來，怎麼停也停不了。

　　媽媽看了看，看到貼著我姓名的座位，就牽著我的手，把我帶到位子，幫我把書包放好，她看到我一直哭，就拿出衛生紙給我擦，跟我說：

　　「不要再哭了，妳看大家都這麼開心，就只有幾位和妳一樣一直哭。」

　　媽媽說完，我看了看四周，看到只有幾個人跟我一樣一直哭。

　　過了幾分鐘，媽媽說：「我要回家照顧弟弟，不要再哭了。放學我會準時來接妳。我在大門口等妳。」我聽完點點頭。

　　媽媽和我說一聲 Bye-bye！就回家了。

　　我看著媽媽的背影越來越遠。我的眼淚馬上變多，一直哭，哭了很久，哭到老師走到講臺上，我才慢慢停止。老師先自我介紹。自我介紹完後，點名，點完名後跟我們說等一下六年級的大哥哥、大姐姐會牽我們逛校園。等到下一節課老師帶我們到一個地方（我忘了是哪裡）大哥哥、大姐姐牽著我們的手走操場，逛學校裡的每一個地方，因為我非常的想媽媽，所以我就沒心情專心的看事物。走到大門，看到一年級各班的導師，看到大門口樓梯上，有三個用花草捆在上面，彎彎長長的花圈。我們就從成長花圈裡走進川堂，老師們拍拍手，也有發糖果給大家。老師們都把氣氛營造得非常快樂，但我就好像把自己關在一個只屬於我的空間，完全不受他人的影響。活動結束後，老師把我們帶回教室，說一些關於學校的事、規定，還有發課本、聯絡簿，老師告訴我們聯絡簿是把今天的功課寫在聯絡簿，讓我們不會忘記，也讓爸爸媽媽知道我們有什麼功課，幫我們檢查比較快。還有一些鼓勵我們的話。老師說完，問我們要在哪裡上下學。放學鐘聲響了。我的心馬上從個人空間走出來，跟著大家一起排隊走下去，到大門口老師跟大家講：

　　「小朋友再見！」

　　老師站在穿堂，看著大家回家。但是我找不到媽媽，我又開始嚎啕大哭，找到老師，一邊哭一邊跟老師說我找不到媽媽。老師就牽著我的手，陪我在穿堂找，找了幾分鐘，媽媽看見我，就過來帶我回家，跟老師說：

　　「不好意思，造成老師的麻煩。」

　　在回家的路上，媽媽問我在學校好不好玩，開不開心。我用衛生紙擦一擦鼻涕，說：

　　「學校一點都不好玩，幼稚園比較好玩。」

　　媽媽臉上露出笑容，說：

　　「等到妳適應學校的生活，妳就會知道學校是多麼有趣了。」

　　回家後，我看到弟弟們在家裡看電視，看得好開心，我的心馬上從傷心轉變成野人，開始大聲喊：

　　「你們為什麼可以看電視，不用去讀書？」

　　媽媽聽到我問的問題，回答說：

　　「他們明天就要去上課了。」

　　我的心還是一樣忌妒他們可以看電視，馬上把書包放好，走到客廳，跟弟弟搶遙控器。媽媽在外面整理東西，等到她走進來，她幫我們弄一弄午餐，叫我們快吃，不要再搶電視遙控器，再搶都不要看電視。吃完午餐，媽媽問我有沒有什麼功課。我跟媽媽說：

　　「要繳學費。」

　　媽媽看了我一下，說：

　　「我等一下去郵局幫妳繳。」

　　媽媽說完叫我去看聯絡簿有沒有功課要做。

　　我一邊看電視一邊回應媽媽說：

　　「喔。」

　　等到廣告，我走到放書包的椅子，拿出聯絡簿看了看，看到聯絡簿的功課是明天交繳費單。看完了聯絡簿，我快速的跑回客廳，一邊看著卡通的偵探片，一邊跟著弟弟在沙發上跳來跳去，學偵

探一樣，用可以伸長的皮帶、雷射口紅、透視鏡……等，演了一齣屬於我們的搞笑偵探片。

快樂的時光總是過的特別快，一下子晚上就到了。我又開始想著可怕的一年級，慢慢的閉上雙眼，冰凍自己的頭腦，不再讓恐怖越來越多。第二天上演了和第一天一樣的早晨，到了學校老師看到我一直哭，老師就拿面紙給我、安慰我。我聽了老師的話，擤一擤鼻涕，慢慢的把眼淚擦乾，把課本寫上姓名。

我的一年級上演了五天同樣的早晨。

2.　友情

音樂裡有著不同的旋律，不同的音符，不同的音調。音樂裡隱藏著不同的世界。友情藏著快樂、悲傷。友情隨著音樂的播放，偷偷的流露妳我的心。友情是一首由快樂、吵架所鋪成的一首回憶之歌。回憶永遠跑不走。友情永遠留藏在我們的心底……

太陽溫暖的光線，照進我的心。「哈！哈！哈！」這是六年五班上課的氣氛，每個人都被黃老師的幽默感，染得像小鳥一樣，總是會不自覺的唱起「哈哈之歌」。我和我的好朋友 Zoe 常常在下課變成兩隻瘋瘋癲癲的小鳥。

在五上時，我們班的每位同學都像還在蛋殼裡的小小鳥，每個人都正正經經的不敢大笑，也不敢亂插嘴、亂講話。黃老師從開學第一天就開始慢慢的露出他搞笑的天份，想用他的幽默感，把尷尬的氣氛一手抹開。

五上我跟 Zoe 還不是瘋瘋癲癲的朋友，只是初次見面的朋友。Zoe 是一位轉學生。剛開始我不像別人一下子就交到朋友。我會去找 Zoe 當好朋友是因為我看到好多人都已經成群結隊當好朋友，只有 Zoe 沒有朋友，所以我就走到她的位子，問一些關於她的事還有自我介紹，她也反問我一些有關我的事。剛認識 Zoe 時，我一

直忘記她的名字，她也一直忘記我的名字。有一節自然課的下課，我看到她在外面的走廊看風景，我就走過去，站在她旁邊，問她：

「妳有來過我們學校嗎？如果妳沒來過我們學校，我可以帶妳去逛校園，幫助妳熟悉校園。」

Zoe 看一看，說：

「我二年級是在這裡讀的，所以我大概知道校園。謝謝！」

我從四樓俯瞰圖書館的魚池，說：「喔。」

之後我看到 Zoe 和幾位同學在講話，我的心就想「Zoe 應該有朋友了，我還是跟我以前的朋友在一起好了，不要讓她的朋友忌妒，說她都不跟她玩，只跟我玩，會害他們吵架。」所以之後我就沒再去她的位子找她。

有一天，要去上自然課，我本來要和三、四年級的同學一起走去上課，沒想到 Zoe 竟然走到我旁邊，要跟我們一起走去上課。我們就說：

「好。」

就因為這件事情，我跟 Zoe 的友情更進一步。我跟 Zoe 的友情本來是三個人，其中一個是姿姿。Zoe 因為那件事後，就一直跟我們一起。姿姿覺得很奇怪為什麼 Zoe 一直跟我們走在一起，就用很怪異的眼神看我。我那時就像蹺蹺板的中心，不知道該怎麼辦，兩個人都是我的好朋友，我不想傷害他們其中一個。後來我跟他們兩個都吵過架，都用信來對話。經過這吵吵鬧鬧的事情後，結果還是不能兩全其美。我跟 Zoe 和好，但姿姿就沒有那麼容易。五上 Zoe 的座位是一個人的，她的後面坐著現在的「四面八方同學」。

有一天的一節下課，她過來跟我說：「坐在她後面的那位同學，上課的時候一直講話，而且尖叫的聲音好尖，好刺耳。」

我聽了聽，笑一笑。

我和 Zoe 兩個人下課通常都會在走廊散步，聊一聊家裡的事和上課好笑的事。我五上和 Zoe 一起上課後育樂營的羽毛球課。在老

師還沒開始上課前，我都會跟 Zoe 一起走操場，一起聊天，我們有時候也會坐在滾輪上，搖來搖去，聊一些好笑的事。

　　現在我們六年級了。我跟 Zoe 的友情已經不是初次見面的尷尬感，而是一見面，就開始一直聊天，好像永遠都有說不完的話題，沒有一天不會沒有話題。如果看見我跟 Zoe 都沒講話，代表我們兩個吵架了。只要我跟 Zoe 吵架，我們兩個都不會講話，也不會笑。

　　「我們兩個人吵架，心裡就像在打戰一樣，安靜的可怕。」Zoe 說。

　　我跟 Zoe 吵架過三次，原因都非常的怪。第一次吵架是因為三個人的友情，但最後還是有合好。

　　第二次吵架原因是我們在上藝術，在縫布袋戲的布偶時，我有不會的地方，想問她要怎麼縫，她那時正在問別人問題。我問她時，她說：「等一下。」因為老師正在收作品，所以我就走到第一組問別的同學。等到下課，我們要到音樂教室練習「母親節的表演」時，她就不理我了。這一次的吵架和好方式不是寫信，而是藉由別的同學的傳話。老師下午叫我和 Zoe 拿水壺到音樂教室拿給音樂老師，我們走了幾步，Zoe 叫我的名字，她一叫完我的名字，我們兩個都不約而同的笑了。不過最後這是一場誤會，我們和好時，心裡都非常開心。

　　第三次的吵架是短暫的。原因是我們在製作小組海報時，做到中午，她就一直和我們那組講一些很色的話題。我就不想理她。我們那組還說我搞自閉。但到了打掃時間的下課，我們兩個就談一談，最後還是和好了。

　　圖書館是我和 Zoe 六年級上學期常去的地方。我們常悠遊在書香中，尋找自己的歡笑。同看一本書時，我們兩個都會憋住笑聲，等到快打鐘時，我們就用飛快的速度，從一樓衝到三樓，一邊跑，一邊說著剛剛看的書有多好看、多好笑，跑到了三樓，如果還沒打

鐘，我們就會讚美一下自己的速度有多快。看到圖書館的書前面貼著的小卡片，總是讓我想到我以前二年級在填寫那張小卡片時，看到八開頭的學號，心裡就會覺得我跟他們差好遠，但是現在我反而看到比我小的學號，心裡會有一點小小的羨慕，也會覺得自己在小學六年的時光，一下就即將離我而去了。

操場上的滾輪是我跟 Zoe 六上的祕密基地。我們會把它當作祕密基地是因為那裡可以吹著涼涼的風，就像在一艘船上一樣，沉風破浪，悠悠自在；望著綠油油的草地就像望著藍藍的大海。我們就坐在船上，享受著風的吹撫，慢慢的想到快樂的笑聲……。

3.　小組劇場

「請問你們想要怎麼樣的人生？」老師由課文內容延伸出人生問題。老師讓同學們想著。幾分鐘過後，老師問一位男同學。

「吃便當。」他開心的回答。

另一位同學也開心的說：「吃便當。」

「吃便當。」很多人都說。

但當老師問到我們這組時，一位男同學說：「鳳梨罐頭。」

這時全班同學大聲的唱起了永遠都停不下來的「哈哈哈之歌！」

在我們小組回答「鳳梨罐頭」的男生他說：

「我是鳳梨罐頭的老闆。妳和姿姿是賣鳳梨罐頭的櫃臺小姐。Zoe 和綸綸是推銷員。揚揚是我的助理。」

「不好意思。我跟 Zoe 才是老闆」我跟 Zoe 開始抗議，說。

「誰理你。」他堅持的說：

「算了。我們辭職。」

「不行！每位員工都要等到八十五歲才能退休，而且不能辭職。薪水就是五十箱鳳梨罐頭。」他又說。

　　我跟 Zoe 不想再繼續跟他吵了。

　　有一次我們在上美勞課。姿姿的座位是在綸綸的旁邊。因為綸綸很吵，姿姿就會開始罵他。幽默的 Zoe 就說：

　　「姿姿在罵綸綸好像媳婦被婆婆罵。」

　　鳳梨罐頭的老闆就說：

　　「現在我們鳳梨罐頭有抽獎活動。獎品都是有關媳婦生活的影片。綸綸媳婦，我建議你去抽獎看看。」

　　「我們來拍一部『鳳梨罐頭的人生』這部影片。」我又接著說

　　他們都說：「好啊！好啊！」掃地時間，鳳梨罐頭的老闆正在一邊掃地一邊教導綸綸推銷員怎麼推銷。

　　他叫推銷員講：「一隻秋刀魚五十元。」一直不斷的叫他講。

　　我聽到，我就對 Zoe 說：

　　「他怎麼會那麼嘮叨。」

　　我要去倒垃圾，我就叫他：

　　「嘮叨的媳婦。」他一聽到，馬上無言。

　　倒玩垃圾，我回到座位對他講：

　　「嘮叨的媳婦。」

　　他就對我說：

　　「妳不要吵。田丈夫。」

　　聽完，我笑一笑，轉身對 Zoe 說：

　　「他叫我田丈夫，那妳就是陳丈夫。因為妳是我的好朋友，所以我們兩個的綽號要有一點點相同。」Zoe 聽完很疑惑的說：

　　「我又沒有說我要加入你們的劇場。」

　　我又說：

　　「是我把妳加進來的。因為我一個人會很無聊，需要妳一起陪我。」

　　聽完，Zoe 點點頭。

4. 鐵路步道

小鳥在樹枝高聲的鳴唱，「吱！吱！吱！」。

我們沉靜在歌聲的懷抱中。我們六年級要到鐵路步道做社區服務。雖然很多人很不喜歡撿垃圾，但他們的臉上還是帶著愉快的笑容。

我們慢慢的走著走著，嘴巴吱吱喳喳的一直講不停。我們班的老師和六年一班的老師要指揮交通，手上拿著交通安全的旗子。

我們班只要一看到我們老師，就會開始對老師搞笑，對他大叫、大笑，就像看到大明星一樣，老師看到我們對他的歡呼，就會看著我們比 YA！

我們走到鐵路步道。老師講一講活動內容。

我們老師就算面對全六年級學生，他也能很自在的搞笑。

老師把活動的規則講一遍，說完就說：

「分散！」

老師把我們按照座號分成四組。

我們開始撿垃圾，垃圾不多，因為有人定時來清理。

我走著走著，看到一個很奇怪的東西，我就叫 Zoe 過來看，她看到以為是香菇，就把它拔起來，外面是白色的，裡面是黃色的，味道聞起來怪怪的，我們馬上把它丟進垃圾桶。全班都撿完垃圾，也把垃圾分類完了，接下來就是「自由時間」。

老師說他要教我們寫作文。他叫我們把耳朵放在生鏽的鐵軌上面。他拿起交通安全的旗子，敲著生鏽的軌道，我們聽到生鏽的鐵軌發出「將將將！」和「摳摳摳！」的聲音，這種聲音傳得很遠，在這條軌道上都能聽見。

老師教完我們寫作，帶著我們走在細細的、生鏽的鐵軌上，訓練我們的平衡感。我的平衡感不太好，才走一小段就快掉下去。剛

開始都一個人走，到後面就變成兩個兩個牽著手。我跟 Zoe 兩個也牽著手，走軌道，比較不容易跌倒。我跟 Zoe 最後在玩推推推的遊戲，剛開始我們兩個推一下就站不穩，可是到最後，我就推了一下，一個不小心就往 Zoe 的身上抱上去。還好 Zoe 的平衡感很好，沒有往後倒；如果往後倒，就會撞到石頭，非常危險。活動結束後，要回學校，老師一樣跑在我們前面。我們還是一樣對老師大叫，就像看到大明星一樣。有同學說老師手上的旗子像聖火，只是有一個停字而已。

當老師又跑過我們，我們都大聲的對老師說：

「聖火！」

老師對著我們比 YA！臉上畫上永遠不會老的笑容。我們班的特色是「不會排隊。」總是會跟別班成對比，總是跟別班不一樣。有時候很特別，有時候不特別。

回憶總是帶給我們歡笑……

回憶也帶給我們時間飛逝的傷痛。過去的日子你再也看不到，過去的歡笑對你來說也是虛幻的，你再也看不到當時的日子，你只能憑著記憶去想像，去追逐當時那隻虛幻的蝴蝶……

早晨的露珠是最美的寶石，童年的笑聲是最美的音樂。夜晚的風輕輕的挪移她的腳步，走遍全世界，把最美的回憶偷偷藏在心底。

時間宛如一面鏡子，它讓你看見時間的摺痕，看見你所錯過的事……

第十七章　全武日本

小六　陳仕桓

一、誕生

自從明治維新後，德川家族的權力被收回，日本新政府陸續發布許多條對人民不公平的法律制度，躲藏在各地的妖怪也乘機出來害人，使得日本民不聊生，新政府的統治之下，在一個偏遠的小村莊──莫家村出現了三位英雄，千本・帝人、竹本・浩和可松・平也，他們的出現，即將改變日本的命運！

二、感慨

有一天，村長請三位英雄來家裡做客，順便討論天下大事，英雄們準時赴宴，才剛剛坐下，村長就感慨的說：「如今天下大亂，妖怪又出來作亂，我們村子已經有十個人，被龍石地區出沒的石風龍，給活生生吃了！我老囉！年輕時，我也像你們一樣，武功高強、力大如牛；曾赤手空拳鬥黑虎，單槍匹馬殺水怪，沒能為村民除怪，真是我生平之恨啊！你們還年輕，所以，我希望你們能斬妖除魔，今天我叫你們來，就是要請你們去殺了石風龍，為他們（被吃的村民）報仇！

他們帶著簡單的行李和武器上路了。

三、搏鬥

三人一到目的地，便分頭尋找目標，找著、找著，千本竟遇上了石風龍，趕緊吹起號角，竹本、可松聽見了！快速的往千本那裡移動，好死不死，石風龍和千本已經開始打起來了！石風龍占了上風，竹本、可松連忙加入戰局幫助千本，可松使用他自豪的招式「沙

之蛇暴」，重重的打在石風龍的鼻頭上！石風龍挨了招，想要逃走，被千本擋住去路，他也使用自豪的招式「幻影魔刀」，狠狠斬了石風龍，三人喜孜孜地回去報喜，竹本還是不忍抱怨幾句：「石風龍這麼弱，我都還沒出招呢！

村長見石風龍死了，又驚又喜，送給他們各一棟房子，並固定每個月給他們一些錢。

四、出擊

「報！」

鄰村的信差匆匆忙忙的跑到村長室報信，「我們蘑林村遭到五名身穿黑衣的武士攻擊，這樣的突擊已經有一個禮拜了，本來以為叫幾名壯士帶著武器，去嚇嚇他們就沒事了。剛開始，黑衣武士看到壯士們會逃跑，等到知道只是唬人的把戲之後，再看到壯士們就不予理會，等到完全知道他們只是笨手笨腳的農夫之後，就用奇怪的刀法殺了他們，還搶走我們的糧食，害得我們村子鬧飢荒！實在太可惡了！黑衣武士今晚可能還會再來，請問貴村長有何破敵良策？

村長仔細的想了想，還是決定請英雄們來商討對策。

明天一早，竹本和可松按時赴約，過了好一會兒，遲遲不見千本赴約；兩人等得心急了，準備動身去千本家，沒想到他的家人也在找人，千本到底跑到哪了？村長只好讓他們（竹本和可松）二人先出發。

五、路劫

才剛走不久，路上商人都跟著他們，竹本疑惑的問：「你們為何跟著我們呢？」一問之下才知道這附近有強盜，搶劫商人包袱與行人的行李，如果不交出來可能會性命不保呢！

遠方突然傳來一震馬嘶，商人大喊：「強盜來了！快逃啊！英雄也擋不住人多勢眾的強盜啊！」說完就紛紛逃離。

「哼！只不過是強盜嘛！」可松不悅地說。

不久，強盜來到他們的身邊，強盜頭頭用他宏亮的嗓子說：「交出行李！否則殺了你們！」對於強盜的大聲恐嚇，他們根本沒有放在心上；「殺了他們！」

強盜發動攻擊啦！

六、失算

乓乓乓乓！激烈的打鬥聲不斷，強盜頭頭有點不耐煩了，使用了絕招「風狗突刺」刺中可松的左肩，可松痛得應聲倒下，竹本一個沒注意也被強盜頭頭打倒在地，頓時頭昏眼花，昏了過去。

強盜頭頭說：「拿走行李！難得有人是我的對手，留下他們的武器！如果下次再遇到他們，我又有樂子了！」

等到醒來之後，東西早就被洗劫一空。

七、破敵

醒來之後不久，千本竟然出現在眼前，竹本正想問他到哪去了，但千本比他更早一步說：「我在這等你們等好久了，事不宜遲，我們快點抵達蘑林村！」竹本便沒在多問什麼。到達蘑林村時已經傍晚了，黑衣武士就快到來了！

太陽下山了，黑衣武士來了！引起村民一陣恐慌，蘑林村村長用顫抖的聲音說：「請你們（三英雄）快斬殺這五個惡賊啊！

其中一名黑衣武士說：「且慢！三位壯士，很少有人是我們看得上臉的，不如這樣，我們幾個在這決鬥；你們贏，我們便不再來！若是我們贏，蘑林村的人休想有食物吃！

可松一口答應。

黑衣武士的招式「漩渦刀法」迅速無比，打得有點措手不及，「讓你們吃我一招！」

竹本使用獨門箭法「千字箭」準準地斃了一名黑衣武士，其他的黑衣武士都逃之夭夭了。

可松向前查看屍首，哪裡來的黑衣武士呢？躺在那的只有一隻死狐狸呀！三人不約而同的想：「這還真是怪事一樁啊！」

八、村難

三人回到莫家村，看見村子裡的屋子都破爛不堪，田地裡農作物都爛掉了，最重要的是人都不見了！只有留下幾具村人的屍骸，眼力特好的竹本一眼就看到村長在山頂上的大樹後探頭一瞥，竹本連忙和千本、可松奔上山。

三人像風似的來到村長身旁，村長道：「你們可回來了啊！三天前，就像往常一樣大家辛勤的在田裡工作，突然一道黑暗籠罩，天空出現一張可怕的臉龐對我們奸笑──我們沒有特別理會──之後──

「之後什麼啊？」急性子的竹本，恨不得要村長馬上把話說清楚。

村長哽咽的說：「之後天空就不斷地下冰雹，砸壞我們辛苦種的農作物；隔天，又颳起颶風，吹壞我們的房子；第三天烏雲中竟出現有著黃毛的一張大嘴咬死了不少村民──。在一陣如暴雨般席捲的破壞過後，只留下一只卷軸，可是卷軸──卷軸根本就打不開。

九、迷思&交戰

接著，村長從懷裡取出卷軸交給千本，咯！沒想到卷軸一碰到千本的手便自動滑開了！卷軸內寫道：「這是你們應得的報應！」

正當千本一頭霧水的時候，可松忽然要千本把卷軸遞給他，他拿起卷軸嗅一嗅，「這味道好像在哪兒聞過──好像是黑衣武士身上的味道！」

聽她這麼一說，千本暗自揣想著，而想法單純的可松一口認定就是他們所為，竹本也覺得事有蹊蹺，三人都想要知道事情的真相。為什麼可松可以聞出黑衣武士的味道呢？原來，可松小時候在爸爸開的野味小吃店幫忙抓動物，常常在山林中穿梭捕捉獵物，所以熟悉各種動物的味道──

「現在，大概猜得出犯人是狐狸了，但是要怎麼找出他的藏匿地點呢？」千本說。

千本才剛說完可松便嚷嚷著：「原來都是那些狐狸在作祟！」說完就抓起兵器跑進森林，他漫無目的的四處遊蕩，忽然眼前閃過一道黑影，伴隨著陣陣陰風黑衣武士便出現了。

可松一見武士馬上打起來，可松怕武士會射出暗器，先用了防禦招式「沙之甲」，果然黑武士手一揮射出了為數不少的金針；還好可松有事先防衛否則定成了針下亡魂了！可松一陣納悶：「為何黑衣武士一夕之間強了這麼多？」於是他放出「沙之蛇暴」的進階招式「五頭沙蛇」，武士卻瞬間消失了！可松回頭一撇瞧見另一名黑衣武士在使用法術讓同伴拉離他的攻擊範圍，又有另一名黑衣武士對他丟毒氣彈，可松頓覺頭暈腦花就這麼昏了過去──。

十、救援

等千本和竹本發現可松不見時，已為時已晚，他已經被黑衣武士抓走了！

跑進森林時，只找到他的武器五蛇亂槍，地上還留有幾撮狐狸的毛，還有可松被拖行的痕跡，於是他們跟著痕跡走在途中。

他遇到了一位老人，老人告訴他們：「此山叫萬竄山，此山上有五隻狐狸，牠們作惡多端常常變成黑衣武士去搶糧食，你們應該知

道上次磨林村的事件吧！他們其實只是杉田魔王的手下，只是小嘍囉罷了！雖然他們在妖怪群中只是小角色，牠們抓你們的同伴只不過想拿回去領賞，請你們除了救同伴也順便為民除害。記住！把這把火把丟入山頂上的那個洞，狐狸自會出來！」

語畢後，從口中拿出火把給千本，他就消失了！

還好有老人的提示，才能知道狐狸的所在地點，兩人來到他所說的洞窟，立刻把火把丟進去，

嚓！一股黑暗從洞口流出！黑衣武士隨即衝出，道：「竟敢拿天火丟老子！真是七月半鴨子，不知死活！」說完便拿著武士刀朝兩人砍去！

「萬箭齊飛！」

竹本急中生智，用絕招擋去攻擊！其餘的箭射向武士，啊！一名武士當場被他擊斃！至於千本呢？他可就沒這麼幸運了！左手、右腿各被砍中一刀，被踢到山下。竹本情勢不對，便假裝也被砍中，乘機滾到山下。

這次的救援計畫沒有成功，竹本只好把千本抬下山醫治，順便和他討論下次的救援行動，想好計畫之後，兩人又再度準備出發去營救可松。

十一、歸來

他們又再一次來到了山頂的洞口，這次黑衣武士早就在外守候多時了！

「不怕死的又來了啊！這次我們一定要取下你們的項上人頭！」黑衣武士使用了一個奇怪的招式，四周的景色都被黑暗所吞沒，這種招式讓武士手上的刀瞬間也變成黑色，又再向兩人砍去。

千本也不甘示弱的拔出佩刀準備迎擊！他不閃也不避，直接就擋下了武士的一擊！千本的刀立刻散射出萬丈光芒粉碎了周遭的

黑暗，另一隻狐狸說：「看我的！」他的戟散射出滾滾岩漿，向竹本噴去。

　　竹本連忙避開，也拿出弓箭應戰，一記「散射雷箭」也把另一名武士打敗了！第三名武士也上場了，不過千本和竹本在牠還沒使出招式前就使用了合體技「火雷」擊敗了牠，闖進洞穴順利的救出了可松。

十二、重建

　　事後，莫家村開始重建，三位英雄也加入重建行列，有一天，他們像往常一樣上山砍木材，沒想到又遇到了老人，他從懷中拿出一盒豆子，就離開了。

　　可松把豆子放入口袋，沒有多加注意，和千本一起把木材抬下山了。

　　回到村子裡，他把東西放好以後，又幫忙竹本蓋房子，不小心被石頭絆倒了，口袋中的豆子散落一地。奇怪的事情發生了！竟然出現三十五個小矮人！他們一齊說：「有什麼需要幫忙的嗎？」

　　村長便說：「有很多地方。例如：醫療室之類的還沒重建，還請你們鼎力相助！」有了小矮人這個生力軍重建的速度加快了許多。

　　經過六個月的努力，重建工作已有了成果，莫家村又恢復以前欣欣向榮的景象。即將要進入冬天了，目前他們最大的問題就是食物不足。

十三、狩獵

　　於是，村長請千本一行人上山去狩獵，可松一聽到這個消息，開心的不得了，就帶著愉悅的心情興高采烈的出發了。

　　走著走著，他們不小心走出原本鄰近莫家村旁的小樹林，轉入旁邊另一座人煙稀少的迷霧之森了！由於沒有什麼人來造訪，所以

原始的森林生態保持得相當完好。在探索新環境的同時，竹本無意間發現了一種蘑菇，可以使傷口復原的速度快兩倍。於是他們便拼命採摘，直至口袋都鼓脹起來時才罷休。

「這樣村人醫療藥品缺乏的問題，應該就能暫時解決了吧！可松說道。

千本看天色不早了，趕緊叫夥伴們執行任務，他們抓了兔子，就開開心心的回村子裡去了。

十四、探險

隔天，充滿冒險精神的千本，想要再次到迷霧森林中探險，因為那裡渺無人煙，在加上上次採到了神奇的蘑菇，更是讓他感趣。他把他的想法告訴另外兩個搭擋；他們也很贊同千本的想法，三人馬上準備了簡單的行囊和些許的乾糧飲水便上路了！

走著走著，不久便到了迷霧之森，由大膽的可松打頭陣。才進入森林沒多久，就聽見唰、唰的聲響從草叢中傳出來。當千本要上前一探究竟時，吜一聲！一隻長著褐色絨毛的大蜘蛛，吐著白白粗粗的絲盪出來，停在他們的眼前！把一旁的竹本嚇得四肢發抖，一屁股跌坐在地上。

「我來解決牠！」可松大喊一聲使出了一招「沙風暴」，他的這一招來的又快又準；蜘蛛還來不及反應，就被打得頭昏腦脹眼冒金星！可是由於蜘蛛的體型龐大，那一擊沒有把牠打倒；反而還惹火了大蜘蛛。

牠對著四周不斷亂吐白絲；數量之多即便是武林高手也難以全部躲過，才躲過一兩次千本和可松就被黏住了！

竹本趕緊連續放出五支箭，咻！咻！咻！五枝箭倏地全數插在蜘蛛的眼睛上！大蜘蛛發出嘶嘶兩聲，就撲倒在地去找閻羅王報到了！

「呼……剛才真是千鈞一髮啊！你們都沒事吧！」竹本趕緊跑上前幫千本和可松解開纏在他們身的蜘蛛絲。經過這次的打鬥後，他們之前鬆懈的感覺全都消失得無影無蹤；每天都聚精會神的留意著周遭環境的變化。

漸漸的天色越來越暗了，他們眼前出現了一棵老樹，老樹的根繞過巨石撐起，交錯的樹根的下方有一個個樹洞。

可松見狀提議，「我們要不要在這兒過夜呢？這裡有很多樹洞，我們還可以收及附近的落葉來鋪床。」

「嗯。這樣也好，天色也不早了，我們就在這裡休息一晚吧！我去劈些木材生火！」千本說。

「好啊，我們就在這休息，但是我覺得我們應該派一個人守夜，畢竟這可不是一般的森林；有人注意這樣危險來了也比較好逃脫。」竹本建議。

他們生了火；千本和可松各自吃了些乾糧便早早睡了，竹本則負責守夜的工作，這一晚，他們很幸運地沒有生禽猛獸來侵擾。

十五、迷霧

探索進入了第二天，雖然路上有許多奇奇怪怪的怪物攻擊他們，他們都齊心協力一一化險為夷，可是，他們卻都不知道真正的危險才正在悄悄逼近——

他們三人都只記得防範怪物，卻都忽略了天氣正慢慢的在變化。

等到正午的時候竹本先發現了異狀，他開口說「你們有沒有發現濕氣越來越重了？」，經他這麼一說，千本和可松也都發現了！

「怎麼辦？我們要不要先找個地方避一避？」可松問。

「可是這荒郊野外有什麼地方可以藏身？樹林中處處充滿了怪物，這可是個連空氣都充斥著危險訊息的怪地方啊！」千本回答。

「難道我們就只能在這邊坐以待斃嗎？」可松急了。

這時竹本指著前面的小山坡大喊，「快看哪！那裡好像有間有人住的小木屋，燈光還亮著呢！我們何不去那碰碰運氣，看看屋主能不能收留我們。」千本和可松很快的就同意了！

他們以飛快的速度來到了小屋前，屋內傳出了陣陣哀嚎聲「唉呀！又失敗了！我夢寐以求的毒藥『黃薑毒氣散』又製作失敗了！我算看看，我的媽呀！這已經是第五十九次失敗了！到底什麼時候才會成功啊！」

三人你看我，我看你，決定由好奇寶寶千本上前敲門。呀的一聲，門緩緩打開了，映入三人眼簾的是一位年輕的少年和滿地的瓶瓶罐罐。那少年回頭看他們的表情似乎表達出，他對實驗失敗地又氣又惱，不由得讓人心生笑意。

由於有求於人，因此千本三人拼了命憋笑，整個臉都脹紅了！過了一會少年才收起懊惱的表情，緩緩走向他們，很有禮貌的說：「我是法師沖田‧哉政，歡迎各位的蒞臨！已經很久沒有訪客到來了！請問有何貴事呢？」

千本還來不及回答，嚕嚕兩聲先從他的肚皮傳出來……

「看來各位似乎經過長途跋涉，都餓了呢！那就請各位嚐嚐我特製的森林點心吧！」語畢沖田便走進廚房，一會兒的功夫他就把菜端上桌了！可是蓋子掀起來後，哇！真是嚇死人啦！一隻隻毛茸茸的炸蜘蛛就躺在盤中！雖然牠們散發出的香氣，使千本和竹本更加感到飢腸轆轆，但牠的樣子卻使得他們倆的手卻之不前。不過，腦子簡單的可松才不管這麼多呢！已經快餓昏頭的他，一把就抓起兩隻炸蜘蛛放進自己盤中，隨後拔起兩隻腳往自己口裡塞，當食物一進到他的口中他臉上立刻浮起滿足的神情，還邊稱讚有多好吃！可在他口中美味的喀滋、喀滋聲傳進千本和竹本耳中，卻成了令人作嘔的催吐聲！

竹本足足吃了三大盤共三十隻才停下來，在他吃飽的同時，一旁的千本和竹本早就吐得不成人形了——

　　過了許久，千本才回過神想起要問正事，「請問，我們進到森林後才兩天，為什麼外面的天氣濕氣越來越重呢？照理來說，如果是常態的話，我們應該早在第一天便遇到這種情況了啊！」千本問。

　　沖田一聽，大吃了一驚說：「濕氣？啊！該不會是迷霧日又要來了吧！天哪！我只專心研究卻沒有發現！唉呀！可是現在來不及下山了！我們只好準備防守了！」

　　「等等！你在說什麼啊？我怎麼聽得一頭霧水？你冷靜下來好好解釋啊！沖田！」竹本喊他。

　　「噢噢！對了，你們是新來的旅客我都忘了！沖田立時回過神來「其實，這不是個普通的森林。顧名思義：迷霧森林就是會起霧的森林，但是這霧可不簡單，每到滿月便起霧，這霧一起便是三天三夜才會逐漸消散，這裡的頂峰上有個名為杉田的魔頭！從以前到現在，人們都只知道牠是妖怪，卻從沒有人看過牠的真面目！那都是因為牠都只在起霧時，才和小妖出來作亂！幸好人們都對這裡敬而遠之，才沒有什麼傷亡傳出。我會在這裡，只是因為法師要使用的很多藥品原料只能在這裡找到，我都在每月的最後一天上山，月圓前幾天下山，哪裡知道這次我竟忘了下山的時間！現下也下不了山啦！我們只能防備小妖侵擾，等到三日過後再下山啦！

　　「我才不要在這裡關三天呢！不如我們上山把魔頭幹掉！這樣豈不有趣又能為民除害！你們說呢？一舉兩得不錯吧！」可松率先開口。

　　「解決魔王？你是不是瘋了啊！」沖田驚叫。

　　「千本你說呢？」竹本問。

　　「我覺得我們應該上山解決牠！沖田你要不要加入我們斬妖除魔的行列成為我們的夥伴呢？」

　　千本說：「我──我可不想去送死！要去你們自己去！能認識你們我很高興，但我還是在這等你們回來吧！」沖田回答。

「那好吧！你自己保重！我們出發吧！竹本！可松！」千本說。

他們一出門馬上朝著頂峰前進，沖田則是在門口，看著慢慢消失在霧中的三人背影——

十六、終曲

三人才行進了不久就到達了頂峰。在那有個洞口，裡頭發出陣陣妖氣。

他們決定正面突擊！三人拔出各自的武器便衝進洞裡：「啊！」他們齊聲驚呼，「怎麼有如此巨大的妖怪啊！」

杉田魔王足足有 101 大樓的一半高，有著粗糙的皮膚、長長的大嘴、滿口的利牙、和一雙淺黃的兇惡眼珠、全身還是綠色的，杉田魔王原來是隻鱷魚精！

「什麼人這麼大膽啊！竟敢闖入我的洞穴！有種！」魔王吼道。

「今天就是你的死期！你覺悟吧！」竹本說完，就已迅雷不及掩耳的速度，連續射出十支箭。箭的速度之快，在空氣中發出了咻！咻！的聲響。

「鏘！鏘！」，魔王大掌一揮便擋下了所有的箭！

「換我來！」千本大喊一聲，便拔刀衝上前「二刀流圓舞・破空斬！」

「這一擊有力！不錯！不過對我一樣沒效！」魔王大笑。

接著換竹本使用他的絕招也一樣沒有效果，就這樣來來回回一攻一守數十回。雖然千本一干人武藝沒有魔王高強，可是憑著敏捷的行動，也鬥了個僵持不下的局面。時間一分一秒的過去，三人眼看體力都快撐不下去，就快要被魔王踩扁的時候，魔王卻發出了慘叫聲：「啊！是誰？哪個混帳！竟用黃薑紅荷粉薰老子！啊～」。

千本、竹本和可松越看越覺不可思議，魔王越來越小、越來越小——最後他便成了一隻蜥蜴！

　　魔王眼見沒戲可唱，便趕緊跑向洞口，想開溜。沒想到牠腳快刀更快，千本一砍下去，他便一命嗚呼了！

　　在外的眾小妖感應到大王掛了，便各自做鳥獸散。當千本、竹本和可松正又叫又跳的慶祝勝利的時候，沖田悄悄的從岩石後走出來，三人立時明白是他在危急時刻，放出致勝的黃薑紅荷粉。

　　「謝謝你啊！你最後還是出現了！為什麼呢？」竹本問。

　　「我在屋裡想了又想，覺得丟下你們不管，我真的太沒良心了！於是便尾隨你們上山，決定伺機行事。等個既不用身陷危險，又能幫助你們的機會，沒想到真的讓我等到了！」沖田有點不好意思的說。

　　這次事件以後，沖田便加入他們一起探險，四個人解決杉田魔王的事很快地便傳遍了鄉里，成了人人口中的大英雄──

第十八章　世代傳承的意志

小六　　張維峻

世代傳承的意志，時代的變遷，人們的夢，只要人類不停追
尋自己的理想，這一切的一切將永不停止！

在極度冷冽到連水面都凍成冰地、就連呼出的氣體都清晰可
見。一名穿著破布裝的男子，手持一把漆黑弩，絲毫不畏懼眼前被
人們稱之為白神的魔物──崩龍。不畏懼到連放在被包裡的熱茶都沒
拿出來。

白神瞧見眼前有名不知死活的獵人膽敢穿著破布前來，頭一晃
立刻轟出一道白色射線，射線所及之處冰石迸裂、白煙瀰漫。

白神心想，也不過如此。

下一秒，有個小黑影帶著白色的煙塵飛射而至。一發子彈從
頭貫穿至體內。這對白神來說並不是多大的損傷，但足以使白神
震怒！

「不過就是塊破布！」

雖然白神心裡輕視著眼前的男子，但不論是衝撞、咆嘯──，
無論自己如何使出渾身解數，那名男子總是能夠毫髮無傷的躲過，
並且補上攻擊。

經過十幾二十分鐘的激戰，全身無一處完好的崩龍，望著眼前
拿著漆黑弩的男子，滿是彈孔以及滿身創口的身軀卻無力再讓任
何一處動起來，終於在最後一聲乾吼後，倒下。任憑男子任意拿走
身上的寶物。

這裡聚集了許多想成為獵人的人們，有第一次來應考的，也有
失敗無數次的重考生，裡頭大人、小孩，甚至連老人和婦女都有。
這裡是，梅傑波爾多──最多獵人的集散地。

一、

　　在這荒誕的獵人世界裡有著所謂的魔物，魔物有強有弱，絕大多數都還比人類更強，但人類還是生存了下來，這是因為人類裡頭有專門狩獵魔物的強者──魔物獵人。

　　狩獵魔物除了溫飽外，還讓許多人崇拜，這種「名利雙收」的職業，便成了許多人們的夢想職業，但生存率的問題還是讓許多人望而卻步。

　　大鬥技場門口。

　　一名穿著考官藍綠色制服的考官，正說著考試規則：「每個考生在抽籤後，要輪流進去鬥技場的前門，而另一邊的後門則放出魔物，且魔物的類型是隨機抽籤。」說到這，又說了一些廢話──

　　緊接在廢話後，繼續說出重點：「至於抽到什麼，就看每個人的運氣了，而過關的標準是我說了算！不管你是殺死魔物或是被魔物打成重傷，只要有成為獵人的潛力你就能通過，了不了解！？」話聲一畢，跟著是響徹雲霄的吆喝聲。

　　獵人考試可以一個人進去，也能多人組成的小隊一起應考，最多四人。除了進去考試的人以外，其餘的人都在兩旁約二樓高度的環狀座位中觀戰，全由鐵礦石製的黑色石階，頗有古代死鬥場的感覺。

　　「清楚了嗎？」教官指著旁邊一口藍色的長方鐵箱說道：「那麼，貝爾德・史卡拉。進去前有三十秒的時間讓你從補給箱子裡拿道具。」一名頭戴金環的銀髮男子上前摸索著道具箱。正打開箱子時，那名考官還惡狠狠地說著：「只能拿一份！」男孩白了教官一眼，亮出從藍色補給箱拿出的東西。裡頭有三瓶回復藥、兩顆磨刀石。隨手就丟進口袋，進去鬥技場裡等待接下來未知的對手。

　　喀──喀──

　　木製柵欄被兩旁的考官用繩子用力拉起，發出木頭刷過泥地的聲音。打開後，裡面傳來陣陣的低吼，貌似不願意出來露面一般。

　　露出自信的微笑，不慌不忙的拿起掛在腰際的兩把古黃色骨刺——雙骨刃。

　　隨之而來的是一頭龐然大物，貝爾德一時傻眼，沒抓好武器，立即引起一陣大笑，貝爾德一臉尷尬地撿起骨刺。出現在獵人眼前的是人稱女王的墨綠色飛龍：雌火龍！

　　「去你的！」貝爾德大罵一聲，立刻就吸引了眼前這頭飛龍的目光，但牠瞧了一眼後似乎沒有進攻的打算，不曉得是太久沒出來或是小看眼前的人類。於是一人一龍就這麼互相看著，周圍的好事者更是議論紛紛。

　　剛從陰暗的公會牢籠出來，雌火龍享受著久違的陽光。那種暖洋洋的滋味，讓牠眼睛瞇成一條縫，嘴角像是微笑般的上揚地走著。

　　突然！雌火龍噴出一陣血花，一陣刺痛從下腹急速湧上，而剛才的人類則一臉壞校的拔出凶器。貝爾德趁著雌火龍享受陽光時偷襲，還藉著雌火龍因為刺痛兒亂揮翅膀時從下面很自然的滾出來，手上拿著染血兩柄骨刺，上裡還帶著些許的血色皮肉。

　　「強大的魔物果然不一樣，好硬的甲殼啊！這就是飛龍嗎？」貝爾德本來以為剛才會劃出一道大傷口，沒想到只是一道小傷口就算了，雙臂還有些酥麻感。

　　「吼、吼、吼、吼！」雌火龍長嘯一聲，眼球佈滿著鮮紅色的血絲，恐怖異常，最靠近貝爾德冒著耳膜震裂的危險後退三、四步。

　　貝爾德在不遠處甩著骨刺上的血跡，一臉不在意的樣子。這讓憤怒的雌火龍更是憤怒到最高點，嘴裡不自覺的洩出熾熱的火苗，兩眼死死的盯著貝爾德，沙塵一揚往貝爾德衝去！

　　雌火龍的力道之大，那雙巨大的雙腳每次接觸到地板，地板就會多一道深數厘米的巨大腳印。貝爾德死命的往後跑：「哇！那被踩到穩死的吧！」但是龍跑得比人快一向都是真理。

　　貝爾德也很清楚，依然奮力的跑，為的只是一個目的、一個生存下去的想法支持著他！只要能跑到那個地方雙方的距離只差不到十米了！隨著距離的縮短，貝爾德感受到後面的地面正在晃動，而他也越來越興奮的念著：「快到了……快到了！」

　　雌火龍邊衝邊怒吼著，彷彿實質般的吼聲讓貝爾德差點跌倒，又惹來一陣大笑。眼前只有鬥技場那寬大的泥土牆壁，一堵用泥土堆起以及樹木加固而成的泥牆。毫不猶豫，左手立刻抽出雙骨鐮往牆上猛力一插，銳利的骨刺順利的穿透泥土穩定的插在上頭，插上後右手也立刻插往更上面，彷彿體操選手般的左腳踏上牆壁的坑洞，右腳出力在牆上的一坑洞用力一蹬，竟然躍上數尺！而這些動作說起來長，不過也不過幾秒的工夫罷了！

　　貝爾德在空中利用重力加速下墜，竟然直接直接貫穿進雌火龍的頭殼！隨著喀嚓聲，噴灑出大量的液體，除了血以外還摻雜了其他顏色的東西與一些不明的肉塊。一頭可是連一些正式獵人都不敢狩獵的飛龍，就這樣被一名不是獵人的考生給完美狩獵了！瞬間，整個鬥技場真正沸騰起來！喝采聲像海浪般層層響起，大家的心裡共同想著一件事！：竟然有新人能幹掉雌火龍！貝爾德高興的站在倒下的雌火龍旁跟大眾揮手。

　　正常來說應該是他被雌火龍攻擊到重傷，接著由教官出面阻止後失敗才對啊！結果竟然是這種出人意料的結局，這讓等著看他笑話的人直接張大嘴巴呆掉，而比他年長的人則一臉不可置信。

　　「他是誰啊！？」觀眾席上的某位考生驚訝地說道。

　　「不會是考官考偽裝的吧？怎麼可能有新秀能打過雌火龍呢？」觀眾席上看起來不可靠的某人道。「太、太扯了吧！」一個年輕的小夥子驚呼。眾多流言紛紛開始傳開，但此刻眾人的焦點卻在雌火龍的脖子上一動也不動，整身衣服有一大半都被鮮血染成朱紅色，雙手還握著雙骨鐮的握柄。

　　而當事人則倒在雌火龍的脖子上，似乎全身的力氣都被抽走般，一動也不動的累趴在上面，也不管身體被牠堅硬的鱗片刺得渾身是傷，只是小聲地自言自語：「贏了、是我贏了！」人群裡有個藍色長髮，全身穿著純白色的毛邊裝備，唯獨頭盔是鮮紅色的考生，一語不發的握著手裡的片手劍，臉上絲毫沒有表情，但手裡的劍卻被握的微微抖動。從剛開始的不屑到現在的驚訝都是淡淡的表現著，好像沒有被人發現到一樣。

　　這時考官將腰間的太刀──龍刀「焰」抽出，揮出一道橘紅的火光，眾人接被火光吸引目光後，喊道：「安靜！」現場立刻從煩囂喧鬧到鴉雀無聲。考官很滿意的笑了一下，接著緩緩的收起太刀，說道：「二號，艾爾梅塔準備一下，等場地清理完畢就可以上場了。」

　　「哼，考官！你竟然會用龍刀『焰』來嚇那些新人，還真捨得啊！」一名穿著便裝，背著紫色長刀的中年男子一臉嘲笑的說著。身上的肌肉清楚地說著這個男人還沒退休，小麥色的肌膚也述說著常年的冒險經驗。

　　「尤里烏斯，你還不是帶著紫光閃刃亂揮？彼此彼此吧？」名為「陵的火龍考官雖然看不到臉，但尤里烏斯也知道這傢伙的表情肯定跟自己一樣。

　　「哈哈，說點正經的！今年有可以期待的新人嗎？」尤里烏斯一臉輕鬆的樣子問道，甚至連語氣都極度和藹，像極了隔壁退休正在澆花的老爺爺一樣。但陵知道，被他教到的人幾乎都撐不過他的魔鬼訓練，不是要求換人就是逃走，能撐下去的後來幾乎都成了有名的獵人。

　　聽說，尤里烏斯是從某個奇特村莊來的，那裡有著和這裡不同的生態系，有著不同的魔物，而他的「訓練」方法也很特別，每個從他那裡畢業的獵人每次提起這件事表情都一副陰沉的衰臉，有的甚至直接掛病號……

「今年算了，你自己看吧。」不知道要怎麼說，陵認為貝爾德是個不錯的人才，但是又怕被尤里烏斯知道後會想「教導」他，被他教到的幾乎都變成廢人、神經病，只有一小部分才能撐過去，唉……

每年的教官都會把新秀組成一隊四人的小隊教導，直到能夠獨當一面為止才能成為獵人。評斷的方式是通過教官所發布的任務，通稱為官方任務。

「喔喔喔！」觀眾席上又一陣熱鬧。

鬥技場上站著一名全身雪白的人，除了手中的金鎧獸牙刀和頭盔的絨毛以外全身毫無一抹紅色。頭盔也不知道怎麼了，竟然用紅色染草硬是將原本純白色的毛染成鮮紅色。地上躺著一頭比平常大上五倍的黑烈狐王，只不過身體和頭已經分家了，而身上的鱗片卻難以找到完整的一處，可見戰鬥有多麼的慘，單方面的慘。而脖子的切口異常平整，可見技巧非凡，只是為了虐待才有如此多的傷口。

站著場中的人有著一雙猶如鑽石般的清澈眼神，但是卻又如同凍土般的冷漠，配合頭盔上的紅毛讓人產生一種殺人的恐怖感。近有一百七左右的身高，纖細而白皙的身材與膚色讓人看不出究竟是男孩還是女孩。

二、

「這裡、這裡是……哪裡？」貝爾德念著。張開雙眼卻還是失焦的狀態，眼前模模糊糊的，十餘秒後才恢復正常。首先映入眼簾的是白色的天花板，上頭的燕雀石燈罩裡頭有群或爬或停的光蟲在活動著。

「貝爾德……貝爾德‧史卡拉？」一個年紀約二十的男人坐在病床一旁，那男子的臉型剛毅他看起來竟不會令人討厭，反而還有點帥氣。

「嗯對、對，我就是。」看清楚後貝爾德有些恍神的胡亂說著，「你是？」

一旁穿著護士服的女子說著，一臉笑嘻嘻的樣子讓人覺得很甜很可愛，一臉讓人看到就覺得舒服的樣子。

「沒有人問妳是誰好嗎！」陵不好氣的打斷她的發言，一臉無奈的樣子要說有多麻煩就有多麻煩的樣子，眉頭整個皺在一起。

「真是的，虧我還是你的青梅竹馬，哼！」那護士有著一頭漂亮的棕色捲髮、一雙勾人的黑色鳳眼。貝爾德一時間看呆了。「碰！」直到甩門聲才讓貝爾德清醒過來，陵這時才恢復一臉笑臉道：「那麼我們重來一次，貝爾德！」

「嗯？」貝爾德下意識地回應。

「這時候應該要說，是，才對吧！不過算了。這是你的執照，恭喜你了。」陵一邊笑罵一邊從一旁的桌上拿起一口精緻的小盒子。打開後，裡頭裝著一張刻畫著一頭白色飛龍圖騰的樣式，就像是魔物圖鑑裡面的圖騰那樣，上頭寫著貝爾德‧史卡拉，半成體獵人。

貝爾德拿到執照後一臉燦爛的說：「嗯……謝謝。」然後就馬上下床活動活動，看起來像一種暖身操，邊做邊問：「那個……陵考官，你知道我的雙骨刃在哪裡嗎。

陵一聽馬上就回答：「這你不用擔心，公會已經幫你送到武具工房了。」知道武器的下落，貝爾德趕緊就出院了，臨走前只說了句：「那我先走啦，謝囉！」

真是有活力的小子，果然很適合獵人，陵心想。

「貝爾德‧史卡拉儘管那頭雌火龍已經傷痕累累而且剛放出來不適應外面而造成的視覺模糊，甚至連鬥技場的牆壁都能運用，這小子恐怕有機會成為獵人！」陵說著說著一臉陶醉的樣子，不過隨後頓了一下又一臉擔心的小聲說道：「不過那也是以後的事

了，利用小聰明對付虛弱到剩一口氣的雌火龍可不能稱為是獨當一面的獵人阿，以後的路可難走了……

從簡便的醫療所到武具工房只花了短短的五分鐘，而這短短五分鐘證明了梅傑波爾多確實是大陸上最多獵人的地方！

貝爾德在路上看到形形色色的獵人，大多都穿著雄火龍裝之類的等級的裝備，但偶爾還能看到火色的炎獅裝、金鎧獸裝，甚至還看到一個穿著白銀色的銀火龍裝呢！貝爾德感動的想著：真不愧是獵人的集散地！在江波村要是能看到山獅裝就算是很厲害了！一臉來對了的樣子小跑步著。

武具工房「狩魂」，一間在梅傑波爾多長期與獵人公會合作的武具工坊。這間老字號的店並沒有街上那間銀色工房大，也沒有人家華麗，唯一能讓獵人公會長期合作的原因只有一個：品質。

在這裡的傳統作業，要幫客人量身訂做裝備，打造出屬於個人的武器防具。而街上的銀色工坊則是類似批發商，量產一堆裝備，卻都只是制式尺寸，所以價格上較低，這就是它的優勢。

而狩魂和銀色工坊最大的差別在於，狩魂聽說一個月有五件龍族親手製作的裝備可以訂製，只有當那名鍛造師出現時才能買到；銀色工坊則是材料方面，如果夠有錢甚至可以買到高級成品，不過合不合手又是另一回事了。

貝爾德進去後看到幾個零零散散的獵人，到處亂晃。在他身後有一名穿著頭盔染成紅毛其它雪白的凍獅裝的人看著他，身邊站著一個穿著蒼火龍裝的人，一頭藍色的及腰長髮，腰上掛著一套雙刀暗暗發光，兩人正並肩站在一起，看起來一高一矮的。

「麗姬，妳說那個人就是殺死雌火龍的人？」身著蒼火的人低聲說著，一副不屑的語氣。看著在工房裡到處跑來跑去以及與其他半成體獵人交流的灰髮男孩，身著蒼火龍的獵人實在不相信，然而穿著凍獅裝的人卻用纖細而雪白的手緊握著金鎧獸的刀柄，顫抖

的說道：「我也很不想相信，不過的確是他。」一副像是隨時會開戰的樣子。

　　但沒多久又垂頭喪氣的說道：「我想，我應該打不過雌火龍吧。」看到凍獅裝垂頭喪氣地樣子，身旁足高她一個頭的蒼火裝安慰似地說道：「那不過是頭重傷、眼睛看不清楚的雌火龍，如果是妳來一定打得比他更漂亮！」

　　貝爾德到處看一看、問一問，發現這裡的武器與凱仁村的有些不同，不過身上沒有材料就是了。「小子，你的雙骨刃！你還真是有夠吵的。」一位打著赤膊，身下穿著工作褲，頭綁毛巾的落腮鬍大叔說道。

　　「對不起！」貝爾德拿完雙骨刃後趕緊離開狩魂工房。「哇！這裡的武器有的連凱仁村都沒有，真想要！」在路上想著在工坊看到的一切，一個人自言自語的走著，不知不覺就來到了委託任務的看板前。

　　「我找找看有甚麼好任務！」看著看板上密密麻麻的任務，有搬運龍卵、釣魚、採野味……等等，還有最重要的討伐，裡頭甚至有人在不遠處的密林瞧見火龍，不過我可不敢去。

　　「有了，就是這個！」伸手將「討伐一頭在密林作怪的黑烈狐王」的任務取下。沒想到還有人一起出手，兩人的手不小心碰在一起。「啊，抱歉。」貝爾德抬頭一看，皮膚好蒼白！是個女孩子！

　　「沒關係。」一頭紅色頭髮的臉蛋，雙眼猶如藍色鑽石般的耀眼，看上去沒有什麼情緒，可能是個孤癖的人吧，貝爾德如此想著。

　　「幹嘛一直盯著我看？你也想接這個任務嗎？」貝爾德一直看著那個女孩，於是她問。貝爾德不好意思的把臉轉過去，「咳、咳，對、對阿，我原本也是要接這個任務，不過被妳給搶先了。」

　　她對著貝爾德問：「喂……」等了幾秒也沒反應，女孩搖了貝爾德一把加大音量：「喂！我說阿……」貝爾德從幻想世界裡被搖回現實，慌亂的說著：「啊？甚、甚麼事？」

　　「這個任務可以四個人一起接受。」凍獅女孩拿著任務的單子晃呀晃的。我笑笑的說：「哦！那還等什麼？走吧。」率先向掌櫃的那裡小跑步過去。掌櫃的大姐叼著跟人稱蘭布思雲的高級菸，她小小的愣了一下，並仔細的看了一下那張紙，有些遲疑的看著貝爾德的臉，默默唸著：「讓我看看到底是巧合還是真有這個實力。」吐了一團煙。

　　「好的，等一下喔！」大姐從木製櫃檯的抽屜拿出一本厚厚的本子，快速的翻頁後說道：「這個任務已經有兩個人先接受囉！他們半天前才出發，請問兩位還需要嗎？」

　　凍獅裝的瞥了一眼貝爾德，接著道：「沒問題，我們接了。」

　　「兩位的名字是？」大姐熟練的的拿出一隻羽毛筆，準備在書上登記，凍獅裝冷冷的道：「艾爾梅塔。」貝爾德接著舉手，像小孩子一樣興奮的喊著：「是、是，我是貝爾德・史卡拉！」

　　「好的兩位，拿去！」她登記完後拿出二張委託證明，給他們一人一張，接著又拿出兩顆類似染色球的圓形物，一顆黃色、一顆紅色，約手掌大。

　　「這是什麼東西啊？圓滾滾的，染色球？」貝爾德把玩著那兩個圓形物，像極了貓在玩毛線球的樣子，大姐笑道：「想必你是第一次接受任務吧，黃色是任務達成時使用的；紅色當然是失敗時用的，只要搓揉就好了。」

　　艾爾梅塔一把將兩顆球奪去，冷眼說道：「公會的艾路只要聞到這種味道就會來帶我們回家。」

　　任務名稱：狡詐的狩獵者。

　　委託人：優姆村村長

　　委託內容：「他們數量實在太多了，總而言之快來救我們！」

　　「簡單來說就是去幫忙滅掉那些小狗就對了！」在公會給的貓車前，貝爾德想著剛才的委託內容，另一邊又思考著另一件事，「我說你啊！你是沒看到他寫的是一大群嗎？」艾爾梅塔冷冷的道。

之後艾爾梅塔則使用不同的方法上路，除了貝爾德搭乘公會的低消費艾路貓車外；艾爾梅塔則用徒步的方式；然後另外兩人據說是搭乘「龍車」。

所謂的龍車就是由魔物拉著小型車，負責把人或者是貨物運送往別地的交通工具。搭成一次需要高額的費用，但那也是和公會的平價貓車相比。不過也是有不少獵人像貝爾德一樣搭乘艾路貓車，雖然較慢但是不用多少錢。

龍車種類繁多，其中竟不乏飛龍種！所以也有些家的少爺們搭乘昂貴的飛龍龍車來耍耍威風，既沒有風險又能大撈一筆，據說這是龍車業者的主要收入之一。

三、

兩天後，優姆村，

「啊！終於到了，這兩天真是有夠無聊的，不是為了早餐和草食龍博鬥！就連小鎧獸也偶爾來兩隻！」貝爾德從車上下來後伸個懶腰，做著暖身操準備隨時開打。

這時突然有個人從慢慢的接近，貝爾德瞬間轉過身去，右手抄起雙骨鐮抵住其脖子，另一手也握著武器備戰，眼泛凶光的對著不速之客說道：「你是誰？」

「我、我是這兒的村長，叫做史庫姆。」聽到是村長，貝爾德立刻放開他，並且一臉笑容的道歉，老村長揮揮手繼續道：「你也是梅傑波爾多派來的獵人吧，看你年紀輕輕的就當上獵人，能力肯定不錯。」

知道老村長沒在生氣，貝爾德又一副散漫的樣子道：「抱歉、抱歉，剛才還以為是什麼壞人呢，嚇死我了！」

村長滿頭大汗，心裡正罵罵咧咧的說些不堪入耳的話，正想說我才被你嚇死時，村子邊的一座小山壁上傳來一陣叫聲：「咧……

咧……」一小群黑烈狐的吼叫聲從村子、山邊傳來。裡頭還夾雜著硬物敲擊聲和人類的慘叫聲，聽上去很是恐怖。

村長突然臉色大變，一臉驚恐的跑進村子，邊跑邊往村子那大喊：「又來了，不要啊！快住手、住手啊！」雖然他看上去激動的很，但實際上卻跑沒幾步就要用走的接著又用跑的，貝爾德看了以後有些感動，率先跑進村子看看情況。

剛進村子就聞到一股很噁心的死人味，泥地上到處都漸滿血跡，甚至某些角落還能看到疑似人類的骨頭！貝爾德皺起眉頭一副嫌惡的樣子，褲子突然被拉扯著，低頭一看，一個全身帶傷的婦人缺手缺腳的還是一直在拉扯，絲毫不管血還在流只是一味的喊著：「請你、請你救救我的女兒！拜託你……」

「好、好，妳先躲起來，我馬上過去看看！」貝爾德一把將那名婦女小心翼翼的抬道一旁的矮箱放著，接著輕手輕腳的包著繃帶，雖然很輕但卻迅速，沒一會兒就完成跟陵學來的緊急治療，那名婦人一臉緊張的說著：「行了、行了，趕快去救我女兒吧！她還小……」

村子廣場，一群村民正圍成一圈，外圍由村裡壯丁組成，大多都帶著傷；中間則是年輕人和婦人；裡頭就是傷患和小孩了。每個人都拿著鋤頭、鐮刀、斧頭等等農地用具，最外面則由六頭黑烈狐包圍著村人，黑烈狐腳下還躺了幾個年輕人，有男有女，每個人都因為腳受傷而趴倒在地上，黑烈狐的眼神裡充滿著貪婪，殊不知這會讓他們臨頭大難。

黑烈狐用著他們嘶啞的吼叫聲吼著，彷彿是為好不容易得到的食物吼著、為了眼前跑不掉的肉堆而高興的吼著；貝爾德一臉平淡的從後面看著包圍村人的黑烈狐們，手裡拿著兩炳黃燦燦的骨刺，殺機一起，如閃電般從背後把骨刺從一隻流著口水的黑烈狐的喉嚨洞穿！

趁著其它隻還沒反應過來，往旁邊一躍，削掉旁邊另一隻黑烈狐的一隻腿，右手用力一擲把骨刺投向對面的黑烈狐，劍身直接末入柔軟的腹部，再也沒有生機。

這時另外三頭才反應過來，趕緊往後跳躍一步，接著就向套好的一般，三頭黑烈狐默契極佳的一起撲向貝爾德；貝爾德則一臉不屑的笑著，把左手的骨刺丟給右手，留下一句：「笨蛋。」一個鬼人的迴旋斬動作，三頭一橫線的黑烈狐白嫩的軟腹被骨刺畫開，肝腸皆斷，有的還噴出來掉到地上。

貝爾德忽聽左邊屋頂上的喀嚓聲，起動最基本的鬼人化一躍而上，映入眼簾的是一條黑色的大狐狸，「唧！唧！」真是黑「唧」狐啊，黑烈狐王一躍而上，這一下「快、狠、準、猛」貝爾德竟一時無法招架，忽然身旁一個黑影閃出，貝爾德清清楚楚的幹見一道金光劃破了牠的肚皮，原來是艾爾梅塔，「白痴！」這是艾爾梅塔消失前所留下的話。

剩下的只是完全的殺戮，不用貝爾德動手，村民已經狠狠的先用農具招呼那隻缺腳的黑烈狐幾輪，直到確定牠死的不能再死為止；另一頭本來被骨刺插進腹部已經是半隻腳踏進棺材了，接著貝爾德骨刺一拔，牠哀鳴了一聲後在地上傳著最後幾口氣。

不過村民可不會讓牠好受、更不會看牠可憐，正所謂趁牠病要牠命，更何況他都快掛了，一群人趁機不是拳腳招呼就是農具伺候，沒多久那隻黑烈狐也脫離苦海往生去了。

所有人都不敢靠近雙手被血弄到鮮紅的獵人或者說是惡鬼的情況下，村長竟然滿臉笑容、真誠的稱讚他：「幹得好！看來這次的委託沒委託錯人，太好了、太好囉！」接著用滿臉皺紋的臉感激著貝爾德，還順便說了先來到的薩迦羅和史因培兩名獵人的事以及去向。

半天前——

　　一群黑烈狐突然出現在連接村子的小山壁上，本來是村子的天然障壁，現在卻成了最佳的戰略地點。黑烈狐接連從山壁上跳進村子裡，但是和平常不一樣的是優姆村中並沒有半個村民，取而代之的是兩位全副武裝的獵人。

　　薩迦羅和史因培剛到達優姆村時就看到村長一個人在村口來回踱步，神情一副很緊張似的。薩迦羅馬上湊上去，一臉熱情的道：「請問怎麼了嗎？」

　　就像是在海中找到一塊救命的浮木，不！是一根救命的稻草，村長拼死命的抓住亞羅的手，眼睛睜的老大慌張地說道：「又要來了、又要來了！黑色的怪物！」亞羅被村長搖到手臂痠麻，一氣之下揍了他一頓，接著才開始問清楚事情的原委。

　　被打的鼻青臉腫的史庫姆村長這才娓娓道來……

　　原來，優姆村每半個月都會有一群黑烈狐攻擊村子，就像約定好的一樣，其它時間從不主動進攻村子。而今天剛好是那一天，每次牠們來犯時，村裡都會有些犧牲，運氣好的時候只是村民受點傷，運氣不好就是有人被活活咬死。

　　「欸，你可別扯我後腿啊！」薩迦羅站在村中，揮著巨大的銀色銃槍「公會討伐隊銃槍」，身著青綠色的鎧甲，是由深海海電龍的殼和鱗所鍛造的盔甲，其防禦效果是淺海電龍比不上的，盔甲一層一層密合著，可以分散掉撞擊的力道。

　　「只是些黑烈狐而已，根本不算什麼啦！」史因培抽出太刀，往旁邊的黑烈狐砍去，那黑烈狐往旁邊一閃，漂亮的閃過那銀色刀影，但卻忽略了那致命的雷光。史因培揮出雷光斬刀的瞬間，一股強大的藍色電流從刀身湧現！狂暴而快速的電焦黑烈狐，接著趁牠在地上抽搐時，史因培一刀刺進腦袋，噴出來的血都成了黑色的焦黑狀，就連刀子抽出來的傷口附近的肉也電成漆黑色的。

　　薩迦羅漂亮的用銃槍上刺槍像在刺串燒般的把黑烈狐的頭殼刺穿，那些黑色小狗不論如何閃躲總是無法躲開那致命的一槍，有

時刺頭有時刺進身體，超過兩隻就用火砲炸開，沒一會地上已經堆了不少屍體。

而史因培那還在和黑烈狐群博鬥，每次都是先被藍色閃電給電到麻痺才被亂刀砍死，所以殺伐速度和薩迦羅比起來根本是人工與機器的差別，比都沒得比。

待薩迦羅加入後已經不再是戰鬥，是屠殺，過程只持續了十幾分鐘。

結束戰鬥以後，薩迦羅交代村長處理掉村子的屍體，接著就帶著史因培匆忙的趕去密林解決禍根：黑烈狐王；史庫姆村長在等待的時間招集沒有受傷的村人們清理村裡的黑烈狐屍體，以免吸引來更可怕的存在。

密林某處，

一男一女兩名獵人正用奇妙的姿勢前進著，在他們眼前的一隻有著赤色甲殼、緋色鱗片的魔物，一對黃色大耳附於頭後、褐黃色大嘴一開一闔，雙眼圓滾滾的，一雙赤色的翅膀在背上掛著，像是在散步般在草地上走著，牠的眼前有一隻蘑菇豬正發抖的看著牠並緩慢後退著。

男獵人低聲興奮地道：「喔喔！要上了、要上了！」並且繼續前進著，隨著越來越接近心情越來越亢奮。女獵人則是在草地上繼續無聲無息的前進著，沒有絲毫的半句話，就如同野獸在狩獵之前，準備在一瞬間全力攻擊。

就在狩鳥和蘑菇豬互相對看，兩邊都沒輕舉妄動做出什麼大動作，男獵人頭一偏，對女獵人道：「艾爾梅塔小姐？不用這麼拘束吧？不就是看狩鳥覓食嗎，有需要這麼緊張嗎？」

女獵人看向男獵人，冷冷地道：「你還是叫我艾爾梅塔就好了，每次都那樣叫，你不彆扭我都覺得怪了。」頓了一下後，看了貝爾德全身上下補充著：「你也不過是剛通過獵人考試，這麼驕傲。」

貝爾德搔著頭一臉笑笑的說：「其實我……」

「嘎嘎嘎！」狩鳥忍不下去，怪叫著往蘑菇豬狂奔過去；蘑菇豬見狀，死命的往後跑，但狩鳥那張臉卻越來越近！

「好機會！」兩人不約而同的在同一時間說出同一句話，貝爾德往前飛撲一把抓起蘑菇豬滾到一旁，躲過狩鳥的追擊；艾爾梅塔抄起金凱獸刀，趁牠眼裡只有蘑菇豬的一瞬間跳上背後，一把抓起狩鳥的一對大耳朵，刷一聲利落的割下來。

狩鳥一瞬間從絕佳聽力到完全聽不到，唯一可能聽到的是自己耳朵噴血的聲音，艾爾梅塔冷眼的看著狩鳥在地上掙扎，手裡的狩鳥耳收進凍獅衣內，並握緊金鎧獸刀，準備再怪鳥掙扎完畢後再給予痛擊。

「哇！好肥美的肉……嘿嘿！」貝爾德抱起蘑菇豬一臉傻笑，接著流出口水更讓手裡的蘑菇豬開始奮力掙脫，「啊！我的肉……」貝爾德一時疏忽，讓蘑菇豬用身上的青苔滑了出去，接觸地面後立刻鑽進草叢，一溜煙就不見了。

「喂……」艾爾梅塔回頭望向他，只見他低著頭在低咕什麼一樣，一副哀莫大於心死的樣子，一想到是因為蘑菇豬就讓艾爾梅塔笑了一下，「噗嗤……」，艾爾梅塔光顧著看貝爾德耍蠢卻忘了後面的狩鳥已經掙扎的差不多了，回頭一看，狩鳥已經站好準備要對兩名獵人衝去，艾爾梅塔睜大眼睛，舉盾準備迎接衝撞。

背後傳來一聲嘶吼：「都是你害的！」一陣殺氣從背後傳出，「嘎嘎啊！嘎啊啊！」狩鳥怪叫幾聲，像是在哀求一般，飛也似的揮著翅膀逃離！

艾爾梅塔驚訝的看著飛遠的狩鳥和在身後的獵人，低語道：「難不成他不是個新秀獵人嗎……？他有什麼秘密呢？貝爾德‧史卡拉……有點好奇呢……」

密林某處

「喝呀！」

　　金髮男子揮舞著巨大銃槍刺向一隻明顯比其牠黑烈狐還要大上不少的黑烈狐王！就如同體型一樣，腦袋也多少大了一點。面對銀色凶器，頭戴王冠的黑烈狐王驚險的貼身躲過，並且用力一蹬，凌空撲向薩迦羅。

　　「哼！銃槍的重量堪比大劍，說不定可能更為沉重。」薩迦羅放棄右手的利器，將銃槍放下，左手舉起盾喊道：「但是，它有一面盾！」，將跳過來的黑烈狐王，送牠一個盾擊！「咚！」手裡的大盾稍微有點凹陷；黑烈狐王卻已經倒在一旁的地上口吐白沫，眼球凸的老大，一臉噁心的樣子。

　　「死吧！」黑烈狐王最後看到的，是金髮女子一抹殘忍的微笑。

　　薩迦羅對地上的黑烈狐王毫無猶豫地零距離砲擊，火光四散，血散一地。薩迦羅大叫一聲：「爽！」脫掉頭盔，將被汗水浸泡而潮濕的頭髮甩了幾下，皺著眉將依舊潮濕的頭盔戴回去，嘴裡碎碎念著：「這次的任務還真輕鬆，很難想像這種貨色會統帥這麼一群黑烈狐。」

　　史因培，身穿大多數獵人夢想中的裝備「古龍裝備」，手持許多半成體獵人夢想中高階武器，唯一的缺點是，沒有所有獵人都崇拜的狩獵技巧……

　　黑烈狐的數量在薩迦羅和黑烈狐王戰鬥之時有九隻，現在還剩下七隻「鏘」身上的銀鎧獸王盔甲又被黑烈狐王的爪子狠狠抓了一下，衝擊的力道讓史因培差點跌倒在地。待他穩住身形時往後一揮，黑烈狐王老早就跳到後面的位置了，周圍的樹木都不是斷掉就是電焦，更甚者還有點小火。

　　薩迦羅看了以後直搖頭，「我來了！」拿著銃槍從旁邊衝出來，往前一刺，黑烈狐王恰巧往前跳開。沒死！薩迦羅不甘心地往前一刺，刺中一隻大的誇張的黑烈狐。牠的體型至少是雌火龍的中等大小，身披暗紅色的鱗甲，前爪凸出的利爪更是發著金屬質感的反

光！背上酷似條紋的黑色鱗甲則深的發黑，金色的眼睛散發出殺戮的氣息。

四、

「天、天呀！這什麼鬼！？」薩迦羅一邊往後退一邊把盾牌舉起，手腳忍不住的顫抖，這是天生對未知事物的恐懼。身為討伐隊正式成員的他和前輩們一起討伐過凍獅王、潛擎蟹，但當時也沒感受到如此的顫慄。

靜謐的密林這時回盪起女子的聲音，聽上去極為悅耳：「這是我的夥伴，他有名字的，叫嵐空！才不是什麼鬼呀鬼的！」

兩人一方面比剛才更為警戒地架起銃槍，一方面又在搜尋著聲音來源，掠取狩獵成果在這個世界是很常見的事，而盜獵者更是不少。

「這裡、這裡！」女子站在離被稱為嵐空的巨大黑烈狐王不遠的一棵高約五公尺的樹上，一臉得意的樣子。他有一頭海藍色的及腰長髮、一對閃亮的黃金豎瞳，穿著全身的迅龍套裝，拿著大牙重劍，但身高不超過一百六十，應該是個小孩，薩迦羅如此判斷著。

「你、你是誰啊！盜獵者？」薩迦羅退到較為空曠的地方問著，而史因培還在跟黑烈狐群纏鬥，此刻正在喊叫著，貌似沒有注意到異象，只心道「哇塞！雖然說黑烈狐是這裡很常見的野獸，但也太多了吧，莫非跟那隻怪物有關？

少女一跳下來薩迦羅才看清楚在眼前的女性絕對是個小孩，大約十五、六歲，白嫩的皮膚，是個龍族，真實年齡恐怕要翻上一番。

「怎麼啦？剛才說話不是挺大聲的？看你長得還挺英俊的！」少女一臉開心的樣子盯著薩迦羅，無禮的舉動讓薩迦羅用銃槍向他刺去，而少女卻輕鬆的躲過刺擊，並往後一躍，「我叫萊貝格，你是誰啊？這裡很少人來的。」

薩迦羅停下攻擊，但盾牌依然舉著，「我是……薩迦羅。你剛才是怎麼做到的？那一跳至少三公尺吧，說！」雖然是命令的語氣，但實際上卻是疑惑甚至是害怕。一旁的黑烈狐王嵐空哪裡分的清楚，只覺得那人語氣不善，馬上張開血盆大口朝向薩迦羅咬去！

一把銳利的骨刺從旁邊飛射而至，精確的射中變異黑烈狐王的嘴巴，但卻沒有想像中的血花，只有撞到硬物的聲音，骨刺竟被彈開至一旁，刀子直插在地。

三方一觸即發！薩迦羅當機立斷，馬上按下銃槍的龍擊砲！槍口開始發熱、發燙，槍口漸漸凝聚出淡藍色火焰；萊托格雖然沒看過銃槍，但憑著龍族的直覺趕緊對黑烈狐王嵐空喊道：「危險！」但，晚了！熾熱的火焰已經將黑烈狐王整頭燒盡，薩迦羅的臉上也露出身為銃槍手的自信。

「我殺了你！」萊托洛一張清秀的臉現在如同鬼神一般可怖，手裡的刀向薩迦羅當頭劈砍去，而這時他還處於龍擊砲的僵直狀態中，無法進行迴避動作……

貝爾德想也不想，用僅剩的一把骨刺上前阻擋，硬是和萊托洛纏鬥起來。

砍、割、刺、劈、撈、迴旋！各種熱門、冷門技巧配合的天衣無縫，任何獵人看了都會覺得驚嘆，就連艾爾梅塔也自覺無法做的更好。但萊托洛卻冷笑著，在他眼裡眼前的獵人不過是強了點的人類，還不是威脅！旁人看似天衣無縫的技法，竟被他這個龍族少女巧妙的一一破解，彷彿眼前的一招一式都是小孩子的伎倆。

兩人越戰越遠、越戰越狠，從貝爾德出現的附近互相鬥到薩迦羅身旁。在場的人都全神貫注的看著這場決鬥的結果，而薩迦羅此刻也已經退到艾爾梅塔身邊。

在亞羅・加彌薩還未開口之際艾爾梅塔倒是很難得的先開口：「快結束了。」「咦？妳、妳怎麼知道？」薩迦羅驚訝的看著才

剛見面的艾爾梅塔，一臉懷疑的樣子，但艾爾梅塔卻不再開口，任薩迦羅如何逼問都不為所動。

匡噹，又一次刀與劍的交鋒，貝爾德順著萊托洛打來的力道，往旁邊一翻：「是我贏了！」反手拔起插在地上的骨刺，雙眼充滿惡鬼的氣息！劍上泛出一層血紅色光芒，貝爾德瞬間讓人感覺就像是厲鬼一般恐怖，鬼人化！

但萊托洛依然自信的笑，把臉上的汗甩掉道：「那可不一定呢！好有意思的人，第一次遇到呢！」一攻一守封鎖著貝爾德的雙刀，但偶爾也被突破防線，幾次都險些送了命！而貝爾德也不輕鬆，被萊托洛逼到以刀為盾，必須用骨刺盪開他的巨劍才平安逃過！

「啊！」就在兩人打得如火如荼之時，薩迦羅突然發出一聲喝叫。那被龍擊砲燒完的煙塵散開後，那頭變異黑烈狐王「嵐空」晃著頭，在看見薩迦羅後瞳孔急遽縮小，瞬間就撲了上去，薩迦羅被壓倒在地，艾爾梅塔則一副不想幫忙的樣子……

面對詭異的黑烈狐王，剎那間爬起的薩迦羅手持大盾，堅實的防衛，每受到一次牠的爪擊，盾牌就好像會壞掉一樣，而手臂也逐漸酸麻起來，但是做為武器的槍卻在牠撲過來時落在一旁的不遠處，只要伸手就能搆到，不過這時貿然伸手可能回來的就只剩肩膀了……

黑烈狐王每進攻一次，就會讓獵物與地面親密接觸一次，這讓牠感到十分爽快，一想到剛才整張臉被燒掉的感覺，一個火氣上來又是抓咬又是咧呀的亂叫……

薩迦羅整個背已經發紅、破皮，這還是被護具磨的，如果沒有盔甲保護直接在有小石子的泥地上，恐怕現在已經整張皮都磨破掉了吧！但這些痛並不算什麼，她還是一步一步堅忍著往旁邊挪動，隨著牠的攻擊一步一步接近，接近槍。

身為武器的槍這時已經在隨手可拿的距離，那黑烈狐王還是依然不停的猛攻，只希望能早點讓身下的獵人斷氣，絲毫不懂獵人

的打算；薩迦羅趁著黑烈狐王一次大動作咬擊，立刻轉守為攻，把盾牌向前奮力一推，黑烈狐王大嘴撞上盾牌，差點跌倒，不過一下子便重新穩住，但這點時間對她來說已經夠了，握緊手裡的銃槍大喊：「去死吧！」往牠腦袋狠狠一刺！卻沒有預想中的腦漿與血液！危險之際黑烈狐王竟然以些微差距躲過要害，但象徵王者的頭冠卻被削掉一小塊！這讓牠比被砍到其他地方還要憤怒，想都不想就往薩迦羅的頭咬去！

「啊！」「怎麼啦！怎麼啦！」萊托洛一邊壓制著貝爾德一邊喊著。貝爾德也不甘示弱的砍回去，可惜揮了個空，不甘示弱的他只好忿忿然地回嘴：「吵死了！」雙方互不相讓，貝爾德知道，再打下去只會對自己不利，鬼人化已經快要到極限了！於是他突然把變招把骨刺往上一劃，萊托洛看似驚險的閃開，但實際卻用下腰的姿勢拿刀進行突刺！貝爾德露出一笑，閃也不閃，直接讓腰挨上一刀，刀僅末入三分之一左右。

「結束了！」貝爾德往他臉刺去，萊托洛直接放開手裡的刀，接著腰上被刺上一劍，半柄刀刃都進了去，顯然比起萊托洛，貝爾德無疑造成更大的傷害。兩人腰上皆受了傷害，一個人是刺傷一個卻是半柄刀都進了肚子，勝負很明顯了。正當貝爾德抽出骨刺要補上最後一擊時……

「碰！」一旁的空地上爆發巨響！伴隨著一焦黑的巨大物體，草地上燒著旺盛的大火，在這樹林中格外顯眼……被直接擊中的樹木在瞬間就已經燒成黑炭，而火災的上空慢慢降下一頭巨大的綠色飛龍。她有著翠綠色的鱗片覆蓋成鎧甲，體內的火焰袋是她獵殺時的最大殺器、如女王般優雅，緩緩從上空飛下，翅膀上的翼膜有著像是火焰般的紋路。

「看來是該結束了！」萊托洛趁著貝爾德一愣，趕緊往後一跳，直接越過雌火龍，落在變異黑烈狐王身邊。本來頭冠被削掉一部分已經是憤怒異常的黑烈狐王，要報仇時又被一顆火球暗算……

　　生氣到腦袋都快燒掉當機的嵐空被萊托洛在耳邊說幾句話後，竟然像個沒事人一樣，載著他往密林裡逃竄，三兩下子就無影無蹤了。

　　雌火龍慢條斯理的從上空落下，樣子極其優雅，毫不愧對女王的稱號。就連萊托洛和嵐空在牠眼下逃跑都沒有讓牠有去追擊的動力。

　　雙瞳有些慵懶的看著幾個發愣的獵人，眼神看向貝爾德直奔而去。所過之處一片狼藉，不管是樹枝、樹木、花草、岩石、泥地等等，只要被牠雙腳踩躪過的地方沒有一個是完整的。

　　毫無猶豫，趕緊解開鬼人的狀態，強忍著身體挾帶的副作用及劇痛，死命往樹林外跑去。

　　這頭雌火龍和當初參加獵人考試時出現的雌火龍大不相同，由於是野外、沒受過傷的，鱗甲更堅硬、視力沒有影響，身材好像更好一點一切都太不利了！先是遇上黑烈狐接著又是龍族……

　　貝爾德悲觀的想著，手裡卻沒閒著，在口袋裡拼命翻找道具！沒多久便摸到一枚圓球，大喜之下從另一邊的口袋拿出火藥草，用火藥草搓揉幾下，迸出火花後引燃圓球的引線道：「閉上眼睛！」

　　道完便將閃光玉往後丟去，一陣強光從雌火龍眼前散開，瞬間奪走牠的視力。突然喪失光明，這樣遽變讓牠不知所措，瘋狂的甩動身軀，靠著本能保護自己。雌火龍暫時沒有威脅後貝爾德鬆了口氣般的擦掉額頭上的汗，趕緊從口袋裡拿出一瓶手掌大的瓶子，一口將裡頭綠色的液體全部喝下。全身的傷口開始有恢復的跡象，但同時，劇痛也是無比強烈。

　　回復藥，每一位獵人們都會隨身攜帶的藥水，雖然有著強大的恢復能力，但伴隨而來的劇痛不是一般人能夠接受的，但比起丟掉一條小命來說還是值得的，所以這種飲料也被稱為獵人飲料。

薩迦羅撿起已經凹掉變形的盾牌，用石頭敲打幾下。把銃槍和稍微變形的盾背往背上，一副準備好落跑的樣子，對貝爾德打個隨時可以離開的手勢。

此刻，史因培從旁邊走出來，全身上下毫髮無損，氣喘吁吁的道：「我、我解決那群黑烈狐了！呼、呼……」

「你還在啊……差點忘了……」

薩迦羅說著，然後拉著他過去貝爾德那裡，「背著他，我們要逃了！這小子一次喝太多啦，短時間內根本無法活動自如。」

「嘿咻！」史因培一把將貝爾德抓起，粗手粗腳的甩到背上，接著指著艾爾梅塔道：「那她呢？」

這時候薩迦羅才又注意到這名寡言的少女，一臉白皙又不失健康的皮膚，看似瘦弱的手臂卻緊抓著片手，而另一手的盾牌，繩子綁得不鬆不緊恰到好處，不得不說，她是名優秀的片手劍獵人。

看到優秀的獵人，薩迦羅語氣讓緩了不少：「我是薩迦羅・卡恩，妳是？應該是那個男孩的同伴吧？」艾爾梅塔聞言，先是晃頭，接著又點頭。

雖然搞不太懂，但應該是同伴吧？「這樣阿……現在我們要跑路了，快閃人吧！原本的任務已經完成了。」薩迦羅如此說道，艾爾梅塔毫不猶豫的點頭，並走到三人身邊表示一同前進。

「啊啊啊啊啊！」從強光中適應的雌火龍撕扯著喉嚨，四人見狀趕緊離開。

看到眼前的幾道黑影，雌火龍深深吸一口氣，肚裡的火焰袋正將氣息轉化成火焰，幾秒就將一口氣化成一顆大火球！

轟！轟！轟！連續三顆人頭大的火球從獵人身邊擦過，幾棵樹瞬間燃燒起來，更有一頭運氣極差的蘑菇豬被直接烤成全豬。

雖然已經脫離閃光，但雌火龍視力依舊沒有到最佳水準，不然剛才至少死了兩個人。

答、答、答答……

　　貝爾德等人運氣好到爆炸，天空竟下起大雨，原本視線就已經有些模糊的雌火龍，現在更是成了睜眼瞎子。

　　薩迦羅見機不可失，趕緊抄起一條近路，本來這條路是比較空曠、植物比較沒那麼茂密的危險區域，但現在卻成了最好的逃生路線。

　　而因為血腥味而來襲的魔物，則是被艾爾梅塔來一隻殺一隻，來兩隻殺一雙的實力給硬清出一條路。背著貝爾德的史因培一路跟著跑，貝爾德也只能癱軟在他背上，盡顯出狼狽之樣。

五、

　　大約過了十幾分鐘，史因培已經快撐不下去，而且艾爾梅塔也因為來犯的黑烈狐、迅猛龍實在太多，不得不減低攻擊力度來維持體力，竟導致有幾次被突破差點死人。最後只好在一小溪流暫時停留，除了補充水分外還順便採了一點藥草、毒菇、藍香菇一類的東西。

　　轟隆……「該死！」滿手泥濘的薩迦羅對著剛採集到的素材搗鼓著，並咒罵著響起的雷聲。「哎呀，這樣也比較亮嘛……哈哈、哈哈……」

　　史因培看著一臉不爽的薩迦羅後乾笑幾聲也就閉嘴了。

　　短暫休息過後，繼續向優姆村移動。因為下雨，平常已經不好走的草地變得泥濘不堪；因為下雨，海灘上佈滿一群出來狩獵小擎蟹；因為下雨，讓傷口化膿、視線受阻！四人的路線從溪流後接著往海岸前進。

　　又一頭迅猛龍撲向薩迦羅，結果被銃槍一刀刺穿，但另一頭卻不怕死依然撲上來！薩迦羅毫不猶豫的按下砲擊，但雨水使火藥無法起火，見狀立刻大喊：「糟糕！」

　　噗通一聲血花往四處飛濺，就像是浸水般，一攤血水混雜著雨水把薩迦羅從頭到腳淋了一身。一道陌生大於熟悉的聲音說道：「抱歉，遺漏了。」

　　一刀將迅猛龍的頭腦刺碎，頭噴出腦漿或其它東西時，艾爾梅塔一臉正經的道。貝爾德聽到艾爾梅塔的聲音，立刻從史因培背上跳下來，笑咪咪的說道：「沒事了！」一臉傻呼呼的樣子，看上去既逞強卻又像真的沒事一樣。

　　沒人知道貝爾德在想什麼，而他不讓他們多想，只是信心滿滿的說道：「接下來該反擊了！反過頭來狩獵雌火龍吧！」

　　雌火龍循著獵物的氣味從樹林一路飛來海岸附近，雖然獵人的臭味到了海灘就消失了，但應該還在附近……

　　由於下雨，沙灘面積比平常少了三分之一有餘，而沙子也軟了許多，但雌火龍並不以為意，只是慵懶的尋找著獵物，她知道，獵物並沒有逃走而只是躲了起來。

　　在暴雨中尋覓了幾分鐘後依然無果，雌火龍耐心逐漸減低：「吼吼吼！」驕傲中帶著焦躁的龍吟聲衝擊著沙灘上所有生物，立刻就有幾隻忍不住的小擎蟹從沙子裡爬出。

　　在小擎蟹後雌火龍眼前約兩米處，一小砂堆突然爆起。貝爾德掩著耳朵從沙灘上出現，一臉痛苦的樣子。雌火龍發現獵物後衝上去，而在地上掙扎的貝爾德在魔物眼裡就像西瓜對上木棒，一打就爛！

　　「吼！」突然一個重心不穩，雌火龍陷進一個洞裡！而眼前的獵物突然站起來一臉笑意的看著自己，彷彿剛才的痛苦都是假的。

　　貝爾德拍了拍腦袋，把塞在耳朵裡的沙子清出來，拿起雙骨鐮往雌火龍的腹部猛砍，並喊道：「這落穴是臨時挖的！挖得可辛苦了，哈哈哈！」接著其它人陸陸續續從砂裡出來，一律清清掉沙子後紛紛上前圍攻受困的雌火龍。

「啊啊啊啊啊！」史因培鎖定翅膀瘋狂亂砍，刀上的青色閃電彷彿因為下雨的關係看起來更強、更大！堅硬的翅膀甚至被砍出好幾道創口。

「去死、去死、去死吧！」薩迦羅則是拿銃槍精準地刺在翅膀的翼膜上，與另一邊亂砍的史因培相比，技術層次根本不是同一世界的人。

艾爾梅塔手持金光閃閃的片手劍，判斷沒有威脅後更是不客氣，三兩下便躍上雌火龍的背甲，從身上拿出一條繩子，熟練地在雌火龍的上顎繞上幾圈後打結，開始使勁用力往後扳開，右腳還抵著下顎欲把雌火龍活活撕裂！

沙坑裡的雌火龍正被四位毫無合作過卻自有一絲默契的獵人們狩獵著，原本是密林的王者，此刻卻像階下囚一般被對待「眼淚……？」在雌火龍下方奮力猛砍的貝爾德看到雌火龍竟然流下眼淚，但手裡的骨刺卻依然往牠身上招呼毫不手軟，但注意力卻完全集中在雌火龍的臉上。

越看越入神，手裡的刀只是機械式的亂砍有幾下甚至差點停了下來，龍腹早已被鮮血染紅，鮮紅的肉塊已經外翻，但魔物強韌的生命力卻不讓牠死亡！牠的嘴已經被撕裂到流出血來，艾爾梅塔眼看就快要讓上下顎分家時，不管三七二十一的使出最大力氣拉扯！

此時貝爾德好像發現什麼，立刻把手裡的武器丟至一旁的砂地，筆直的攀上雌火龍的脖子，一把推開艾爾梅塔，嘴裡的小心還未喊道，一陣撕裂靈魂般的痛楚從背後傳來，只能朝天嘶吼！

「你幹嘛……」艾爾梅塔從雌火龍脖子上被推下，嘴裡的話還未說完，一顆足有槌子般大的火球從雌火龍的嘴裡噴出，那赤紅色的火焰直接從貝爾德背後燒過，讓他痛得直大叫！燒完後從上頭摔下來又讓傷口直接沾上一層泥砂！才剛稍微減輕的感覺此刻又被挑起，甚至更為刺激，在他眼前的艾爾梅塔眼裡不可置信的看著，而史因培和亞囉薩也被他的慘叫聲吸引住目光。

　　這一瞬間，藉此得到喘息的雌火龍突然像迴光返照般掙脫落穴，一高一低的飛上空中，憤恨地看著地上那名壞牠好事的獵人，恨不得立刻殺了他，但如果飛下去難保不會成為其他獵人的晚餐，左右權衡下用盡力氣吐了一陣火霧，發現連形成火球都做不到，在空中低吼一聲後便一高一低地飛走了。

　　薩迦羅看著地上那個在地上打滾、抽搐的少年，心裡頭想著：「剛剛那一下應該滿痛的吧……那顆拼死逃生的火球我看比普通的火球還要強上三分！

　　「可惡！要是有人拿弩或弓就好了！天殺的，有種別跑！」史因培拿著雷光斬刀在大雨中跳罵著，刀被雨點滴到還會發出劈哩啪哩的聲音和小電光，看上去十分耀眼。

　　「這個人，幹嘛要救我？想不通……」艾爾梅塔心裡想著，牙一咬從衣服裡摸了幾把，拿出一罐上長下圓的罐子，裏頭裝著裝著黃色的藥粉。艾爾梅塔竟露出溫柔地眼神，小心翼翼的處理貝爾德的背。

　　貝爾德的背被雨水沖洗過後雖然沒了沙子，但傷口卻是化膿，艾爾梅塔看了一眼後狠下心來將割掉爛肉，接著才把藥給抹在傷口上，這件事貝爾德一輩子都無法忘懷……

　　他的背本來因為被燒爛加上被艾爾梅塔削去一層肉，傷口大到可以看見森白的骨頭，而血則如湧泉般迅速流滿地，但是黃色藥粉一抹上去，除了沒有料想中的刺痛外竟然還有一絲絲的舒服，背上的傷口則以肉眼可見的速度生長回來，默約兩分鐘左右，貝爾德的背就如同初生的嬰兒般程粉白粉白的顏色，與其它部分有著明顯的色差。

　　雖然傷口已經好了，但是艾爾梅塔依舊跪坐在地上，讓貝爾德的頭枕在腿上休息著。而薩迦羅則是一臉不死心的說要回去找那頭重傷的雌火龍，硬是把史因培拖走。過了二十分鐘左右才回來，兩人均是一臉失落的樣子，一回來史因培便說道：「雌火龍已經不見

了，不過我們拿了不少擎蟹的素材！賺翻了！」兩人手裡都拿著大袋子，裡頭滿滿的素材。

「那我們就回去吧……」艾爾梅塔可不準備將貝爾德一路背回去，於是把他輕放在地上後拍拍肩膀。不料，才剛醒來，一臉傻樣的貝爾德看到艾爾梅塔的臉貼的近，馬上來個熊抱她，一副準備親下去的樣子。艾爾梅塔被抱住時愣了一下，看到貝爾德的嘴巴靠近後馬上反應過來，賞他一記重拳！氣喘吁吁的，要不是臉上的凍獅面具，不然就能瞧見她一臉潮紅。

貝爾德吃力地從地上站起來，手摀著臉口齒不清地道：「幹、幹嘛打我啊！？我做了什麼嗎？」

艾爾梅塔瞪了貝爾德一眼後轉身走掉，而薩迦羅一臉搖頭的跟著走掉，史因培倒是說了句話：「喔，你慘了！」接著也跟上大部隊的腳步。貝爾德在地上發愣了許久，看到眾人走遠後大喊著：「等等我啊！」一路跑過去，絲毫沒有發現身體的傷已經全部好了。

…………

「肉排、肉排！這裡酒、酒！哈哈哈！」

薩迦羅一副餓死鬼的樣子叫喊著，手裡的刀叉各插著一塊咬一半的肉，野性十足。

「炭烤蘑菇豬這邊、這邊啊！啊！那是我的……」隔壁桌的男獵人對著服務員喊時盤子裡的肉排已經被同桌的獵人迅速解決，男獵人也毫不客氣的攻佔他的凍獅霜降肉。

「水！這裡需要水！」不遠的一桌有個壯漢暈倒，滿臉紅通通地念著：「我還能喝、還能喝……」看上去有點滑稽又有點令人擔心。

這裡永遠都是這樣……貝爾德自言自語地看著嘈雜的獵人酒吧，眼睛時不時偷瞄正對面的艾爾梅塔，嘴裡有一口沒一口的咬著餐盤的炭烤黑烈狐腹肉，心裡頭則在回想沙灘上的事。

　　獵人酒吧，顧名思義就是獵人們聚集的酒吧。在這裡的每一個人幾乎都是獵人，因為都是一群粗人，所以一個比一個野、一個比一個粗魯，這裡提供的料裡都是由魔物的素材所調理，也由於聚集在這的獵人夠多，不少人在這裡尋找長期的合作夥伴，甚至組成獵團。

　　從優姆村回來後已經過了一個星期，沒事的獵人無聊就是跑進獵人酒吧點餐，除了吃飯就是在沒事閒聊著，比如誰犯了什麼錯，誰又做了什麼蠢事等等……大部分的時間都在狂吃東西，弄的滿桌都是食物和垃圾，薩迦羅甚至還不時和隔壁吵起來，不過最後的結果都會是一群人一邊喝酒一邊歡呼，獵人就是這樣……生氣的快，消氣的更快。

　　一群人從七點左右一直喝到晚上快要凌晨，最後貝爾德終於不支倒地，史因培則早就發酒瘋在一旁和空氣對話，一個人也樂的很，艾爾梅塔搖搖晃晃的硬是撐著，顯然被灌了不少的酒，只有薩迦羅還在那裏大口大口的喝酒吃肉直到早上……

　　「嗚……好痛，宿醉了啦！」貝爾德一早醒來，按著刺痛的頭喝道。

　　兩眼望去只剩幾個零零散散的獵人睡倒在地，自己的同伴也早就離開了酒吧，這讓貝爾德有些懊惱，難道我的酒量真的這麼差？

　　「先生、先生，已經中午了！付錢！」一位穿著公會制服綁著雙馬尾，有著一頭燦金色頭髮的嬌小女孩說道，那精緻的俏臉和稚氣的聲音讓貝爾德感到一陣溫暖。

　　「多、多少錢阿？」貝爾德迷迷糊糊的把錢包拿出來給她，也不管她拿了多少，只是看到瘦了不少的皮夾後嘆了一口氣，搖搖晃晃的離開。離開後的那個小姐，一改先前的笑容一臉奸商般的微笑道：「又一個笨獵人，只要灌醉後……嘿嘿，果然好賺，哈哈、哈哈！」

　　俗話說的好，會去當獵人的不是笨蛋就是傻子，果不其然，貝爾德呆站在搭龍車的地方。剛要回去凱仁村時才發現，錢包裡頭的錢比他想像的還要少，只剩幾千塊而已，這點錢連個衣服都做不起來，只好摸摸鼻子去獵人公會申請價格相對低廉的貓車。

　　貝爾德一上貓車就馬上進入夢鄉，一臉幸福的樣子，卻苦了前頭的艾路。

　　一旁有個坐在荊龍背上的長槍獵人，手套上有個工會標記，一個四角柱往外散的工會圖章，表示他是名獵人。他稍微看了貝爾德一眼，嘴裡滴咕著：「納頓的兒子看起來怎麼這麼弱？」接著依然優閒的坐在荊龍背上慢慢的走進去公會裡頭，只見接待小姐畢恭畢敬地為他帶路，繞過長廊與內花園，最後走到一間寫著「公會長專用室」的房間。

　　可以直接聯絡公會長的獵人，只有高階獵人才行，而且通常是有緊急事態才會如此……

　　夜晚，梅傑波爾多往波凱的官方大道上：

　　「喵、喵喵……」拉車的貓趴在前頭不斷喵喵叫，身體抖的跟按摩用具一樣快。被吵醒的貝爾德打著哈欠揉著微瞇的眼睛，看到一旁縮著在發抖的貓，眼角的餘光發現左上角的光恍若早晨般的光亮，但身後卻是一片漆黑，於是往上一瞥，有顆像太陽般的的火球，發出刺目的亮光與灼熱的氣息從上空飛過，眼睛被刺激到的貝爾德咒罵一聲：「去死啦！好刺眼喔！」

　　那顆太陽一般的球體所產生的熾熱氣息使周圍的水分快速流失，較為靠近的樹木快速枯黃，眼看就像一條路般，整片上黃下綠的景色綿延過去。還好那顆「太陽」沒多久便飛了過去，貝爾德安撫好艾路後，懷著一顆興奮的心接著繼續他的返鄉之旅。

　　（註記：學生文稿，全文共十九章，總字數 92000 字，節錄前五章 19380 字）

新座標7　PF0093

新銳文創
INDEPENDENT & UNIQUE

白佛言閱讀與寫作教室（上冊）
——Be-tween這樣幸福

作　　者	白佛言
責任編輯	林千惠
圖文排版	楊家齊
封面設計	王嵩賀

出版策劃	新銳文創
發 行 人	宋政坤
法律顧問	毛國樑　律師
製作發行	秀威資訊科技股份有限公司
	114 台北市內湖區瑞光路76巷65號1樓
	電話：+886-2-2796-3638　傳真：+886-2-2796-1377
	服務信箱：service@showwe.com.tw
	http://www.showwe.com.tw
郵政劃撥	19563868　戶名：秀威資訊科技股份有限公司
展售門市	國家書店【松江門市】
	104 台北市中山區松江路209號1樓
	電話：+886-2-2518-0207　傳真：+886-2-2518-0778
網路訂購	秀威網路書店：http://www.bodbooks.com.tw
	國家網路書店：http://www.govbooks.com.tw

出版日期	2012年7月　初版
定　　價	410元

國家圖書館出版品預行編目

白佛言閱讀與寫作教室：Be-tween這樣幸福 / 白佛言著. --
初版. -- 臺北市：新銳文創, 2012.07
　　冊；　公分.
　　ISBN　978-986-6094-89-7（上冊：平裝）--
ISBN　978-986-6094-91-0（下冊：平裝）

1.漢語教學　2.閱讀指導　3.作文　4.小學教學

523.311　　　　　　　　　　　　　　　101009494

讀者回函卡

感謝您購買本書，為提升服務品質，請填妥以下資料，將讀者回函卡直接寄回或傳真本公司，收到您的寶貴意見後，我們會收藏記錄及檢討，謝謝！
如您需要了解本公司最新出版書目、購書優惠或企劃活動，歡迎您上網查詢或下載相關資料：http:// www.showwe.com.tw

您購買的書名：＿＿＿＿＿＿＿＿＿＿＿＿＿＿＿＿＿＿＿＿＿＿＿＿＿

出生日期：＿＿＿＿＿＿年＿＿＿＿＿＿月＿＿＿＿＿＿日

學歷：□高中 (含) 以下　　□大專　　□研究所 (含) 以上

職業：□製造業　□金融業　□資訊業　□軍警　□傳播業　□自由業
　　　□服務業　□公務員　□教職　　□學生　□家管　　□其它＿＿＿＿

購書地點：□網路書店　□實體書店　□書展　□郵購　□贈閱　□其他

您從何得知本書的消息？

　　□網路書店　　□實體書店　　□網路搜尋　　□電子報　□書訊　□雜誌

　　□傳播媒體　　□親友推薦　　□網站推薦　　□部落格　□其他＿＿＿＿＿＿

您對本書的評價：(請填代號　1.非常滿意　2.滿意　3.尚可　4.再改進)

　　封面設計＿＿＿　版面編排＿＿＿　內容＿＿＿　文／譯筆＿＿＿　價格＿＿＿

讀完書後您覺得：

　　□很有收穫　□有收穫　□收穫不多　□沒收穫

對我們的建議：＿＿＿＿＿＿＿＿＿＿＿＿＿＿＿＿＿＿＿＿＿＿＿＿＿

＿＿＿＿＿＿＿＿＿＿＿＿＿＿＿＿＿＿＿＿＿＿＿＿＿＿＿＿＿＿＿＿＿＿

＿＿＿＿＿＿＿＿＿＿＿＿＿＿＿＿＿＿＿＿＿＿＿＿＿＿＿＿＿＿＿＿＿＿

＿＿＿＿＿＿＿＿＿＿＿＿＿＿＿＿＿＿＿＿＿＿＿＿＿＿＿＿＿＿＿＿＿＿

11466
台北市內湖區瑞光路 76 巷 65 號 1 樓

秀威資訊科技股份有限公司　　　收

BOD 數位出版事業部

....

（請沿線對折寄回，謝謝！）

姓　　名：_____　　年齡：_____　　性別：□女　□男

郵遞區號：□□□□□

地　　址：_____

聯絡電話：(日) _____　(夜) _____

E-mail：_____